Verwundungen

50 Jahre nach der Zerstörung von Leipzig

Naschmarkt, Mai 1946

VERWUNDUNGEN

50 Jahre
nach der Zerstörung
von Leipzig

Verlag Kunst
und Touristik Leipzig
GmbH

Dank an öffentliche und private Leihgeber:

Institut für Länderkunde Leipzig
Militärhistorisches Museum Dresden
Museum der bildenden Künste Leipzig
Museum des Kunsthandwerks Leipzig
Museum für Völkerkunde Leipzig
Museum Weißenfels
Naturkundemuseum Leipzig
Pfarramt St. Nikolai-St.-Johannis
Pfarramt St. Thomas-Matthäi
Sächsisches Staatsarchiv Leipzig
Stadtarchiv Leipzig
Universität Leipzig, Kustodie
Universitätsbibliothek Leipzig

Charlotte Angermann, Wachau
Werner Bergmann, Leipzig
Heinz-Jürgen Böhme, Leipzig
Wella Dost, Leipzig
Karl Fischer, Leipzig
Albin Froherz, Taucha
Christiane Goebel, Leipzig
Achim Holzapfel, Leipzig
Wolfgang Jacobi, Leipzig
Manfred Köhler, Berlin
Hildegard Kühnen, Leipzig
Gisela Meisel, Leipzig
Bernhard Müller, Leipzig
Detlef Lieffertz, Leipzig
Renate Löhr, Leipzig
Hans Moritz, Leipzig
Kurt Renge, Leipzig
Theo Schley, Leipzig
Hagen Pfau, Leipzig
Stefan Riedel, Leipzig
Horst Schmalz, Leipzig
Helmut Sucker, Leipzig
Lotte Steyer, Leipzig
Hannelore Theilemann, Leipzig
Helmut Thomas, Leipzig
Hans-Dieter Tell, Leipzig
Wolf-Egbert Voigt, Miltitz

Die Ausstellung wurde gefördert durch:

Alte Leipziger Versicherung AG, Oberursel
AOK Leipzig
Bauunion Riesa GmbH
Fielmann-Zentrale, Hamburg
i Guzzini Lichtsysteme
Wolfgang Mahlig, Leipzig
Norddeutsche Landesbank, Girozentrale
Philips Consumer Electronics, Vertriebsbüro Leipzig
Regierungspräsidium Leipzig
Dr. Jürgen Schneider AG, Königstein/Taunus
Stadt Leipzig
Stadt- und Kreissparkasse Leipzig
Telekom Direktion Leipzig
Television Video Communication

Ausstellungskonzept:
Karin Ebert, Christoph Kaufmann
Ausstellungsgestaltung:
Heinz-Jürgen Böhme, Detlef Lieffertz
Katalogredaktion: Ursula Oehme, Karin Ebert,
Christoph Kaufmann, Claudia Kloeppel
Kataloggestaltung: Dietmar Kunz

ISBN 3-928802-34-8

Herausgegeben vom Stadtgeschichtlichen Museum Leipzig in Zusammenarbeit mit dem Leipziger Geschichtsverein e. V.

Redaktionsschluß: 31.Oktober 1993
Gesamtherstellung: Offizin Andersen Nexö Leipzig GmbH
Dauer der Ausstellung:
4. Dezember 1993 bis 20. Februar 1994 im Alten Rathaus zu Leipzig

Titel: Paulinerhof der Universität mit Leibniz-Denkmal.
Im Hintergrund der zerstörte Treppenturm des Fürstenhauses und die Nikolaikirche, April 1946

Inhalt

Zum Geleit

Eine Stadt hat viele Gesichter. Jahrhundertelang bauen tatkräftige Bürger Wohnhäuser, Werkstätten, Geschäfte, Kirchen und Schulen, formen Straßen und Plätze nach ihren Vorstellungen. Manchmal reizt das Ergebnis den Besucher zu Bewunderung und Staunen, oft sind versteckte Schönheiten zu entdecken.

Ehe Krieg, Mangel und Mißwirtschaft dem Antlitz der Messemetropole viele Narben zufügten, war Leipzig eine glanzvolle Stadt.

Von der Anlage her beeindruckend, geschmückt vor allem mit baulichen Zeugen aus Renaissance, Barock, Klassizismus und Historismus, verband sich Schönes mit Zweckmäßigem, Beschaulichkeit mit geschäftiger Betriebsamkeit, Altes mit gelungenem und weniger gelungenem Neuen.

In diese äußerliche Unversehrtheit – die Zerstörung der Synagogen war vergessen oder verdrängt – brach der Luftkrieg mit allen seinen Schrecken. Zum ersten Mal werden in diesem Buch minutiös und detailgenau die Angriffe auf Leipzig während des Zweiten Weltkrieges geschildert. Die Spreng- und Brandbomben löschten Tausende Menschenleben aus und schlugen der Stadt tiefe Wunden. Erlebnisberichte Beteiligter und Davongekommener lassen die Schrecken dieser Tage und Nächte erahnen. Besonders der 4. Dezember 1943 wird dabei in Erinnerung bleiben. Im Bombenhagel dieses und anderer Kriegstage wurde das Leipzig, das die Welt gekannt und geschätzt hatte, schwer versehrt.

Schmerzlich muß heute konstatiert werden, daß die Stadt in darauffolgenden Jahrzehnten weiter verstümmelt wurde, weil wertvolle erhaltene oder instandsetzbare historische Bausubstanz Opfer „sozialistischer" Stadtplanung wurde. Nach 50 Jahren beginnen sich viele Wunden zu schließen. Leipzig gewinnt Tag für Tag sein Gesicht zurück, gezeichnet zwar von harten und schweren Zeiten, aber der Vergangenheit und Gegenwart gleichermaßen verpflichtet.

Lehmann-Grube

Dr. Hinrich Lehmann-Grube
Oberbürgermeister

Es gibt nur eine Stadt in Deutschland, die Deutschland repräsentiert; nur eine Stadt, wo man vergessen kann, ob man Hesse, Bayer, Württemberger, Preuße oder Sachse sei; nur eine Stadt, wo neben bedeutendem Reichtum des Handelsstandes, dem die Wissenschaft glorreich zur Seite steht, auch derjenige beachtet wird, der nichts besitzt als seine Persönlichkeit; nur eine Stadt, wo über einer – nicht gänzlich abzulegenden – Kleinstädterei doch alle Vorzüge einer großen, ich möchte sagen: einer Weltstadt ans Licht treten! Diese eine Stadt ist meiner individuellen Ansicht und meiner Erfahrung nach Leipzig!

Karl von Holtei

Das Leipziger Stadtbild vor den Zerstörungen des Zweiten Weltkrieges

Wolfgang Hocquél

„Die öffentlichen großen und schönen Gärten, die vormals eine Zierde Leipzigs waren, hat die Spekulation vernichtet und in Straßen umgewandelt",[1] stellte Meyers Lexikon kurz nach der Jahrhundertwende fest. Und in der Tat hatte der in der Epoche des Wilhelminischen Kaiserreiches entstandene, neue Stadtorganismus nichts mehr gemein mit dem Klein-Paris des 18. Jahrhunderts, wie es Goethe in Dichtung und Wahrheit beschrieben hatte.

Auch wurde die für Leipzig so charakteristische Architektur des Historismus von den Zeitgenossen eben nicht gerade besonders geschätzt. So schrieb der Direktor der Leipziger Stadtbibliothek Ernst Kroker noch um 1910: „Ein besonderes Verhängnis ist es gewesen, daß der unerwartete Aufschwung unserer großen Städte mit dem tiefsten Stande in der deutschen Baukunst zusammengetroffen ist."[2] Diesem Urteil wird man sich kaum mehr anschließen wollen, denn gerade jene Gründerzeitarchitektur wird von uns heute als ein bedeutendes stadtkulturelles Entwicklungspotential angesehen und hat Leipzig inzwischen zu einer der denkmalreichsten Großstädte in Deutschland gemacht.

„Arx nova surrexit" – Eine neue Burg hat sich erhoben –, lautet das selbstbewußte Motto am massigen Staffelgiebel über der Eingangsfront des Neuen Rathauses, das nach Entwürfen von Stadtbaurat Hugo Licht (1841 – 1923) in den Jahren 1899 bis 1905 erbaut wurde. Am Rathausbau – einer der herausragenden Bauaufgaben im Wilhelminischen Kaiserreich – entfaltete sich, wie schon einmal im 16. Jahrhundert, der architektonische Ehrgeiz der bürgerlichen Stadtverwaltung, mit dem nun die stürmische kapitalistische Entwicklung repräsentativen politischen und kulturellen Ausdruck finden sollte.

Die neue Leipziger Stadtkrone, an der südwestlichen Ecke der Altstadt errichtet, löste geradezu symbolhaft die aus dem 13. Jahrhundert stammende landesherrliche Zwingburg, die Pleißenburg, ab, die der Rat im Jahre 1895 von der sächsischen Landesregierung in Dresden als Baugelände gekauft hatte. Stadtbildprägend überragt der 115 Meter hohe, innenliegende Turm den um drei Innenhöfe gruppierten Komplex, der rund 600 Arbeitsräume beherbergt.

„Die Architektur des Gebäudes", schrieb der Leipziger Architekt Wolfgang Müller, „lehnt sich an den Festungscharakter des Vorgängerbaues an. Sie ist der Tradition alter Stadtbilder mit den Steildächern der Gotik, den Schaugiebeln der Renaissance und der üppigen Plastizität ebenso verpflichtet wie der Jugendstilkunst."[3]

In der Spätphase der historischen Architektur ist die Gestaltungsabsicht kaum mehr ausschließlich an eine bestimmte Stilrezeption gebunden. Vielmehr ist es die „Monumentalität der Masse", die aus jener Epoche in die Baukunst vor dem Ersten Weltkrieg eingeht, „großformatig und ausdrucksstark, trotz der Lösung vom historischen Stil".[4]

Zwischen 1871 und 1914 wuchs die Einwohnerzahl Leipzigs von 106 000 auf etwa 600 000 an, so daß die bis zur Mitte des 19. Jahrhunderts eher kleine deutsche Stadt nun nach Berlin, Hamburg und München an die vierte Stelle in der Bevölkerungsstatistik rückte. Bei gleichzeitiger Eingemeindung von 23 Vororten vergrößerte sich das Stadtgebiet von 1 738 auf 7 781 Hektar. Diese städtebauliche „Explosion" vollzog sich auf der Grundlage eines geradezu atemberaubenden Baugeschehens. Es entstanden nicht nur ausgedehnte Wohngebiete und moderne Industrieanlagen – vor allem im Westen der Stadt –, sondern die gesamte Infrastruktur wurde erneuert und in einer bis dahin nicht gekannten Komplexität ausgebaut. Man errichtete Rathäuser, Geschäftshäuser und Banken, Verkehrsbauten und Anlagen der Wasser-, Elektro- und Gasversorgung, Bauten für Kultur und Wissenschaft, Krankenhäuser und Schulen, Kaufhäuser, Hotels und Restaurants und schließlich mit dem Völkerschlachtdenkmal (1898 – 1913) den größten Denkmalbau Europas.

Der in der Ringstraße um den historischen Altstadtbereich gelegene Augustusplatz wurde zum neuen gesellschaftlichen Zentrum der Stadt. Ihn prägten monumentale Bauten wie die 1891 bis 1897 errichtete Universität Arwed Roßbachs (1844 – 1902), das von Ludwig Lange (1808 – 1868) im Jahre 1858 fertiggestellte und von Hugo Licht 1883 bis 1886 erweiterte Museum der bildenden Künste (Bildermuseum) oder der spätklassizistische Theaterbau Carl Friedrich Langhans' des Jüngeren (1782 – 1869), der von 1864 bis 1868 ausgeführt und wie die anderen genannten Bauten des Platzes im Zweiten Weltkrieg zerstört wurde.

Einen besonderen Anziehungspunkt dieser Platzanlage bildet noch heute der in Anlehnung an römische Barockbrunnen gestaltete und nach seiner bürgerlichen Stifterin benannte Mendebrunnen (1886). Mit dem von Jacob Ungerer geschaffenen, der griechischen Mythologie entlehnten Skulpturenprogramm hat

Kroch-Hochhaus am Augustusplatz, Postkarte, 1928

er die Bedeutung des Wassers für den Menschen zum Thema. Die Ringstraße um das historische Zentrum, das seine Schaufassaden nun nach außen wendete, wurde zum bevorzugten Bauplatz für die ehrgeizigen architektonischen Ambitionen des Großbürgertums. Im ersten Leipziger Generalbebauungsplan des Jahres 1929 entwickelte Stadtbaurat Hubert Ritter (1886 bis nach 1970) daran anknüpfend den Gedanken einer durch Hochhäuser akzentuierten „Ringcity“. Damit wollte er dem weiteren Verlust historischer Bausubstanz im Zentrum der Stadt Einhalt gebieten und den Bau neuer Geschäftshäuser auf die Ringstraße verweisen, die sich nun gleichsam wie eine mittelalterliche Stadtmauer schützend um den überkommenen Stadtgrundriß legen sollte.

Im südwestlichen Vorstadtbereich – angrenzend an das Neue Rathaus – entstand ein kleines Viertel mit Justizgebäuden, das seine krönende architektonische Betonung durch den 1888 bis 1895 errichteten Reichsgerichtsbau erhielt.

Neben dem Berliner Reichstagsgebäude, von 1884 bis 1894 nach Entwürfen von Paul Wallot (1841 bis 1912) errichtet, war dies der zweite Monumentalbau, mit dem sich das Kaiserreich baukünstlerisch darstellte. Während sich am Reichstag und dem später von Julius Raschdorff (1823 – 1914) erbauten Berliner Dom weit stärker barocke Gestaltungsprinzipien durchsetzten, nahmen die Architekten Ludwig Hoffmann (1852 – 1932) und Peter Dybwad (1859 bis 1921), die den 1884 von der Reichsregierung ausgeschriebenen Wettbewerb gewonnen hatten, nachdrücklicher Bezug auf die italienische Renaissance. Wegen der endgültigen Gestaltung der Hauptfassade unternahm Hoffmann im Jahre 1887 eigens eine Reise nach Italien und studierte dort die großen Vorbilder des Cinquecento Palladio, Vignola, Scamozzi und Serlio, deren Schriften er sich darüber hinaus übersetzen ließ. Der um zwei große Innenhöfe angelegte Komplex weist eine dem Reichstag ähnliche Grundkonzeption auf. Dies wird besonders an dem signifikanten Zentralkuppelmotiv augenfällig. Aus der zweigeschossigen, sandsteinverkleideten Hauptfassade tritt ein breiter Mittelrisalit heraus, dem ein massiger korinthischer Säulenportikus vorgelagert ist. Im Giebelfeld ist die Justitia dargestellt, flankiert von zwei Knabengestalten mit Liktorenbündel und Gesetzbuch.

Hinter dem Reichsgerichtsgebäude entstand nach 1881 das sogenannte Musikviertel, das seine Straßennamen nach bedeutenden Musikern erhielt. In unmittelbarer Nähe zu einer ausgedehnten Parkanlage wurden hier repräsentative Villen und noble Wohnbauten für die bürgerliche Oberschicht sowie eine Reihe von Hochschulbauten errichtet.

Als ein weit über die Grenzen Leipzigs hinaus bekannt gewordenes Gebäude entstand in den Jahren 1882 bis 1884 in diesem Gebiet nach Entwürfen der Berliner Architekten Heino Schmieden (1835 – 1913), Martin Gropius (1824 – 1880), Victor von Weltzien (1836 – 1927) und Rudolf Speer (1849 – 1893) ein neues Konzerthaus für das Gewandhausorchester, das im Zweiten Weltkrieg ausbrannte und später abgetragen wurde. Schmieden verwirklichte beim Gewandhaus eine Gestaltung im Stil der italienischen Neorenaissance, die auch hier am besten geeignet erschien, den ideellen Anspruch des bürgerlichen Auftraggebers zu vertreten. Am Architrav des Eingangsportikus war die vom klassizistischen ersten Gewandhaussaal übernommene Inschrift „Res severa verum gaudium“ angebracht, die auch dem zwischen 1977 und 1981 am Karl-Marx-Platz erbauten Neuen Gewandhaus wieder als künstlerisches Motto dient.

Das charakteristische städtebaulich-architektonische Milieu der Leipziger Innenstadt wurde markant durch die Messepaläste bestimmt, die wie im Fall des Städtischen Kaufhauses und des Handelshofes die historische Bebauung ganzer Altstadtgevierte ersetzten.[5] Seit den neunziger Jahren des 19. Jahrhunderts wurde im Ergebnis der industriellen Revolution der Kaufmannshof als traditioneller Ort der Warenmesse

Europahaus am Augustusplatz

durch das Mustermessehaus abgelöst. In rascher Folge wurden bis zum Ende der zwanziger Jahre des 20. Jahrhunderts etwa 30 Messehäuser neu gebaut sowie eine beträchtliche Zahl historischer Gebäude für die neue funktionelle Nutzung durchgreifend umgebaut. Dieser konsequente Wechsel von der Waren- zur Mustermesse, den Messestädte wie Frankfurt am Main oder Braunschweig damals nicht vollzogen und die daher ihre Bedeutung als Handelszentren vorübergehend verloren, war von entscheidender Bedeutung bei der Überwindung der allgemeinen Messekrise, in die auch Leipzig in der zweiten Hälfte des 19. Jahrhunderts geraten war. Die Leipziger Mustermesse blieb bis zum Ersten Weltkrieg einzigartig in Europa.

In der Verbindung von Passage und Geschäftshaus erreichte der Messepalast den Höhepunkt seiner architektonischen Entwicklung. Erwies sich für den Handelshof der Warenmesse im 18. Jahrhundert das Durchhaus als die zweckmäßigste Lösung, so mündete die Entwicklung des modernen Mustermessehauses schließlich wieder in komplexen, dem Durchhaus verwandten Anlagen, nur daß statt der ehemaligen Binnenhöfe jetzt ein Passagensystem für die Verbindung zwischen den Straßen der Innenstadt sorgte. Die 1912 bis 1914 von Theodor Kösser (1854 – 1929) erbaute Mädlerpassage ist hierfür das herausragende Beispiel.

Wurde das große Mailänder Vorbild, die Galleria Vittorio Emanuele II., „zum Bedeutungsträger der politisch-nationalen Einigung Italiens“, die „zugleich das nationale Hochgefühl der italienischen Bourgeoisie“[6] manifestierte, so verkörpert die Mädlerpassage den Anspruch des Leipziger Bürgertums auf die führende Stellung als europäische, ja als Weltmessestadt. Mit dem Messepalast Mädlerpassage leistete Leipzig einen bedeutsamen Beitrag zur Passagen-Architektur.

Mit der Errichtung dieser Messebauten und der Entstehung moderner Pelzgewerbehäuser im Bereich Brühl/Nikolaistraße veränderte sich nach 1900 das ästhetische Erscheinungsbild der Innenstadt beträchtlich. Die polychromen Putzfassaden der alten Bürgerhäuser wurden verdrängt durch die „materialgerechte“ Steinsichtigkeit der Fassaden der Messepaläste und Pelzhandelshäuser aus erlesenem Naturstein, der dank des entwickelten Eisenbahnnetzes aus ganz Deutschland herangeschafft werden konnte.

Hervorzuheben bleibt dabei jedoch „die vornehme Anpassung an die Umgebung“,[7] die die städtebauliche Struktur und die Maßstäblichkeit der Fassadengestaltung des historischen Altstadtbereiches in denkmalpflegerischem Sinne respektierte und weiterentwickelte. In der Fassadengestaltung orientierte sich die Messehausarchitektur trotz des Einsatzes modernster Bauweisen häufig an lokalen Bautraditionen aus Renaissance und Barock. So etwa beim Städtischen Kaufhaus (1893 – 1901), dem Handelshof (1908/09), Stentzlers Hof (1914 – 1916) oder dem Zentralmessepalast (1912 – 1914).

Mit seinen innerstädtischen Mustermessehäusern bereicherte Leipzig in sehr originärer Weise die deutsche und europäische Geschäftshausarchitektur nach 1893. Diese weitgehende Umwandlung eines geschlossenen Altstadtensembles zum Mustermessezentrum blieb allein Leipzig vorbehalten und ist das Ergebnis der nur hier so frühzeitig und folgerichtig eingeleiteten Entwicklung.

Die Messehäuser der Innenstadt waren für die Ausstellung der Musterkollektionen der Konsumgüterbranchen erbaut worden. Als im Herbst 1918 erstmals eine Technische Messe und eine Baumesse abgehalten wurden, zeigte sich, daß die Ausstellung der schweren Erzeugnisse des Maschinenbaues und anderer Zweige der Produktionsmittelindustrie Hallen mit ebenerdigen Ausstellungsflächen erforderte. Aus diesem Grund wurde im Frühjahr 1920 die Technische Messe auf das 225 000 Quadratmeter große Ausstellungsgelände am Fuß des Völkerschlachtdenkmals verlegt, wo 1913 die Internationale Baufachausstellung (IBA) als Weltausstellung für Bau- und Wohnungswesen stattgefunden hatte. Die Anlage des IBA-

Das Neue Gewandhaus mit dem Mendelssohn-Denkmal

Geländes folgte dem unter 35 Bewerbern mit dem 1. Preis ausgezeichneten Entwurf der Leipziger Architekten Georg Weidenbach (1853 – 1928) und Richard Tschammer (1860 – 1929). Unter den vier Hallen, die anfangs der Messe zur Verfügung standen, verdient die neoklassizistische „Betonhalle" aus den Jahren 1912/13 von Wilhelm Kreis (1873 – 1955), heute Messehalle 16, mit einer Stahlbetonkuppel von 32 Metern Durchmesser und einer Ausstellungsfläche von 7500 Quadratmetern besonderes Interesse. Die Kuppelhalle nimmt nachdrücklich Bezug auf das Pantheon zu Rom und Karl Friedrich Schinkels Rotunde im Alten Museum zu Berlin. Sie demonstriert so die Eignung modernster Stahlbetonkonstruktion und -technologie selbst für differenzierteste Bauansprüche.

Betrachtet man den gewaltigen wirtschaftlichen Aufstieg Leipzigs zwischen 1871 und 1914, so stellt sich ganz zwangsläufig die Frage, in welchem Grad die Mehrheit der Bevölkerung an dieser Entwicklung partizipierte. Ungelöst waren und blieben die Wohnraumprobleme für Zehntausende, vorwiegend aus der Arbeiterschaft stammende Leipziger Bürger. Die Reichswohnungszählung vom 16. Mai 1927 registrierte in der Messestadt 26 000 Familien ohne eigene Wohnung. Fehlten in Sachsen im Durchschnitt auf 100 Einwohner 2,2 Wohnungen, so waren es in Leipzig, wo zehn Prozent der Bevölkerung keine eigene Wohnung besaßen, sogar 3,84. Zur Linderung dieser permanenten Wohnungsnot ließ der Besitzer des Bibliographischen Instituts, der Verleger Hermann Julius Meyer, ab 1888 durch den von ihm ins Leben gerufenen Verein zur Beschaffung billigen Wohnraumes in Leipzig die ersten Arbeiterwohnhäuser an der Lindenauer Roßmarktstraße bauen. Das soziale Engagement Meyers, der dieses Vorhaben, das sich aber letztlich selbst zu tragen hatte, finanzierte, verdient besonders hervorgehoben zu werden. Insgesamt entstanden bis 1928 an verschiedenen Standorten der Stadt 261 typisierte, mehrgeschossige Wohnhäuser mit 2 465 Wohnungen für 9 423 Bewohner.[8] Im Stiftungsstatut hatte Meyer festgelegt, daß die politische, konfessionelle oder soziale Stellung des Mieters bei der Vergabe außer Betracht bleiben solle. Mit etwa einem Siebentel des Einkommens waren die Mieten so bemessen, daß sie von den Arbeiterfamilien aufgebracht werden konnten. Durch die Stiftung wurden zusammenhän-

Nibelungenring, Postkarte

Maurer beim Verfugen von Gehwegplatten am Rundling, 1930

Bau von Eigenheimen in Leipzig-Mockau, 1936

gende Häuserreihen oder Quartiere errichtet, welche Gärten oder parkähnliche Anlagen umschlossen. Während Anhänger der sozial-utopischen Gartenstadtbewegung glaubten, außerhalb der Städte auf billigem Baugrund mit Einfamilienhäusern die Wohnungsfrage lösen zu können, wies der ausführende Architekt Max Pommer nach, daß wirtschaftlicher Wohnraum nur durch die Errichtung mehrgeschossiger Reihenhäuser zu schaffen war. Mit den Meyerschen Häusern wurde in Leipzig erstmals ein neues Prinzip gemeinschaftlichen Wohnens verwirklicht, wie es den Vorstellungen der Arbeiter entsprach. Abgerundet wurde diese Entwicklung durch den sozialen Wohnungsbau der zwanziger Jahre, der auch in Leipzig zum bevorzugten Experimentierfeld für das Neue Bauen wurde. 1929/30 entstand im Norden der Stadt das Wohngebiet Neu-Gohlis mit 1 019 Wohnungen, das nach dem Wettbewerbsentwurf der Berliner Architekten Paul Mebes (1872 – 1938) und Paul Emmerich (1876 – ?) angelegt wurde.

Zur gleichen Zeit errichtete der Leipziger Stadtbaurat Hubert Ritter die städtebaulich äußerst originelle Rundlinganlage in Leipzig-Lößnig mit 609 Wohnungen. Geschickt hat der Architekt hier den Reiz der Bodenbewegung ausgenutzt, um auf dem sanft ansteigenden Gelände die Wohnhäuser in drei konzentrischen Ringen anzuordnen. Das Anschwellen des Bodens wird unterstrichen, indem die zwei tieferliegenden Ringe dreigeschossig und der innere Ring viergeschossig ausgeführt sind. Durch diese bemerkenswerte städtebauliche Grundanlage werden trotz sachlicher Außengestaltung der Hausfassaden Monotonie und Einförmigkeit in der Raumbildung vermieden.

Am 3. März 1884 war der Konsum-Verein Leipzig-Plagwitz und Umgebung gegründet worden, der sich

Großmarkthalle in der Zwickauer Straße im Bau, 13. April 1929

Innenansicht, um 1930

Elefantenhaus im Zoo, 1925

wie in anderen deutschen Städten auch die Aufgabe stellte, durch eigene Handels- und Produktionstätigkeit die Bürger vor Preistreiberei und Warenfälschung zu schützen. Aus 68 Arbeitern im Gründungsjahr wurden 18 000 Mitglieder um 1900, und im Jahre 1930 waren mit 68 500 Konsummitgliedern etwa zehn Prozent der Leipziger Bevölkerung genossenschaftlich organisiert.[9]

Mitten in der Weltwirtschaftskrise erbaute sich der Plagwitzer Verein von 1929 bis 1932 in der Industriestraße 85 – 96 eine neue, architektonisch avantgardistische Zentrale, bestehend aus Kontorgebäude, Lagerhaus, Handwerkergebäude und Autogarage. Die Entwürfe lieferte der namhafte Hamburger Architekt Fritz Höger (1877 – 1949), nicht zuletzt durch sein expressionistisches Chilehaus bekannt geworden, das er 1922/23 in der Hansestadt errichtet hatte. Höger, der sich gemeinsam mit dem Hamburger Stadtbaurat Fritz Schumacher (1896 – 1947), um die Revitalisierung der norddeutschen Backsteinarchitektur bemühte, setzte auch bei der Leipziger Konsumzentrale einen unverputzten Klinkerbau ein und vertraute bei der schlichten, rein funktionellen Innengestaltung vor allem auf Materialästhetik.

Zu besonderer Blüte war vor dem Zweiten Weltkrieg auch die Schrebergartenbewegung gelangt. Die Behebung des Mangels an Kinderspielplätzen hatte der Leipziger Schuldirektor Dr. Ernst Innocenz Hauschild (1808 – 1866) im Auge, als er am 10. Mai 1864 die konstituierende Versammlung des Schrebervereins leitete. Zum Gedenken an den „Kämpfer für wahre Volkserziehung" und den „Pionier der Jugendpflege"[10] gab man dem Verein den Namen des Leipziger Arztes Dr. med. Daniel Gottlieb Moritz Schreber (1808 – 1861). Hauschild sah die ungesunden sozialhygienischen Folgen der großstädtischen Überbauung voraus und wollte, solange Grund und Boden „noch verhältnismäßig wohlfeil zu erlangen sind", für die IV. Bürgerschule im westlichen Vorstadtbereich einen Kinderspielplatz anlegen, zu dem auch ein Kleinkindergarten und ein kleiner botanischer Garten gehören sollten.

Am 25. Mai 1865 wurde in der Nähe der heutigen Lutherkirche die erste Spielwiese, genannt Schreberplatz, eingeweiht. Nur wenige Jahre später ordnete man dieser „Familienbeete" zu, aus denen bereits 1870 Kleingärten mit Lauben geworden waren. Für die

Neuer Israelitischer Friedhof, Delitzscher Straße, Kuppelhalle. In der Reichspogromnacht vom 9./10. November 1938 durch Brandstiftung zerstört

Planetarium in der Pfaffendorfer Straße

Arbeiter bedeutete der Schrebergarten vielfach die einzige Möglichkeit der naturverbundenen Naherholung und wurde zum Ausweg aus einer teils ungesunden Arbeits- und Wohnumwelt.

Nach dem Ersten Weltkrieg erlebte die Stadt in den zwanziger Jahren bis zur Machtergreifung Hitlers 1933 nochmals eine besonders kreative Phase in der städtebaulich-architektonischen Entwicklung.

Dies ist vor allem zwei überragenden Persönlichkeiten im Amt des Stadtbaurates zu danken: zunächst ab 1915 Carl James Bühring (1871 – 1936) und von 1924 bis 1930 Hubert Ritter (1886 – 1967).

Der Backsteinästhet Bühring schuf in den Jahren 1919 bis 1924 mit der Weidenhofsiedlung in Mockau eine wahrhaft idyllische Flachsiedlung, die seinerzeit höchstes Lob erfuhr. Nicht weniger reizvoll sind seine

Neuer Israelitischer Friedhof, Feierhalle

mehrgeschossigen Backsteinwohnhäuser in der Lößniger Straße. In den Jahren 1925 bis 1930, nun schon nicht mehr als Stadtbaurat tätig, realisierte er die Umgestaltung des Leipziger Zoo. Bühring entwarf hier das Haus für die Elefanten und Flußpferde, die Bärenburg, das heute durch ein Vogelhaus ersetzte Antilopenhaus, die Raubtierterrassen, die beiden großen Flugkäfige, die Affeninsel, das Zierentenbecken und den Tierkindergarten.

Mit seiner subtilen Behandlung des roten Backsteins brachte Bühring eine besondere ästhetische Qualität in die Leipziger Architektur ein.

Hubert Ritter, der Nachfolger Bührings, war ein besonders experimentierfreudiger Architekt und Städtebauer, dem die Einführung vieler neuer Ideen, auch des industriellen Bauens, zu verdanken sind. 1925 bis 1927 wurde nach seinem städtebaulichen Entwurf das Grassimuseum errichtet. Gemeinsam mit dem Statiker Franz Dischinger (1887 – 1953) realisierte er 1927 bis 1929 die beiden Stahlbetonkuppeln der Großmarkthalle, die heute zu den herausragenden Leistungen der deutschen Ingenieurbaukunst zählen. Zusammen mit Fritz Baumeister erbaute er das Westbad in Lindenau (1925 – 1926) und die Klingerschule in der Karl-Heine-Straße (1928).

Während die meisten Bauten Ritters noch heute das Stadtbild bereichern, ist sein 1925/26 errichtetes signifikantes Planetarium in der Pfaffendorfer Straße im Zweiten Weltkrieg zerstört worden.

Abschließend soll eines Bauwerkes gedacht werden, das in der faschistischen Pogromnacht vom 9. zum 10. November 1938 in Brand gesteckt wurde und wie die Synagoge in der Gottschedstraße ein Opfer des Hitlerschen Rassenwahns wurde.

Der 1884 in Gleiwitz geborene jüdische Architekt Wilhelm Haller errichtete in den Jahren 1926 bis 1928 die Feierhalle auf dem Neuen Israelitischen Friedhof in der Delitzscher Straße. Der Gebäudekomplex war auffällig in hellen, blauen Putzfassaden und mit roten Dächern gestaltet. Die Haupthalle mit dem in eine Stahlbetonkuppel eingefügten Stalaktiten-Gewölbe bot eine ungewöhnliche, großartige Raumwirkung. Dieses Bauwerk des Art Déco gehörte zweifellos zu den herausragenden Architekturleistungen der zwanziger Jahre in Leipzig.

Das Leipzig vor dem Zweiten Weltkrieg war eine urbane pulsierende Metropole mit fast einer Dreiviertelmillion Einwohner. Eine selbstbewußte Bürgerstadt, die die führende Messe Europas ausrichtete und deren Brühl zum Welthandelsplatz der Pelzhändler geworden war.

Was die Stadt besonders liebenswert und unverwechselbar für ihre Bewohner machte, waren ihre Cafés, die Vergnügungsetablissements, Parks und Freibäder, Sportanlagen und Ausflugslokale, die die Leipziger ausgiebig genossen.

Anmerkungen

1 Meyers Großes Konversationslexikon, 12. Bd., Leipzig und Wien 1905, S. 383
2 Ernst Kroker: Leipzig. Stätten der Kultur, Bd. 5, Leipzig o.J. (um 1910), S. 138
3 Karl Czok, Wolfgang Müller und Horst Thieme: Das Neue Rathaus in Leipzig, Leipzig 1982, S. 15
4 Ernst Badstübner: Kunstgeschichtsbild und Bauen in historischen Stilen – Ein Versuch über die Wechselbeziehungen zwischen kunstgeschichtlichem Verständnis und historistischer Baupraxis im 19. Jahrhundert. In: Historismus – Aspekte zur Kunst im 19. Jahrhundert, Leipzig 1985, S. 49
5 Wolfgang Hocquél: Die Leipziger Messehäuser – der Einfluß der Mustermesse auf die bauliche Entwicklung der Stadt. In: Leipzig, Leipzig 1985, S. 147 f.
6 Günther Bandmann: Die Galleria Vittorio Emanuele II. zu Mailand. In: Zeitschrift für Kunstgeschichte, Jg. 1966, S. 81
7 Max A. Jacob: Der Geschäftshausbau in Leipzig um das Jahr 1913. In: Neudeutsche Bauzeitung, IX. Jg. 1913, S. 513
8 Stadtarchiv Leipzig, Kap. 36 W, Beiheft 3, Nr. 43 (1923)
9 Ebd., Geschäftsberichte des Konsum-Vereins Leipzig-Plagwitz und Umgebung
10 Aus der Geschichte des Schreberwesens, o.O., o.J. (um 1925), S. 4

Leipzig im Luftkrieg (1940–1945)

Olaf Groehler

Leipzig – ein fernes Bomberziel

Wie bei vielen historischen Vorgängen liegen die Anfänge im dunkeln. Zeitgenössische deutsche und englische Angaben widersprechen einander, wann die ersten Bomben im Luftkrieg des Zweiten Weltkrieges auf Leipzig fielen. Nach englischer Überlieferung trafen sie Leipzig in der Nacht vom 25. zum 26. August 1940, nach deutschen Unterlagen in der Nacht vom 30. zum 31. August 1940 bei Böhlitz-Ehrenberg. Viele Widersprüche werden sich heute nicht mehr klären lassen.

Leipzig verdiente aus britischer Sicht aus drei Gründen besondere Aufmerksamkeit: wegen seiner Größe, auf Grund seiner Bedeutung als Messestadt sowie als ein Zentrum des deutschen Flugzeugbaus. Erstmals beschäftigte sich der britische Bomberstab im Juli 1938 mit Leipzig, wie ein Aktenvermerk ausweist. Es war die Zeit einer heftigen politischen Krise in Mitteleuropa, als Hitlerdeutschland immer offener die Auseinandersetzung mit der Tschechoslowakei forcierte und Krieg in Sicht kam. Geplanten Fernluftangriffen gegen deutsche Großstädte lag 1938 noch die Absicht zugrunde, das Leben dadurch zu lähmen, indem ihre Kraft- und Gaswerke vernichtet würden. So markierten die britischen Planer auf einer Stadtkarte Leipzigs deren Lage.[1] Das größte Interesse fand das Kraftwerk Nord, wozu einige Fotos vorlagen, die deutschen Prospekten der zwanziger Jahre entnommen worden waren.

Einen Monat später erarbeitete die Planungsabteilung des britischen Luftfahrtministeriums eine detaillierte Liste aller Fabriken in Deutschland, die in die Luftrüstung eingebunden waren. Der Leipziger Raum wurde mit zwei Zentren aufgeführt: den Erla-Werken in Heiterblick, Kennzeichnung F 41, von denen behauptet wurde, dort würden Bomber gebaut und montiert, und der Codenummer F 127, den Mitteldeutschen Motorenwerken in Taucha, die ebenfalls in die Bomberproduktion integriert worden seien.[2] Von den Werken der Allgemeinen Transportgesellschaft war keine Rede. Zwischen Januar und März 1939 wurde diese Liste präzisiert und festgestellt, die deutsche Luftrüstung gebiete über 150 Zellen-, 120 Motoren- sowie 120 wichtige Zulieferwerke, die sich in drei großen Regionen konzentrierten: rund um Berlin, zwischen Magdeburg, Dessau, Halle und Leipzig sowie im norddeutschen Küstensaum von Bremen über Hamburg, Lübeck, Wismar bis Rostock.[3] Zu seinem größten Bedauern mußte der britische Luftstab eingestehen, daß die meisten deutschen Luftrüstungswerke außerhalb der Reichweite britischer Bomber lagen. Dies galt besonders für den sächsischen Raum, der deshalb über Jahre auch als eine Art Luftschutzkeller des Dritten Reiches angesehen wurde.

Als mit dem deutschen Überfall auf die Niederlande, Belgien und Luxemburg am 10. Mai 1940 das britische Kriegskabinett am 15./16. Mai 1940 den Einsatz des Bomber Command gegen das deutsche Herzland freigab, konzentrierten sich die Bombenangriffe zu 75 Prozent auf das Rhein-Ruhrgebiet sowie das Sieger- und Münsterland, zu jeweils zehn Prozent auf die Eifel, den Hunsrück und den Rheingau sowie die norddeutsche Küste zwischen Bremen, Hamburg und Holstein, die restlichen fünf Prozent auf Einzelziele Norddeutschlands.[4] In einem Befehl vom 2. Juni 1940 wies der Air Staff das Bomber Command an, den Luftkrieg strikt nach den Regeln des geltenden Völkerrechts zu führen: „Das beabsichtigte Bombardement der Zivilbevölkerung ist verboten. Das Ziel muß identifiziert werden. Der Angriff muß mit ausreichender Genauigkeit durchgeführt werden, um unnötige Verluste unter der Zivilbevölkerung zu vermeiden. Die Regeln des Roten Kreuzes sind zu beachten." Die Besatzungen waren angehalten, ihre Bomben nach Großbritannien zurückzubringen, wenn keine ausreichenden Sichtbedingungen für ein Präzisionsbombardement gegeben waren.[5]

Als Hauptziele der Nachtbombardements wurden die Werke der deutschen Erdölindustrie – vor allem in Leuna, Pölitz und Magdeburg – sowie 14 in Reichweite liegende deutsche Flugzeugwerke bzw. Luftwaffendepots bestimmt. Diese Richtlinien wurden im Juni/Juli 1940 mehrfach präzisiert und ergänzt. Leipzig konnte dadurch in den Angriffsradius des Bomber Commands geraten, vor allem durch seine Nähe zu Leuna und Böhlen.

Dies war auch der Anlaß für den ersten Luftalarm, der in der Nacht vom 16. zum 17. August 1940 von 0.27 bis 3.12 Uhr in Leipzig ausgelöst wurde. 150 Blenheim, Wellington, Hampden und Whitley waren gestartet, um Ziele im Ruhrgebiet und bei Frankfurt/Main sowie Objekte in Jena, Halle und Augsburg, die Flugplätze von Nordhausen, Münster, Nohra, Halle und Bielefeld, die Bahnhöfe von Bittstedt, Kölleda und Merseburg sowie Raffinerien bei Leuna und Böhlen anzugreifen.[6] Die größte Eindringtiefe hatten die Hampden der 5. Bomber Group, von denen 63 starteten, 53 ihre

Neumarkt zur Frühjahrsmesse 1940

Ziele angriffen, sowie die 45 Whitley der 4. Bomber Group, von denen 37 ihr Ziel angriffen. Bei dieser Gelegenheit wurde Leipzig mehrfach wohl von Whitley-Bombern überflogen, die im Westen der Stadt einige Leuchtbomben absetzten, die sogenannten Christbäume.[7]

Diese erfolgreichen Langstreckenflüge brachten offenbar den britischen Premierminister Winston S. Churchill auf die Idee, Leipzig direkt anzugreifen. Er verfolgte damit den Zweck, in Großbritanniens schwerster Stunde, als man täglich mit dem Beginn einer deutschen Landung in England rechnete und über der Insel eine der erbittertsten Luftschlachten des Krieges tobte, aller Welt zu beweisen, daß der britische Löwe noch über Pranken verfügte, mit denen er zurückschlagen konnte. Am 21. August 1940 richtete der Air Staff an den Oberbefehlshaber des Bomber Command, Luftmarschall Richard Peirse, ein Schreiben, in dem es hieß: „Ich bin beauftragt, Sie darüber in Kenntnis zu setzen, daß – Angaben der Aufklärung zufolge – Deutschland eine großangelegte Werbekampagne für die Leipziger Messe gestartet hat, die vom 25. bis 29. August 1940 geöffnet sein wird. Die Deutschen rühmen sich, daß die Messe ein Symbol für die deutsche Vorherrschaft sei; die Teilnahme von Geschäftsleuten aus ganz Europa wird erwartet. Es wird angenommen, daß das Bombardement von Zielen im Raum Leipzig am Eröffnungstag oder so rasch wie möglich nach dem 25. August eine exzellente Propaganda für die britische Luftmacht abgeben würde hinsichtlich des Eindrucks auf die Besucher."[8] Empfohlen wurde ein Angriff auf das Kraftwerk Nord, die Leipziger Gaswerke, die Erla-Werke sowie den Leipziger Flughafen.

Um 15.35 Uhr des 25. August erging der Befehl an die 5. Bomber Group, einen derartigen Angriff in der Nacht zum 26. zu fliegen. Schlechtwetter verhinderte den geplanten Start. In der folgenden Nacht wurden 17 Hampden bereitgestellt, um Leipzig zu bombardieren.

Eine dreiviertel Stunde nach Mitternacht heulten in der Messestadt die Sirenen auf. Von 17 Bombern waren 15 nach Deutschland eingeflogen und glaubten sich schließlich fünf über Leipzig. Die anderen zehn griffen nach ihren Angaben Leuna und den Flugplatz Nordhausen an. In Leipzig schoß die Flakartillerie Sperrfeuer, das so intensiv war, daß drei Personen durch Flaksplitter verletzt wurden und in der Schenkendorfstraße 52 ein Fenster sowie die Wohnungseinrichtung durch Flaktreffer zertrümmert wurde. Um 2.50 Uhr entwarnte Leipzig. Bombentreffer wurden nicht festgestellt.[9]

Die heimkehrenden britischen Besatzungen gaben eine farbige Schilderung ihrer nächtlichen Erlebnisse: „Der Fall der Bomben ins Zielgebiet wurde beobachtet und verursachte am östlichen Rand des Leipziger Kohlekraftwerkes Explosionen mit grünem Aufblitzen sowie das Entstehen mehrerer großer und kleiner Brände. Ein großer Flammenblitz wurde auf dem Flughafen Mockau beobachtet. Eine überaus starke Explosion, begleitet von einem lebhaften blauen Feuerschein, folgte dem Angriff auf eine Fabrik, von der angenommen wird, daß es sich entweder um das Kraftwerk oder das Gaswerk von Leipzig handelt."[10]

Bei dem Angriff – nach britischer Zeit von 23.30 bis 2.15 Uhr geflogen – warfen die fünf Hampden 32 500-lb-Spreng-, 38 250-lb-Spreng- und 480 4-lb-Brandbomben aus 4 000 bis 400 Metern Höhe ab.[11]

In Leipzig jedoch fiel keine einzige Bombe, denn damals, als Neugierige noch jeden Bombensplitter begierig als Trophäe sammelten, wurde der Abwurf jeder einzelnen Bombe peinlich genau vermerkt. Die bei der Parteikanzlei einlaufenden Meldungen der Gauleiter am Morgen des 27. August 1940 wiesen aus, daß die Bomben über einem großen Raum abgestreut worden waren. Zwei Brandbomben waren zwölf Kilometer südlich von Leipzig in eine Scheinanlage gefallen, zwei Brandbomben wurden in Breunsdorf gefunden, weitere 15 auf einer Landstraße bei Drosdorf und vier Bomben im Kreis Grimma. Der Gau Halle-Merseburg verzeichnete den Abwurf von sechs Spreng- und 15 bis 20 Brandbomben bei Bitterfeld, Bomben bei Halle und Eckartsberga sowie bei Eisleben und Zeitz. Magdeburg-Anhalt registrierte Bomben in den Kreisen Bernburg, Dessau und Köthen. Kurhessen meldete Überflüge, Thüringen Bomben in Jena, Hessen-Nassau in Bad Homburg, der Gau Baden Bombenabwürfe in Mannheim, Heidelberg, Bruchsal, Karlsruhe und Pforzheim, ja selbst das bisher weitgehend von jeglichem Luftalarm unberührt gebliebene Schlesien meldete den Abwurf von drei Bomben in der Nähe des 21. Polizeireviers in Breslau.[12] Insgesamt wurden die Einschläge von 85 Spreng- und 37 Brandbomben entdeckt, hinzu kamen vier Blindgänger, die in dieser Nacht drei Deutsche getötet und elf verletzt hatten.[13]

In London war man nach den Berichten der Crews davon überzeugt, Leipzig schweren Schaden zugefügt zu haben. Für die Nacht vom 28. zum 29. August 1940 – also genau zur Beendigung der Messe – sollte der Angriff wiederholt werden. Dafür wurden drei Wellington der 3. Bomber Group eingeteilt, von denen zwei nach ihrer Rückkehr berichteten, sie hätten zwischen 0.30 und 0.40 Uhr das Kraftwerk Nord aus 2 500 Metern Höhe mit sieben 250-lb-Spreng- und 60 4-lb-Brandbomben belegt, während eine einzelne Wellington um 0.35 Uhr aus 3 500 Metern die Erla-Werke angriff. „Die Explosion der Bomben wurde beobachtet: am Südende des Zieles, wahrscheinlich auch entlang der Bahnlinie. Ein großes Feuer brach aus, das noch aus einer Entfernung von 40 Meilen sichtbar blieb. Im Flugzeugwerk Erla konnte ein T-förmiges Feuer zwischen den Flugzeughangars beobachtet werden."[14]

Doch die Leipziger Polizei vermerkte in dieser Nacht

wiederum nicht einen Bombenabwurf. Zwar war eine Stunde nach Mitternacht Luftalarm gegeben worden, doch keine einzige Maschine drang bis zur Stadt vor. Was sich tatsächlich ereignete und vielleicht den beobachteten großen Brand erklärt, ergibt sich aus einer Meldung des Gauleiters von Halle-Merseburg, der von einem Präzisionsangriff auf die Leuna-Werke berichtete, der einen teilweisen Produktionsausfall in der Hydrierung verursachte. Hier wohl gingen die für die Leipziger Messe bestimmten Bomben nieder.[15]

Berichte über vermeintliche Schäden beförderten in britischen Militärkreisen die am 10. Oktober 1940 dokumentierte Meinung, gut informierte Industrielle verträten die Auffassung, bis heute seien durch die Luftangriffe 25 Prozent der Produktionskapazität Deutschlands in Mitleidenschaft gezogen worden.[16] Wer derartigen Desinformationen Glauben schenkte, konnte tatsächlich der irrigen Meinung anhängen, der Krieg mit Deutschland könne allein durch Bombenkrieg entschieden werden.

Am 24. September 1940 kamen Vertreter des Bomber Command mit Diplomaten des Foreign Office und Geheimdienstoffizieren zusammen. Letztere bestärkten die Bomberoffiziere in ihrer Ansicht, es bestünden fundamentale moralische Unterschiede zwischen der in einer Demokratie und einer Diktatur lebenden Bevölkerung bei Luftangriffen. Was für die Briten erträglich wäre, sei für die Deutschen auf Dauer unerträglich. Als moralisch besonders anfällig galten die Arbeiter bei Krupp, in den Volkswagenwerken sowie bei Škoda in Pilsen. Von der Großstadtbevölkerung hielt man die von Berlin, München, Beuthen, Wien, Nürnberg, Pilsen, Zwickau, Chemnitz und Leipzig unter Luftkriegsbelastungen für nicht besonders krisenfest. Für Chemnitz registrierte man: „Wahrscheinlich die politisch unstabilste Region von ganz Deutschland." Leipzig galt als „eine der größten Städte Deutschlands mit einer bedeutenden industriellen Bevölkerung (Schuhe und Bekleidung, Maschinenbau, Bau- und Textilindustrie). Bekannt in Deutschland als Hintergrund der Leipziger Messe. Politisch eher links."[17]

Einen Monat später, am 23. Oktober 1940, trafen sich die Luftmarschälle Portal, Slessor und Douglas zu einem Meinungsaustausch über die künftige Bomberstrategie. Portal plädierte lebhaft für eine Fortsetzung der Bombardierung von Kraft- oder Gaswerken in großen, dicht besiedelten Gebieten. Slessor dagegen schwor auf Angriffe gegen die Bevölkerung in solchen Großstädten, deren Moral als schwach angesehen wurde, wie die Städte an der Ruhr, Hamburg oder Kiel bzw. gegen solche Städte, in denen Messen stattfinden. „Wenn derartige Angriffe effektiv sind, legen sie das gesamte wirtschaftliche Leben in einer Region lahm und die daraus resultierende Demoralisierung breitet sich umfassend und weit durch jene aus, die von einer solchen Messe nach Hause kehren."[18]

Die ersten Bomben im Raum Leipzig fielen am 30./31. August 1940 bei Böhlitz-Ehrenberg, wo die Luftschutzpolizei fünf Brandbombeneinschläge in der Nähe der Militärschießstände und der Eisenbahn Leipzig-Merseburg nachwies. Der Abwurf war weder geplant noch beabsichtigt, sondern einem sein Ziel suchenden Bombenflugzeug zuzuschreiben, das wohl Magdeburg anfliegen wollte.[19]

Ähnliche Gründe lagen dem Bombenabwurf in der Nacht vom 10. zum 11. Oktober zugrunde. Sieben britische Flugzeuge drangen in den späten Abendstunden in den Luftgau IV ein. Leipzig hatte Luftalarm von 21.09 bis 0.10 Uhr. Noch vor Mitternacht warf ein einzelnes Flugzeug bei Boenitz 20 bis 25 Bomben auf freies Feld. Sie könnten von einer Whitley stammen, die gegen Merseburg eingesetzt war.[20]

Fünf Nächte später trafen die ersten beiden Bomben tatsächlich ein Ziel in Leipzig: Gegen 4.55 Uhr des 16. Oktober 1940 detonierten auf dem Freiladebahnhof in der Eutritzscher Straße zwei Sprengbomben, die unbedeutenden Schaden anrichteten und keine Personenverluste verursachten. Sie stammten von einer Whitley der 4. Bomber Group.[21] Am 16. Dezember 1940 detonierten auf demselben Gelände erneut zwei Bomben. Die britischen Unterlagen weisen keinen Einsatz für diesen Tag aus.

Während die britische Regierung annahm, Leipzig bis Ende Oktober 1940 dreimal bombardiert zu haben, erlebte die Stadt zwischen August und Dezember 1940 zwar weit über ein Dutzend Luftalarme – Höhepunkt war der Oktober 1940 –, doch traf sie kein einziger gezielter Angriff.

1941 flaute die britische Angriffsaktivität gegen Sachsen merklich ab. Einerseits war die Eindringtiefe der britischen Bomber zu gering, andererseits erstarkte die deutsche Luftverteidigung. Nur einmal wurde Leipzig in diesem Jahr bombardiert. Auch dieser Angriff war nicht beabsichtigt, sondern den Navigationsfehlern von 30 Hampden und 25 Whitley geschuldet, die Hannover bombardieren sollten, sich jedoch in den Raum Halle-Merseburg verflogen und in der Nacht vom 25. zum 26. Juli 1941 zehn Sprengbomben in der Nähe des Flughafens Delitzsch sowie sieben Spreng- und eine Brandbombe auf Schkeuditz-Ost abwarfen. Dem zwischen 1.18 und 3.03 Uhr geflogenen Angriff fiel ein Schkeuditzer zum Opfer, drei wurden verletzt.[22]

Am 22. September 1941 erlebte Leipzig seinen ersten Tagesalarm. Britische Aufklärer überflogen in den frühen Nachmittagsstunden in breiter Front Niedersachsen, Magdeburg-Anhalt, Hessen und Sachsen. In Leipzig gab es von 14.10 bis 15.25 Uhr Fliegeralarm, um 14.40 Uhr wurden britische Flugzeuge über der Stadt beobachtet, die in Richtung Rochlitz, Zwickau, Chemnitz und Glauchau flogen und zwischen 15.15 und 15.35 Uhr über Meißen erschienen.[23] Von 1942 bis zum Oktober 1943 schien der englisch-amerikanische

Angriffsziele der Royal Air Force im Umfeld des Mockauer Flughafens, 1943

Luftkrieg Leipzig auszusparen. Lediglich zweimal trafen Bomben die Region: Am 25. August 1942 detonierte eine ballongetragene Bombe – ein seit 1941 von der Royal Air Force (RAF) angewendetes Verfahren – in Kleinzschocher und verletzte eine Frau. In der Nacht vom 27. zum 28. März 1943 kamen einige der 424 zum Großangriff auf Berlin gestarteten britischen Bomber von ihrem Ziel ab und warfen im Landkreis Leipzig, bei Eutritzsch und Schönefeld, 150 Brandbomben ab, die sieben Großbrände auslösten, drei Wohnhäuser zerstörten, vier Menschen töteten und acht verletzten. 47 Personen mußten evakuiert werden.[24]

Moral, Industrie, Flak und der erste Großangriff

Obgleich Leipzig fast anderthalb Jahre vom Luftkrieg verschont blieb, war seinen Bewohnern nicht entgangen, daß seit dem Frühjahr 1942 – mit den Angriffen auf Lübeck, dem Viertagebombardement gegen Rostock und dem 1000-Bomber-Angriff auf Köln – aus den nadelstichartigen Luftangriffen der RAF massierte Bombenangriffe geworden waren, die weite Teile einer Stadt in Schutt und Asche zu legen vermochten. Am direktesten verspürten die Einwohner Sachsens die Auswirkungen des Luftkrieges durch die seit Sommer 1942 zunächst wie ein Rinnsal anlaufende, später zu einem Strom anwachsende Flüchtlingsbewegung sogenannter Evakuierter. Das Land nahm zunächst Luftkriegsflüchtlinge aus dem Gau Weser-Ems auf, ab 1943 kamen der besonders schwer bombardierte Gau Köln-Aachen sowie Berlin hinzu. Die Schilderungen der Evakuierten und Ausgebombten bewirkten auch in Leipzig Angst und Besorgnis.[25]

Die Ahnung künftigen Schreckens vertiefte sich, seit im Frühjahr 1943 Augenzeugen aus dem Rhein-Ruhr-Gebiet von den Schreien Tausender Wuppertaler in Phosphorflammen berichteten, die sich „wie das Todesgeheul sterbender Tiere angehört“ hätten.[26] Unter dem Eindruck solcher Erwartungsangst meldete der sächsische Gauleiter Martin Mutschmann am 29. Mai 1943 der Parteikanzlei: „Es mag vielleicht vermessen erscheinen, wenn ein bisher von feindlichen Luftangriffen verschonter Gau hierzu das Wort ergreift. Man fühlt hier aber bei den Fliegerangriffen der Engländer und Amerikaner die absolute Übermacht des Gegners. Dieses Gefühl beeinflußt die Stimmung insofern, als man natürlich fest damit rechnet, daß auch weitere Reichsgebiete betroffen würden.“[27]

Am 2. Juli 1943 meldete der SS-Sicherheitsdienst: „In Sachsen hat der erste bisherige Tagesalarm (21.6.) großes Aufsehen erregt und die Bevölkerung stimmungsmäßig bewegt. Man glaubt, daß das, was man schon lange befürchtet, nun in Form des Luftterrors gegen Sachsen losgeht. Als Gründe gibt man vor, daß nach dem Ruhrgebiet Sachsen das wichtigste Industriezentrum des Reiches wäre. Vereinzelt sind defätistische Äußerungen selbst in Kreisen hörbar, in denen sie bisher nicht üblich waren.“[28]

Die beklemmende Angst sächsischer Magistrate vor dem Unausweichlichen eskalierte nach der verheerenden Angriffswoche Ende Juli/Anfang August 1943 gegen Hamburg. Die Operation „Gomorrha“, die schwerste Luftangriffsserie gegen eine deutsche Großstadt, die je im Krieg geflogen wurde und über 44 000 Menschen das Leben zumeist im Feuersturm kostete, machte jedem Stadtoberhaupt mehr oder minder bewußt, daß es weder ein Entrinnen, noch eine Rettung, geschweige denn einen Schutz vor den vernichtenden Auswirkungen eines Luftangriffs gab. Leipzig fragte deshalb vorsorglich am 2. September 1943 beim Deutschen Gemeindetag an, mit welchen Beerdigungskosten denn nach einem Luftangriff zu rechnen sei. Der Chemnitzer Oberbürgermeister erkundigte sich am 7. September 1943 nach der Produktion von Särgen und ob man Massengräber auch so nennen dürfe.[29] In Sachsen kursierte angesichts des Ausbleibens der befürchteten Luftangriffe das Frage-Antwort-Spiel: Warum sind wir noch nicht bombardiert worden? Weil wir mit Mutschmann schon genug gestraft sind.

Stadtverwaltung, NSDAP und Wehrmacht in Leipzig begannen sich verstärkt mit den Maßnahmen zu beschäftigen, die im Katastrophenfall in Kraft treten sollten. Am 19. Juli 1943 fand die erste Sitzung beim Oberbürgermeister, SS-Gruppenführer Freyberg, statt.[30] Auf der Beratung vom 28. Juli referierte der Gauleiter Mecklenburgs, Friedrich Hildebrandt, über die Auswirkungen der Luftangriffe auf Rostock.[31] Dabei traten zwei Hauptgesichtspunkte in den Vordergrund: Einerseits wurden Polizei und Gestapo angehalten, unbedingt die innere Sicherheit auch nach einem Luftangriff aufrechtzuerhalten. Bereits am 13. März waren kriminalpolizeiliche Maßnahmen bei Fliegerangriffen verabschiedet worden, die vor allem ein scharfes Vorgehen gegen Plünderer vorsahen. Unter besonderer Beobachtung sollten die zahlreich in der Leipziger Rüstungsindustrie tätigen Zwangsarbeiter und Kriegsgefangenen stehen. Zum anderen galt es, die Produktion der in Leipzig ansässigen Rüstungsindustrie aufrecht zu erhalten.

Der Raum Leipzig war seit 1933 zu einem Zentrum der Luftrüstungsindustrie ausgebaut worden, der auf zwei tragenden Säulen beruhte: der im Frühjahr 1933 reaktivierten Allgemeinen Transportgesellschaft (ATG), die ihren Vorläufer in den 1911 in Leipzig-Lindenthal gegründeten Deutschen Flugzeugwerken hatte und dem Flick-Konzern angehörte,[32] und der 1934 von dem Dänen Rasmussen, dem Reich und der Sächsischen Staatsbank ins Leben gerufenen Erla Maschinenwerke GmbH.[33] Hinzu kamen die während der späten zwanziger Jahre von den Junkers-Werken in

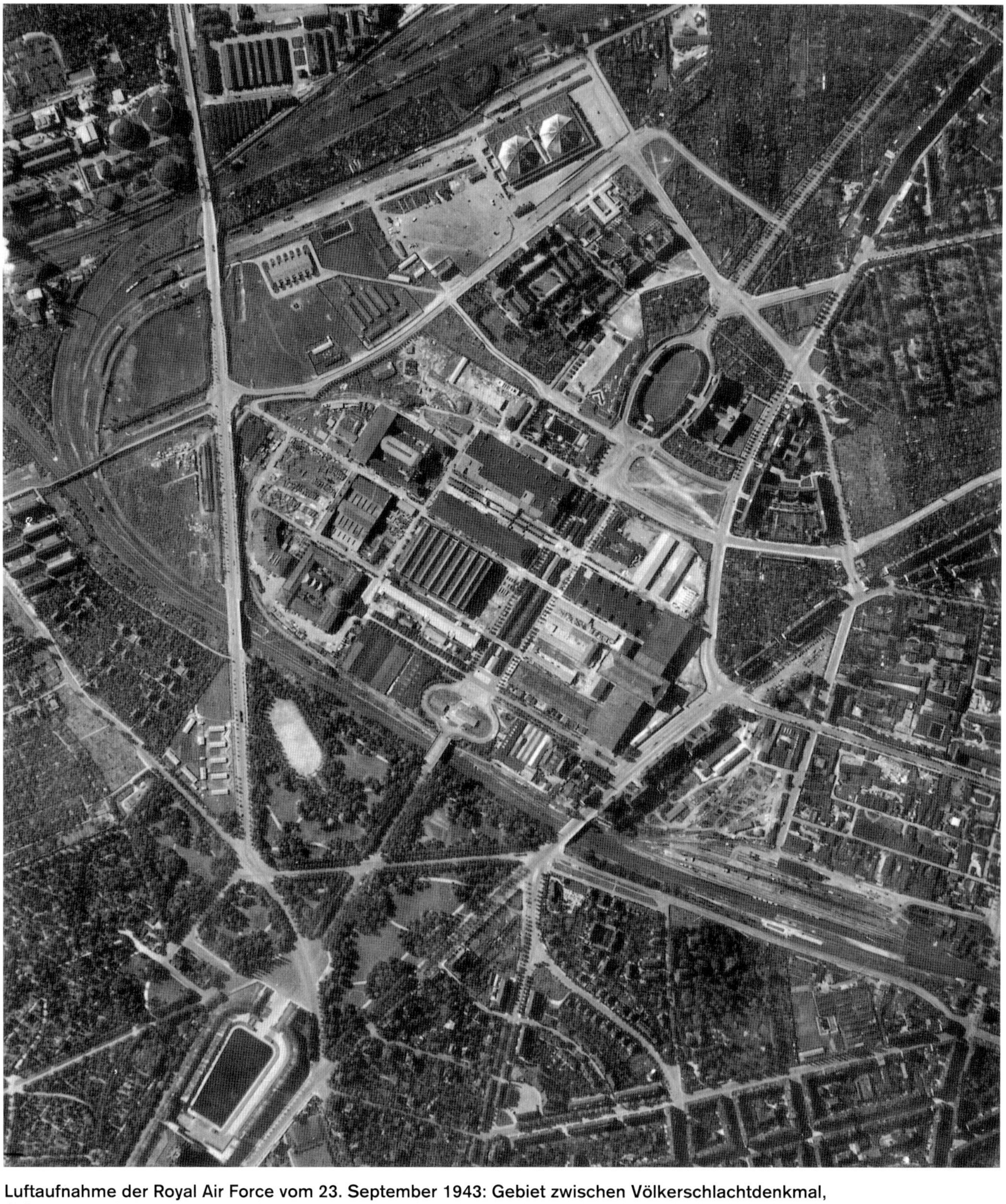

Luftaufnahme der Royal Air Force vom 23. September 1943: Gebiet zwischen Völkerschlachtdenkmal, Schlachthof, Straße des 18. Oktober und Bahnhof Stötteritz

Leipzig errichtete Reparaturwerft sowie die Mitteldeutschen Motorenwerke GmbH in Taucha, ein Werk, das zur Auto-Union gehörte, 1934 gegründet worden war und in dem seit 1935 produziert wurde.[34]

Die Erla-Werke fertigten seit 1934 zunächst den Jäger He 51 und stiegen ab November 1937 auf den Serienbau der Messerschmitt 109 C um.[35] Sie entwickelten sich während des Krieges zum zweitgrößten Produzenten dieses Jagdflugzeuges. Von amerikanischer Seite wurde 1945 geschätzt, daß 32 Prozent aller Me 109 von Erla gebaut wurden. Das Werk – seit Juli 1936 in Reichsbesitz mit einer nur symbolischen

Minorität der Sächsischen Staatsbank – expandierte schon während der Vorkriegsjahre in atemberaubendem Tempo. Waren im Juli 1935 698 Personen bei Erla tätig, so wies die Firma zum 1. Oktober 1938 4 310 Beschäftigte aus, die zunächst in drei Hauptwerken arbeiteten: in Leipzig-Heiterblick, Wotanstraße 40, erbaut mit einem Aufwand von 9,1 Millionen Reichsmark, in Leipzig-Mockau (2,45 Millionen Baukosten) sowie in Abtnaundorf (1,2 Millionen Baukosten). Während des Krieges kamen zwei weitere große Werkanlagen hinzu: eine in der Pfaffendorfer Straße und eine in Johanngeorgenstadt. Insgesamt bestand das Werk bei Kriegsende aus 18 Zweigwerken, 13 Zulieferbetrieben und fünf Endmontagestätten; dies vor allem durch Dezentralisierung und Verlagerung im Gefolge der Luftangriffe. Die Beschäftigtenzahl betrug im Dezember 1943 24 991 Arbeiter, Angestellte, Zwangsarbeiter, Kriegsgefangene und Häftlinge. Bei Kriegsende sollen amerikanischen Erhebungen zufolge noch zwischen 18 000 bis 22 000 Menschen bei Erla tätig gewesen sein. 390 Häftlinge aus dem Konzentrationslager Buchenwald waren hier seit April 1943 eingesetzt. Die Belegschaft wies einen überaus hohen Ausländeranteil aus, der sich im Herbst 1943 auf rund 60 Prozent belief. Frauen machten über zwölf Prozent der Beschäftigten aus. Der Stundendurchschnittslohn betrug 1943 0,83 Pfennig, das durchschnittliche Monatseinkommen mit Überstunden und Schichtarbeit 303 Reichsmark. 1940 waren 426 Me 109, 1941 688, 1942 873, im ersten Halbjahr 1943 1 503 Me 109 gefertigt worden. Für das Frühjahr 1944 war eine Monatsproduktion vorgesehen, die fast der Jahresproduktion von 1939 entsprach. 1944 sollten insgesamt 6 970 Flugzeuge gefertigt werden.

Erla war ohne Zweifel der größte Rüstungsbetrieb Leipzigs. Ihm stand die ATG nur wenig nach.[36] Das zu den Mitteldeutschen Stahlwerken gehörende Werk war eines jener Unternehmen, mit dem die deutsche Schwerindustrie 1933 in die Luftrüstung einstieg. Nach der gewaltsamen Ausschaltung von Hugo Junkers im Oktober 1933 übernahm die ATG als Serienwerk zunächst den Lizenzbau einiger Junkersflugzeuge. Hauptmuster bildete dabei ab 1934 die zum Behelfsbomber umgerüstete Ju 52, ihr folgte die Ju 86, ab April 1937 die He 111 und seit Oktober 1939 die Ju 88. Wie Erla sich zu einem Hauptproduzenten von Jagdflugzeugen entwickelte, so bildete die ATG ein Rückgrat der deutschen Bomberrüstung. Die Belegschaft stieg von 3 903 Beschäftigten im Juli 1935 auf 6 356 im Oktober 1938 und erreichte ihren Höhepunkt am Ende des Jahres 1944 mit 9 500 Angestellten und Arbeitern. Das Stammwerk der ATG lag in der Schönauer Straße 101 im Leipziger Westen. Bis Kriegsausbruch 1939 kamen vier Zweigwerke hinzu: Werk 2 in der Zschortauer Straße (November 1934), Werk 3 an der Seehausener Landstraße (Mai 1935), wo die Endmontage vorgenommen wurde, Werk 4 in Böhlitz-Ehrenberg, in der Ludwig-Hupfeld Straße 16 (Januar 1935), sowie das ebenfalls im Westen Leipzigs gelegene Werk 5 in der Zickmantelstraße 50 (November 1936). Von 1939 bis 1942 erweiterte sich die ATG um vier weitere Zweigwerke: Auf dem Messegelände wurde in einer Ausstellungshalle im Oktober 1939 die Produktion aufgenommen, als Werk 7 entstand in der Schönauer Straße 160 eine Ausbildungswerkstatt, und im März 1942 wurde in der Nonnenstraße 17-21 Werk 8 eröffnet, in dem die funktechnischen und elektrischen Anlagen für die Ju 88 gefertigt wurden. Auf dem Gelände der Prager Letov-Flugzeugwerke nahm im März 1942 Werk 10 die Produktion der Kabinen der Ju 88 auf.

Zu den Großwerken der Leipziger Luftrüstungsindustrie gehörte ferner die in Taucha gelegene Mitteldeutsche Motorenwerke GmbH. Die 4 245 im Oktober 1938 Beschäftigten produzierten vor allem den Jumo 211 und 213 für die Ju 88 bzw. die Focke Wulf 190. Bis 1944 stieg die Zahl der Beschäftigten auf über 7 000 an, davon 40 bis 45 Prozent Zwangsarbeiter.

Die Junkers-Werke waren 1943 durch vier Betriebe in Leipzig vertreten:[37] auf dem Flughafen Mockau unterhielt Junkers seit 1928/29 eine Reparaturwerft, die 1936/37 erheblich erweitert worden war. Ihre Belegschaft stieg von 1 789 Beschäftigten im September 1939 auf 3 210 Mitarbeiter im September 1941, wobei ein Drittel der Beschäftigten Ausländer waren. Nach Kriegsbeginn nehmen 61 Personen in der neugeschaffenen Reparaturwerft für Flugmotoren auf dem Messegelände die Arbeit auf. Die Belegschaft erreichte im September 1941 eine Stärke von 8 441 Beschäftigten und zählte 1944 noch 5 049. Von der Flugzeugwerft in Mockau wurden die Messehallen in zunehmendem Maße zur Instandsetzung von Tragflächen und Rümpfen genutzt. Außerdem führten die Junkers-Werke in Plagwitz und Markkleeberg zwei Motorenwerke, deren Belegschaft in dem Maße ausgebaut wurde, wie die Luftbedrohung von Dessau anwuchs. Hierher verlagerte man 1943/44 die Produktion des Jumo 213.

Von der Rüstungsseite her konzentrierten sich die Betriebe von Erla, ATG und Junkers auf den Norden und Süden der Stadt. Um den Flugplatz Mockau residierten alle drei Firmen, nutzten die Startbahn vor allem für Einflugzwecke. Im Norden der Stadt befanden sich zwei Hauptwerke der ATG, drei der Erla-Werke sowie die Junkers-Werft. Im Westen war die ATG mit zwei Großbetrieben ansässig, dort befanden sich auch die die Leipziger Industrie prägenden Spinnereien, Textilbetriebe, Webereien, Trikotagenwerke und Jutespinnereien. Die Struktur der Leipziger Luftrüstungsindustrie wurde von der britischen Luftaufklärung nur teilweise erkannt. Die ersten brauchbaren Luftaufnahmen stammen vom 16. September, 3. Oktober und 15.

November 1941. Sie konzentrierten sich auf das Erla-Werk bei Heiterblick. In einem Auswertungsbericht vom 12. Mai 1942 wurde festgestellt: „Das Werk produziert Großteile, einschließlich Flügel und Rümpfe usw. für die Me 109, welche von dort zum Endmontagewerk derselben Firma auf dem Flugplatz Leipzig/Mockau (GY 4825) gebracht werden.“[38] Daß auf dem Flughafen Mockau alle drei Leipziger Flugzeugwerke ansässig waren, wurde erst 1943 erkannt. Von den ATG-Werken machte man im Raum Leipzig nur drei Standorte aus: am Flugplatz Mockau, das Stammwerk in Großzschocher sowie das unmittelbar südlich von Mockau gelegene Zweigwerk. Über die zentrale Bedeutung der ATG im Rahmen des Ju-Programms waren keine präzisen Anhaltspunkte vorhanden. Bereits im Oktober 1941 klärten die Briten dagegen das in der Pfaffendorfer Straße gelegene Zweigwerk der Erla-Werke auf. In einem zusammenfassenden Bericht vom 10. September 1943 wurde genau angegeben, daß sich dieses Werk in den Gebäuden einer ehemaligen Kammgarnspinnerei befände und durch seine Lage zwischen dem Rosental und dem Hauptbahnhof sehr gut aus der Luft markieren ließe. „Keine Information ist verfügbar über die präzise Natur der Produkte, aber sie schließt sicherlich die Komplettierung verschiedener Teile ein, die für den Zusammenbau der Me 109 benötigt werden.“[39] Das dritte Hauptwerk von Erla in Abtnaundorf wurde erst im August 1943 als Rüstungsbetrieb erkannt, präzise Angaben über die Art der Produktion fehlten auch hier; vermutet wurde die Teilfertigung für die Me 109.[40]

Keine Erkenntnisse lagen in Großbritannien zunächst auch darüber vor, daß ein Teil der Messehallen in die Flugzeug- und Flugmotorenproduktion einbezogen worden war. Faßt man die Erkenntnisse der britischen Luftaufklärung zusammen, so ergibt sich eine Überbetonung Erlas, die offenbar als einziger ernstzunehmender Luftrüstungskomplex im Raum Leipzig angesehen wurden. Die Werke der ATG wurden während des ganzen Krieges zu keinem Zeitpunkt als vorrangiges Angriffsziel genannt! Erstmals waren die Erla-Werke am 5. Mai 1942 als eines von fünf Luftrüstungswerken genannt worden, die bei geeigneter Gelegenheit angegriffen werden sollten.[41] Man schätzte die Monatsproduktion auf 80 Me 109, und tatsächlich produzierte Erla 1942 durchschnittlich 72 Me-109-Jagdflugzeuge, fast ein Drittel der deutschen Gesamtproduktion. Auf diese Angriffspläne kam man jedoch erst wieder im Sommer 1943 zurück, als die 8. US Air Force ihren Bombardierungsplan gegen sechs Eckpfeiler der deutschen Rüstungsindustrie vorlegte. Einen Schwerpunkt bildeten dabei Angriffe gegen die deutschen Jägerwerke. Von britischer Seite wurden die Erla-Werke erstmals am 26. Oktober 1943 vom Ministerium für Wirtschaftliche Kriegführung als Objekt ausgewiesen, das durch Tagespräzisionsangriffe der bei der 2. Bomber Group konzentrierten Mosquito vernichtet werden sollte.[42] Diesen Vorschlag griff das Bomber Command allerdings nicht auf. Entsprechend der seit Februar 1942 verfolgten Strategie, durch sogenannte Moralangriffe gegen die Industriearbeiterschaft und ihre Wohnungen deren Arbeitsmoral zu untergraben, sollte die Leipziger Rüstungsindustrie indirekt erschüttert werden. Schon am 21. September 1940 hatte Luftmarschall Portal Leipzig auf die Liste der 19 deutschen Städte gesetzt, die für Vergeltungsangriffe prädestiniert wären.[43] Dieser Vorschlag wurde am 7. April 1942 in einer Kabinettsdiskussion erneuert und Leipzig in die Liste jener 25 deutschen Städte aufgenommen, die bei geeigneter Gelegenheit einem massiven Bombardement unterzogen werden sollten.[44]

Auf der am 3. November 1942 von Portal aufgestellten Liste von nunmehr 57 deutschen Städten, die mit einem Flächenbombardement überzogen werden sollten, rangierte Leipzig auf Platz 10.[45]

Der endgültige Entscheid zum Vollzug dieser Pläne reifte am 25. September 1943. Luftmarschall Norman Bottomley, Stellvertretender Stabschef der Royal Air Force, machte Portal darauf aufmerksam, daß der amerikanischen Kritik am mangelnden britischen Engagement, sich am Präzisionsbombardement der deutschen Rüstungsindustrie zu beteiligen, nur dadurch begegnet werden könne, wenn der Oberbefehlshaber des Bomber Command, Arthur Harris, sechs deutsche Städte in seine Angriffsplanung aufnehmen würde, die in besonderem Maße an der Luftrüstung beteiligt seien. Neben Kassel, Braunschweig, Gotha, Augsburg und Bernburg nannte Bottomley Leipzig![46] Leipzig zählte am 30. September 1943 221 rüstungswichtige Betriebe mit 154 119 Arbeitskräften, von denen 43 905 Ausländer waren, also rund 28,5 Prozent. Insgesamt befanden sich im Herbst 1943 rund 60 000 Ausländer in Leipzig, von denen etwa 42 000 in rund 400 Lagern untergebracht waren.[47]

Die Leipziger Feuerwehr war am 1. September 1943 zu einem ersten Großeinsatz in die nähere Umgebung ausgerückt, als einige in der Nacht vom 31. August zum 1. September zum Großangriff gegen Berlin eingesetzte britische Bomber vom Bomberstrom absplitterten und ihre Bomben auf Leipzig und Orte des Landkreises – wie Pönitz, Wiederitzsch und Karlsfeld – abstreuten. Leipzig selbst wurde von zwei Minen-, zwei Spreng-, 660 Stabbrandbomben und 81 Phosphorbomben getroffen, die das Bahnpostamt und die Luftschutzbefehlsstelle total zerstörten, eine Brotfabrik vernichteten und in rund 135 Wohnhäusern und Wirtschaftsgebäuden Schäden anrichteten. 22 Brände mußten von der Feuerwehr abgelöscht werden. Dieser weitgehend vergessene Angriff kostete drei Leipziger das Leben, verletzte drei schwer und vier leicht.[48] Die Leipziger Feuerwehr gehörte wahrscheinlich zu den wenigen Einrichtungen der Stadt, die eigene Erfahrungen im Umgang mit Groß- und Flächenbränden aufweisen konnte, war sie doch im Rahmen von Löschhilfen zwischen dem 9. und 11. März 1943 in Nürnberg, vom 28. Juli bis 1. August in Hamburg, vom 11. bis 13. August wiederum in Nürnberg eingesetzt worden.[49] Unter diesem Blickwinkel fand vom 13. bis 19. September eine Löschhilfebesprechung in Leipzig statt, an der die Vertreter der Wirtschaftskammern und der örtlichen Luftschutzleitungen teilnahmen.[50] Am 21. September fand in den Erla-Werken eine Beratung mit dem Ziel statt, die Luftgefährdung zu mindern.[51] Als besonders anfällig für Großbrände wurden die Erla-Werke und die Hallen der Technischen Messe angesehen. Am 23. September organisierte die Kreisleitung der NSDAP eine Begegnung zur Festlegung von Maßnahmen nach Angriffen, „um baldmöglichst den Betrieben die Gefolgschaftsmitglieder wieder zuzuführen".[52]

In den späten Nachmittagsstunden des 20. Oktober 1943 starteten von ihren ostenglischen Flugbasen 358 Lancaster der 1., 3., 5., 6. und 8. Bomber Group zum ersten Großangriff auf Leipzig. Das Bombardement sollte um 21 Uhr beginnen und in elf Minuten beendet sein. Als sich die britischen Bomber kurz nach 19 Uhr der holländischen Küste zwischen Armeland und Ymuiden näherten, lag über dem Kontinent eine dichte Wolkendecke, die bis 5 000 Meter hoch reichte. Die Bomber prallten gleichzeitig auf eine aus Osteuropa vordringende Kaltfront. Ihre Reihen lichteten sich durch Vereisung einzelner Maschinen rasch (insgesamt brachen 84 Lancaster ihren Einsatz ab). Die übrigen nahmen zunächst Kurs südlich von Bremen nach Hannover und Magdeburg in den Raum Stendal. Rote Leuchtbomben südlich von Bremen und gelbe Leuchtbomben bei Stendal wiesen dem Bomberstrom den Weg.[53] Die deutsche Luftverteidigung vermutete zunächst einen Angriff auf Bremen und beorderte ihre Nachtjäger um 19.08 Uhr in diesen Raum. Um 19.19 Uhr befahl sie deren Sammlung. 283 Nachtjäger starteten insgesamt, dazu 14 Luftbeleuchter, im Raum Osnabrück. Als die britischen Bomber Kurs auf Stendal nahmen, glaubte man an ein erneutes Bombardement von Berlin und zog die Nachtjäger um 19.28 und 19.56 Uhr über Berlin zusammen.

Um 19.58 Uhr wurde für die Behörden Leipzigs Vorwarnung gegeben, d.h. ein Angriff in 15 Minuten für möglich gehalten. Die deutschen Nachtjäger konzentrierten sich um 20.09 Uhr bei Brandenburg, um im Vorfeld Berlins den Bomberverband abzufangen. Doch dieser bog bei Stendal um 90 Grad nach Süden ab, um Kurs auf Mitteldeutschland zu nehmen. Fast eine Stunde blieb die deutsche Luftverteidigung ohne präzise Informationen über den Verbleib des Verbandes. Erst um 21.03 Uhr tauchten deutsche Jäger über Dessau auf und flogen nach erneuter Korrektur um 21.24 Uhr nach Leipzig, wo indes der britische Angriff bereits seit fünf Minuten beendet war.

In Leipzig war um 20.10 Uhr Luftalarm gegeben worden. Geschätzt wurde der Anflug von 25 bis 50 Bombern aus Richtung Osten. Vier Minuten vor dem Zeitplan erschienen die ersten britischen Flugzeuge der 8. (Pathfinder) Group über dem Raum Leipzig. 17 mit dem Navigationsgerät H2S ausgerüstete Lancaster, anstelle von vorgesehenen 23, kreisten über dem Raum Leipzig, waren aber angesichts der dichten Wolkendecke und wohl auch auf Grund elektrischer Stürme nicht in der Lage, den Zielpunkt auszumachen. Nur sieben dieser sogenannten Blindmarkierer warfen ihre gelben Zielmarkierungsbomben, unterstützt durch Leuchtbomben, ziemlich wahllos ab. Für die ihnen im Abstand von zwei Minuten folgenden Sichtmarkierer war überhaupt kein Schwerpunkt erkennbar, und auch sie streuten ihre roten Zielmarkierungsbomben weiträumig ab. Um 20.56 Uhr erschienen die ersten 27 Lancaster des Hauptverbandes über dem Raum Leipzig. Für die meisten Besatzungen waren weder Zielmarkierungen noch Leuchtbomben sichtbar. Sie warfen deshalb ihre Bombenlast nach eigenem Gutdünken ab. 276 Lancaster-Besatzungen meldeten nach ihrer Landung, Leipzig bombardiert zu haben.

Die Sprengbombenlast, die Leipzig in den Abendstunden des 20. Oktober treffen sollte, war gewaltig: Über 660 Tonnen sollten in der Messestadt detonieren, darunter über 300 Luftminen, sogenannte Wohnblockknacker. Nach britischen Berichten flogen die Bomber Groups mit folgenden Flugzeugen nach Leipzig und Umgebung:

	Gestartet	Bomben auf Leipzig	Bomben auf Nebenziele	Vermißt
8. Bomber Group	73	53	9	6
1. Bomber Group	104	87	19	5
3. Bomber Group	13	13	–	1
5. Bomber Group	140	102	34	3
6. Bomber Group	28	21	3	–
	358	276	65	15

Abgeworfen werden sollten 663,8 Tonnen Spreng- und 624,1 Tonnen Brandbomben. Auf Grund der Berichte der zurückkehrenden Besatzungen wurde angenommen, daß 521,4 Tonnen Spreng- und 509,1 Tonnen Brandbomben Leipzig getroffen hätten und 109,1 Tonnen Spreng- und 93,9 Tonnen Brandbomben auf Nebenziele gefallen wären. Immerhin glaubte man, daß 255 Luftminen, zwölf 1000-MC-Sprengbomben, 192 500-MC-Sprengbomben, 13 360 30-lb-Brandbomben und nicht weniger als 167 907 4-lb-Stabbrandbomben die Messestadt verwüstet hätten.

Mit dieser Annahme lag man jedoch weit außerhalb der Realität. Die Leipziger Luftschutzbehörden registrierten in der Stadt den Abwurf von sieben Minen-

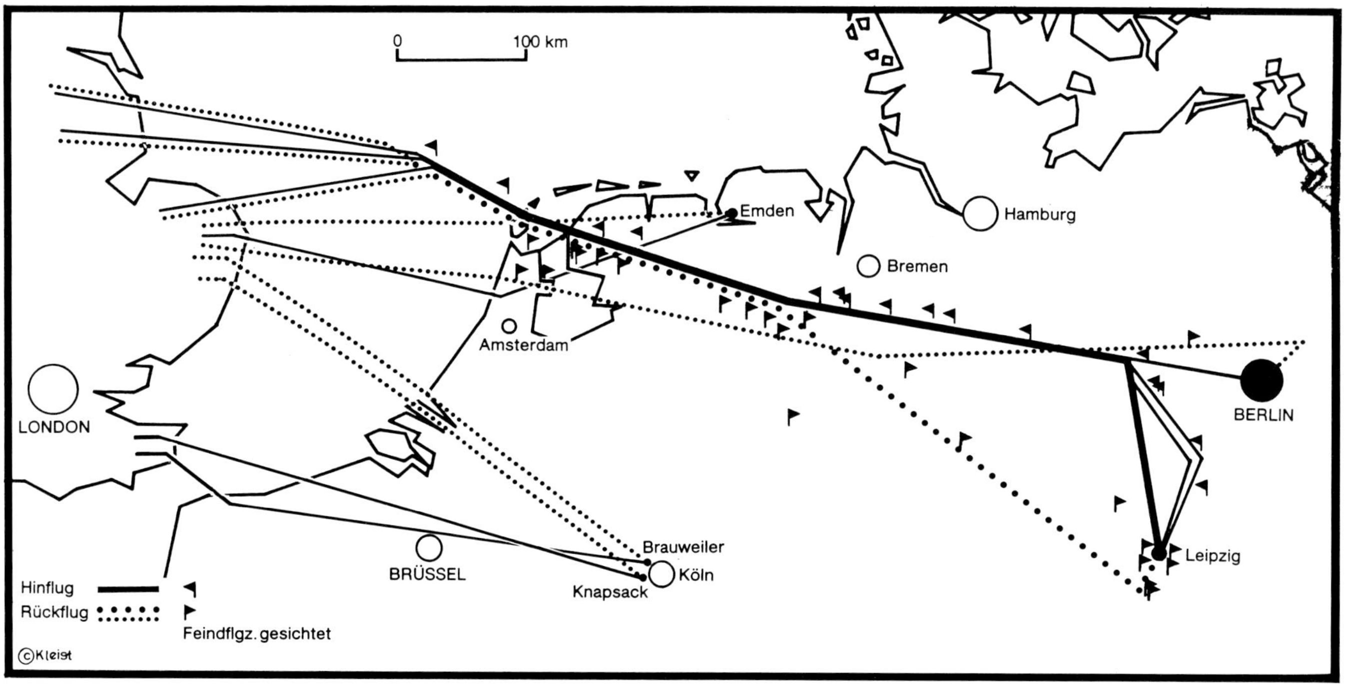

Flugrouten der Royal Air Force am 20./21. Oktober 1943

bomben, 54 Spreng-, 270 Phosphorbrand- und 1 739 Stabbrandbomben, im Landkreis Leipzig von 21 Sprengbomben, 30 Brandbomben und 3 600 Stabbrandbomben. Das heißt, nur 0,78 Prozent aller Minenbombeneinschläge wurden registriert, nur 2,2 Prozent aller Brandbomben und nur 3,1 Prozent aller Stabbrandbomben.[54] Selbst wenn man einräumt, daß die Polizei nur einen Teil der Bomben entdeckte, muß man doch davon ausgehen, daß die Bombenstreuung überaus hoch war, was es den deutschen Behörden schwer machte, überhaupt einen Angriffsschwerpunkt in dieser Nacht erkennen zu können. Das Oberkommando der Wehrmacht meldete in seinem Tagesbericht vom 20. Oktober das Eindringen feindlicher Flieger in das Reichsgebiet, ohne Leipzig auch nur zu erwähnen, die Bomben auf einige Orte, darunter Landgemeinden, warfen und geringe Personen- und Gebäudeverluste verursachten.[55]

Als um 22.21 Uhr in Leipzig entwarnt wurde, stellte sich heraus, daß die Bombentreffer vor allem in den südlichen und östlichen Vororten Leipzigs, insbesondere in Stötteritz, Paunsdorf, Mölkau, Sommerfeld und Engelsdorf lagen, während der Leipziger Westen kaum, der Norden überhaupt nicht betroffen waren. Der Luftangriff kostete 35 Leipziger und einen Ausländer das Leben, verletzte 28 Personen schwer und 74 leicht. Es entstanden 22 Großbrände, 44 Mittelbrände und 71 Kleinbrände, die jedoch rasch abgelöscht werden konnten. 40 Gebäude waren total zerstört, 937 wiesen Teilschäden auf.[56]

Im Landkreis Leipzig waren vor allem im Südosten und Osten insgesamt 21 Gemeinden von Bomben getroffen worden. Größere Brandschäden meldeten Roßwein, Nerchau, Panitzsch und Wurzen. Zwölf Personen wurden hier getötet, elf schwer und 36 leicht verletzt. Es entstanden 36 Total- und 807 Teilschäden an Gebäuden.

In der Leipziger Rüstungsindustrie trugen 32 Betriebe Schäden davon, jedoch nur in vier Fällen von größerer Folgewirkung. Längere Fertigungsausfälle traten bei einem Gleiskettenreparaturbetrieb, in einer Farbenfabrik und einem Elektrowerk auf. Auswirkungen auf die Strom- und Gasversorgung hielten sich in Leipzig in bescheidenen Grenzen, im Landkreis dagegen waren die Auswirkungen spürbarer, da eine ganze Reihe von Überlandleitungen beschädigt worden war. Das Rüstungskommando Leipzig machte in seinem Auswertungsbericht vom 25. Oktober 1943 allerdings auf folgendes aufmerksam: „Die umfangreichsten Schäden sind durch Brände hervorgerufen worden. Es zeigt sich immer wieder, daß die Brandbombe nach den bisherigen Erfahrungen eine der wirkungsvollsten Luftangriffsmittel ist... Die Wasserversorgung machte schon kurze Zeit nach Beginn des Angriffs dadurch Schwierigkeiten, daß der Druck stark absank. Bei größeren Angriffen muß damit gerechnet werden, daß die Löschwasserversorgung aus dem öffentlichen Rohrnetz innerhalb kurzer Zeit versagt."[57]

Der Kommandeur des Rüstungskommandos Leipzig, Fregattenkapitän Rothstock, urteilte, daß der Verlauf des Angriffs auf Leipzig erheblich von anderen Angriffsmethoden abwiche, wohl kaum als Terrorangriff angesprochen werden könne und es sich womöglich um eine Erkundung für einen späteren Großangriff gehandelt habe. Groteskerweise unterschätzte man die Zahl der eingeflogenen britischen Bomber, was im Zusammenhang mit 15 Abschüssen den Eindruck suggerieren konnte, einen beträchtlichen Abwehrerfolg errungen zu haben. Die Schwächen der Leipziger Luftabwehr, aber auch die des Luftschutzes, namentlich bei der Bereitstellung von Löschwasser, wurden weder ernsthaft analysiert noch versucht, Abhilfe zu schaffen.

Auf englischer Seite stellte sich indes immer deutlicher heraus, daß der Oktoberangriff auf Leipzig ein völliger Mißerfolg gewesen war. Die 5. Bomber Group, einer der erfolgreichsten Verbände der RAF, urteilte: „Der Fehlschlag dieses Angriffs ist dem Wetter sowohl beim Anflug als auch über dem Ziel zuzuschreiben. Die Verteidigung war unbedeutend, und Jäger wurden keine gesehen... Die Wetterbedingungen machten ein akkurates und konzentriertes Bombardement unmöglich."[58] Dieses Urteil wurde bestätigt, als neun Tage nach dem Angriff ein Luftaufklärer über Leipzig kreiste. Die Auswertung der Luftbildaufnahmen ließ nur ganz wenige einzelne Schäden in Leipzig und Umgebung erkennen. Für die Führung des Bomber Command stand fest, den Angriff bei Gelegenheit zu wiederholen, um Leipzig das Schicksal zu bereiten, das Kassel am 23. Oktober 1943 ereilte, wo ein Feuersturm die Innenstadt restlos ausgeglüht hatte, in dem Tausende umgekommen waren.

Bei der Auswertung des Luftangriffs liefen bei den Leipziger Amtsstellen auch Klagen über die Flak-, Scheinwerfer- und Nebelabteilungen ein. Die Mitteldeutschen Motorenwerke Taucha monierten, die Scheinwerfer hätten derart die Umgebung aufgehellt, daß „die Werkhallen den angreifenden Bombern erst recht sichtbar gemacht wurden".[59] Generell sorgte sich die Führungsspitze der Rüstungsbetriebe, daß nicht die Werkhallen, sondern die in ihrer unmittelbaren Nähe stationierten Flak- und Scheinwerferbatterien angeblich Bombenabwürfe auf sich gezogen hätten.

Die Flakluftverteidigung bildete innerhalb der deutschen Luftabwehr einen Eckpfeiler, von dem man über Jahre glaubte, er würde weitaus eher als die Nachtjagd gefährdete Objekte wirksam schützen können. Für den Raum Halle – Merseburg – Leipzig war nach Kriegsausbruch das Luftverteidigungskommando 2 mit Gefechtsstand in Leipzig für die Führung der Flakartillerie verantwortlich. Zum 1. Dezember 1940 wurden die Luftverteidigungskräfte der Luftgaue III (Berlin) und IV (Dresden) zusammengelegt. Ab 1. September 1941 wurde das Luftverteidigungskommando 2 in die 2. Flakdivision umgebildet, wenig später trat an die Stelle der 2. Flakdivision die 14. Flakdivision, der bis Kriegsende alle Flakkräfte im sächsischen und mitteldeutschen Raum unterstellt waren. Ihr Hauptquartier behielt sie in Leipzig-Schönau.

Für den Flakschutz von Leipzig war 1943 das 1941 aufgestellte Flakregiment 300 verantwortlich, die Flakgruppe Leipzig. Sie war im Oktober 1943 in sechs Untergruppen aufgeteilt: die Flakuntergruppen Leipzig-Ost, Leipzig-Süd, Leipzig-Nord, Leipzig-Mitte, Böhlen mit einer Einsatzgruppe in Tröglitz sowie Bitterfeld.[60]

Die Flakuntergruppe Leipzig-Ost, unter Hauptmann Donath, hatte ihren Gefechtsstand im Triumphatorwerk bei Leipzig-Mölkau, die Flakuntergruppe Nord in der Flakkaserne des Leipziger Nordens. Sie stand unter dem Kommando von Hauptmann Mellmann; die Leitung der Flakuntergruppe Leipzig-Mitte unter Major Elsholz befand sich in Leipzig-Schönau bei der 14. Flakdivision, während die Flakuntergruppe Leipzig-Süd, im November 1943 in Flakuntergruppe West umbenannt, ihren Gefechtsstand unter Major Scherer in der Allgemeinen Ortskrankenkasse hatte. Den Kern einer jeden Leipziger Flakuntergruppe bildete jeweils eine schwere bzw. leichte Flakabteilung. Im Abschnitt Nord war dies die 1942/43 aufgestellte schwere Flakabteilung 121 und in Leipzig-West ab Januar 1944 die schwere Flakabteilung 174. Die Leitung der leichten Flakbatterien im Zentrum der Stadt lag bei der leichten Flakabteilung 921 bzw. 821.[61]

Ferner gehörten zur Flakgruppe Leipzig im Oktober 1943 drei Luftsperrabteilungen mit jeweils 24 Sperrballons, von denen eine im Leipziger Norden stationiert war, und zwei Nebelkompanien. Die Flakscheinwerfer waren im Regiment 73 zusammengefaßt und zählten durchschnittlich 150 Scheinwerfer.

Am 13. Januar 1943 verfügten die Leipziger Flakkräfte über 8 schwere und 4 1/2 leichte Batterien,[62] am 15. Juni 1943 über 11 schwere und 4 4/5 leichte Batterien.[63] Am 25. Oktober 1943, fünf Tage nach dem Luftangriff, konnte die Leipziger Flak auf 17 schwere und 10 leichte Batterien zurückgreifen. Sie zählte 56 8,8-cm-Geschütze, 42 umgebaute russische Beutegeschütze vom Kaliber 7,62 cm, 36 Vierling-Flak, 27 3,7-cm-Flak und 84 2-cm-Flak.[64]

Auffällig an der Zusammensetzung der Flakkräfte war der hohe Anteil leichter Flakgeschütze, die in erster Linie die Rüstungsbetriebe vor Tiefangriffen schützen sollten. Nach dem ersten Hochluftangriff sowie dem schweren Bombardement vom 4. Dezember 1943 wurde die Zahl der schweren Batterien erhöht und die der leichten abgebaut. Die Verwüstungen im Dezember führten überdies zu einer raschen Verstärkung der Flakkräfte. Am 9./10. Dezember 1943 zählte die Leipziger Flak schon 22 schwere und 5 leichte Batterien, vor allem herbeigeführt durch die Verlegung der schweren Eisenbahnflakabteilung 430 mit 4 Batterien von 16 12,8-cm-Geschützen unter Major Simgen nach Leipzig.[65]

Die Verteilung der Flakkräfte zwischen dem 25. Oktober 1943 und dem 29. Dezember 1943 auf die einzelnen Leipziger Flakuntergruppen dokumentiert, daß der Schutz der Rüstungsbetriebe im Vordergrund stand:[66]

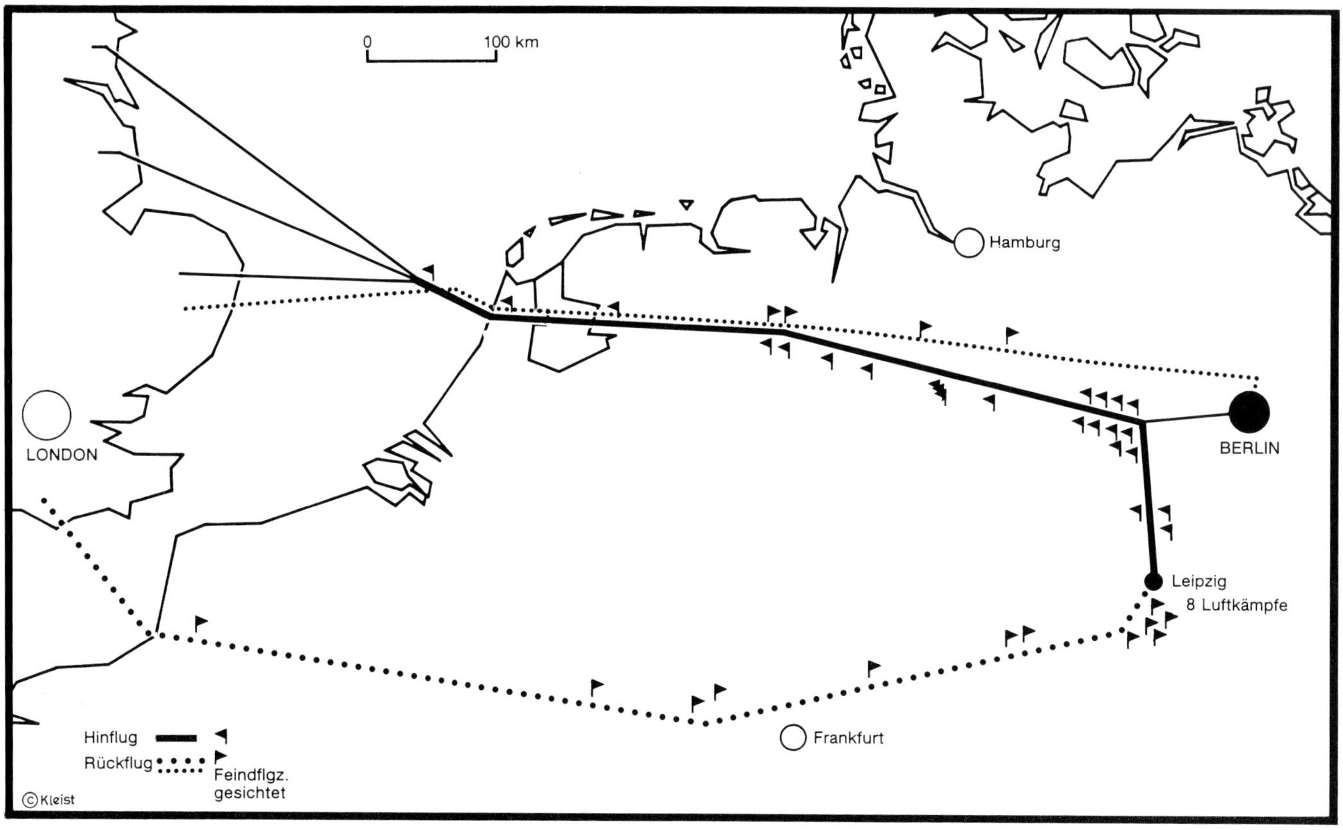

Flugrouten der Royal Air Force am 3./4. Dezember 1943

	25.Oktober 1943	29.Dezember 1943
Flakuntergruppe Ost		
schwere Batterien	5	9
Rohre	34	52
leichte Batterien	3	–
Rohre	54	–
Flakuntergruppe West		
schwere Batterien	5	7
Rohre	28	36
leichte Batterien	2	–
Rohre	36	–
Flakuntergruppe Nord		
schwere Batterien	7	9
Rohre	36	44
Flakuntergruppe Mitte		
leichte Batterien	5	6
Rohre	69	74

Am 29. Dezember 1943 besaß die Leipziger Luftverteidigung 16 12,8-cm-Geschütze, 80 8,8-cm-Geschütze, 36 7,62-cm-Geschütze, 6 Vierling-Flak, 27 3,7-cm-Geschütze und 41 2-cm-Geschütze, insgesamt also 132 schwere Rohre und 74 leichte Geschütze, gegliedert in 25 schwere Batterien und 6 leichte.

In dem Maße, wie die Leipziger Luftrüstungsindustrie ein Hauptangriffsziel britischer und vor allem amerikanischer Angriffe wurde, konnte die Verstärkung der Flakartillerie nicht mehr Schritt halten. Am 9. März 1944 waren 24 schwere und 3 4/5 leichte Batterien in Leipzig eingesetzt mit 144 schweren und 94 leichten Geschützen.[67] Bis zum 9. Mai 1944 war die Zahl der schweren Batterien auf 20 zurückgegangen mit 113 Rohren, während die der leichten auf 4 1/5 Batterien mit 109 Geschützen angestiegen war.[68] An die Stelle des Flakregiments 300 trat Mitte 1944 das Flakregiment 90, das im Juli 1944 nur noch über 16 schwere und 4 2/5 leichte Batterien verfügte mit 98 schweren bzw. 129 leichten Geschützen.[69] Die letzte zu ermittelnde Zahlenangabe über die Leipziger Flakkräfte stammt vom 24. November 1944. Dem Flakregiment 90 unterstanden zu diesem Zeitpunkt 16 schwere Batterien mit 119 Geschützen und nur noch 3/5 einer leichten Batterie![70]

Die Leipziger Dezemberkatastrophe

Ab 18. November 1943 war die Strategie des Bomber Command in eine neue Phase getreten: Mit dem Angriff von 440 Lancaster auf Berlin wollte Arthur Harris d e n entscheidenden Schlag gegen das Hinterland des Dritten Reiches führen. Doch bereits nach wenigen fürchterlichen Schlägen gegen Berlin hatte sich die deutsche Luftverteidigung auf die englische Taktik eingestellt und ihre Kräfte – vor allem die beweglichen Nachtjäger – im Vorfeld der Reichshauptstadt massiert, die jeden Einflug britischer Besatzungen zu einem immer tödlicheren Risiko für diese machten. Jeder britische Bomberpilot konnte angesichts der wachsenden Verluste seine geringen Überlebenschancen ausrechnen. Die Folge war eine moralische Krise im Bomber Command. Viele Besatzungen schoben technische Schwierigkeiten vor, um den Flug abbrechen zu können, oder warfen ihre Bomben weit vor dem Jagd- und Flakgürtel Berlins über freiem Gelände ab. In der Nacht vom 2. zum 3. Dezember waren 458 Bomber gegen Berlin gestartet worden, von denen 43 (9,4 Prozent) den Einsatz vorzeitig beendeten und 40 (8,7 Prozent der Kräfte) von der Luftverteidigung abgeschossen worden waren.[71]

Dessen ungeachtet setzte Harris am Morgen des 4. Dezember wiederum einen Großangriff auf die Tagesordnung. Erst im Laufe des Nachmittags erreichte die Gruppen und Staffeln ein neuer Einsatzbefehl: Das Angriffsziel sollte diesmal statt Berlin Haddock (der Schellfisch), Deckname für Leipzig, sein.

Mit diesem Schachzug wollte Harris erstens seine Kritiker beschwichtigen, die ihm eine einfallslose Operationsführung vorwarfen, zum zweiten sollte dadurch die deutsche Luftverteidigung getäuscht werden, die mit hoher Wahrscheinlichkeit einen neuen Großangriff auf Berlin erwartete, zum dritten sollte die Moral der Bomberbesatzungen gestärkt werden, die aus einem Bombardierungserfolg unter geringen Verlusten neue Motivationen für die Fortsetzung der Offensive gegen Berlin schöpfen konnten, und schließlich kam Harris damit Forderungen des alliierten Oberkommandos entgegen, stärker rüstungswirtschaftliche Ziele der deutschen Flugzeugindustrie zu bombardieren. 536 Flugzeuge aller sechs Bomber Groups wurden für diesen Angriff eingeteilt, von denen 527 starteten und 432 schließlich Leipzig bombardierten. Der Bomberstrom war in sechs Gruppen gegliedert:[72] Die Spitze übernahm ein aus neun Mosquito bestehender Störverband, dem die entscheidende Aufgabe zukam, einen Großangriff auf Berlin vorzutäuschen, während die Masse der Bomber kurz vor Berlin scharf nach Süden in Richtung Leipzig einschwenkte. Die Bomber sollten zunächst auf der traditionellen Einflugroute über die Niederlande – den Zuidersee – Hannover bis in den Raum Brandenburg fliegen. Knapp 20 Kilometer nördlich von Hannover setzten Markierungsflugzeuge gelbe Leuchtbomben, damit die Verbände aufschlossen, westlich von Brandenburg leuchteten rote Markierungsbomben, die die neue Anflugrichtung wiesen.

Dem auf Leipzig einkurvenden Bomberstrom zwei Minuten voraus flogen fünf Halifax und 24 Lancaster der 8. (Pathfinder) Group, die zwei Minuten vor Angriffsbeginn mit roten Zielmarkierungsbomben und Leuchtbomben die Leipziger Innenstadt abzustecken und aufzuhellen hatten. Mit dem Bomberstrom kamen weitere fünf Halifax und 15 Lancaster derselben Gruppe, die den Zielpunkt mit nunmehr grünen Leuchtbomben absteckten, und weitere 17 Bomber, die während des ganzen auf 14 Minuten berechneten Angriffs stets die Leucht- und Zielmarkierungen erneuerten. Angriffsbeginn sollte 4 Uhr sein, eine bis dahin absolut ungewöhnliche Zeit, die indes auf Grund der langen Dezembernächte gewagt werden konnte. Der eigentliche Bomberstrom gliederte sich in vier eng aufeinanderfolgende Wellen, deren erste, bestehend aus 102 Halifax der 4. Group, von 4 Uhr bis 4.03 Uhr das Ziel angreifen sollte, gefolgt von 104 Halifax der 6. Group (4.03 bis 4.06 Uhr), 124 Lancaster der 1. Group (4.06 bis 4.10 Uhr) und 123 Lancaster der 5. Group, die Leipzig von 4.10 bis 4.14 Uhr Leipzig bombardieren sollten.

Sie führten folgende Bombenmengen mit sich:

	Sprengbomben		in Tonnen	Brandbomben	
8. Group					
16 Halifax	127	500-MC	28,3	40 Zielmarkierungsbomben	
				40 Leuchtbomben	
69 Lancaster	69	4000-HC	216,5	128 Leuchtbomben	
	138	1000-MC			
	48	1000-GP			
	6	1000-GPLD			
	34	5000-MC			
1. Group					
80 Lancaster	75	4000-HC	142,8	4304	30-lb
	5	4000-GP		84510	4-lb
				8280	4-lbx
3. Group					
9 Lancaster	7	400-HC	14,3	312	30-lb
	2	2000-HC		5290	4-lb
				350	4-lbx
4. Group					
89 Halifax	88	1000-HC	39,3	1944	30-lb
				44650	4-lb
				6080	4-lbx
5. Group					
99 Lancaster	90	4000-HC	166,1	4806	30-lb
	3	4000-GP		91990	4-lb
				2040	4-lbx
6. Group					
59 Halifax	59	2000-HC	57,7	1416	30-lb
				32481	4-lb
				4689	4-lbx
11 Lancaster	11	4000-HC	19,6	88	30-lb
				345	4-lb
				330	4-lbx

Der britische Angriffsplan ging in dieser Nacht perfekt auf, mit tödlich vernichtender Wirkung für Leipzig. Der von der Luftverteidigung frühzeitig aufgefaßte Einflug britischer Verbände mobilisierte zunächst die an der holländischen Küste operierenden Nachtjäger, die zwischen Egmond und dem Zuidersee fünf Bomber abschossen. Die übrigen deutschen Nachtjäger wurden bei Quakenbrück versammelt und drangen in den Bomberstrom ein, während die Nachtjagdverbände der Wilden Sau über Berlin das Eintreffen der Bomber erwarteten. Bis Brandenburg wurde der englische

Seit Kriegsausbruch waren die Hallen der Technischen Messe in die Teilefertigung und Montage von Flugzeugen einbezogen

Insbesondere die Messehallen 6 und 7 wurden durch Luftangriffe schwer zerstört

Kurs präzis verfolgt. Um 3.03 Uhr heulten in Berlin die Luftsirenen auf.

In Leipzig war um 2.47 Uhr Luftgefahr 30 gegeben worden, was bedeutete, daß es in einer halben Stunde Fliegeralarm geben konnte, und um 3.13 Uhr Luftgefahr 15, wonach binnen einer Viertelstunde mit Luftalarm gerechnet werden mußte. Während neun Mosquito Berlin zwischen 3.38 und 3.48 Uhr mit Bomben bewarfen, Leuchtbomben und Zielmarkierungsbomben den Himmel aufhellten und einen Großangriff anzukündigen schienen, woraufhin alle einmotorigen Nachtjäger Kurs auf die Reichshauptstadt nahmen, war der Bomberverband in einer scharfen 90-Grad-Wende nach Süden abgedreht. Um 3.39 Uhr wurde in Leipzig Luftalarm gegeben. In der Leipziger Gefechtszentrale lief um 3.52 Uhr die Meldung von Feindbombern über Aschersleben – Zerbst ein, um 3.48 Uhr wurden sie über Dessau ausgemacht, um 3.52 Uhr über Delitzsch mit Richtung Leipzig. Um 3.58 Uhr erschienen die ersten Bomber über Lindenau. Um 4.01 Uhr liefen die Meldungen erster Bombenabwürfe im Leipziger Norden ein.[73]

Laut britischen Kriegstagebüchern waren die ersten Flugzeuge um 3.56 Uhr über Leipzig, zwei Minuten früher als geplant. Die Bombenabwürfe begannen ab 3.58 Uhr und waren binnen 16 Minuten, bis 4.14 Uhr, abgeschlossen. Obgleich Leipzig wie am 20. Oktober von einer dichten, geschlossenen Wolkendecke überzogen war, machten die Zielmarkierer diesmal ihr Angriffsgebiet, die Leipziger Innenstadt, präzise aus. Über den Wolken legten sie einen dichten Kreis von roten und grünen Zielmarkierungsbomben, erhellt durch grell lodernde Leuchtbomben, die es den Besatzungen leicht machten, konnten sie doch ihre tödliche Last mitten hinein in diesen Kreis werfen. Dies wurde offenbar dadurch erreicht, daß dem Verband zwei Lancaster angehörten, die mit dem neuen Mark III H2S-Panoramasichtgerät ausgerüstet waren, das eine exzellente Sicht selbst durch Wolken hindurch auf Leipzig ermöglichte. Die beiden Lancaster führten die Erstmarkierung durch. Das neue Gerät erwies sich über Leipzig als so vortrefflich, daß Fotoaufnahmen von seiner Kathodenröhre präzisen Luftbildern nahekamen.[74]

Die Leipziger Flakabwehr konnte die Bombardierung kaum beeinträchtigen. Die Besatzungen sprachen nach ihrer Rückkehr von einem schwachen Flaksperrfeuer bis in 6 500 Meter Höhe, die Scheinwerfer blieben wegen der Wolken ohne Wirkung. Man vermutete auf englischer Seite, daß von der Leipziger Flak zwei Bomber abgeschossen wurden, ein weiterer wahrscheinlich von einem Nachtjäger in Flammen geschossen worden sei.

Die Rückflugroute des Verbandes sollte über Erfurt – Koblenz führen. Durch navigatorische Fehlleistungen steuerte er indessen zu weit südlich und geriet über Frankfurt/Main in schweres deutsches Flakfeuer, auf dessen Konto mehr als die Hälfte aller britischen Verluste dieser Nacht ging. Insgesamt gingen 24 Bomber – 15 Halifax und neun Lancaster – verloren (4,6 Prozent der Einsatzkräfte), 30 waren durch Flakbeschuß und zwölf durch Nachtjagdangriffe beschädigt worden.

Binnen einer halben Stunde war in dieser Nacht eine unvorstellbare Menge von Spreng- und Brandbomben auf Leipzig gefallen. Die Luftschutzbehörden schätzten, daß Leipzig von 18 Minen-, 900 Spreng-, 85 400 Stabbrandbomben und 17 400 Phosphorbomben getroffen worden wäre, die über dem Landkreis Leipzig gefallene Menge wurde mit zehn Minen-, 65 Spreng-, 310 Phosphor- und 3500 Stabbrandbomben angenommen.[75] Sind die englischen Angaben zutreffend, fielen über dem Raum Leipzig 311 Minen-, 451 Spreng-, 313 große und 12 550 kleine Phosphorbomben sowie 281 035 Stabbrandbomben. Ganz eindeutig ergibt sich daraus, daß die Zahl der abgeworfenen Brandbomben von deutscher Seite bei weitem unterschätzt wurde.

Das Ausmaß der Leipziger Brandkatastrophe wurde von den Verantwortlichen der Stadt und des Gaus anfangs kaum wahrgenommen. Übereinstimmend geht aus allen Berichten hervor, daß die ersten Bomben im Norden Leipzigs niedergingen und die Abwürfe sich von dort aus immer mehr in die Innenstadt und nach Süden verlagerten. Kurze Zeit nach den ersten Abwürfen bereits mußte die Leitung der Leipziger Feuerwehr eingestehen, daß es unmöglich war, einen Angriffsschwerpunkt auszumachen, „da es in allen Stadtteilen brannte".[76] Weil der Fernsprechverkehr schon während des Angriffs ausfiel, konnte die Verbindung zwischen den Luftschutzbehörden nur durch Kuriere wahrgenommen werden. Außerdem war die Leipziger Feuerwehr wegen der Feuerlöschhilfe für Berlin ab 23. November drastisch geschwächt. Mit dem Abzug von 15 der insgesamt 28 Feuerlöschzüge – in der Regel mit dem besten Personal und Material ausgestattet – hatte man 53,5 Prozent aller Feuerwehreinheiten nach Berlin abgegeben. In Leipzig verblieben nur noch 7 1/2 schwere und 5 1/2 leichte Feuerlöschzüge.[77] Vor allem die in Reserve gehaltenen Sonderlöschzüge waren restlos abgezogen worden. Die noch verbliebenen Feuerwehreinheiten wurden unverzüglich dort eingesetzt, wo in ihrer unmittelbaren Nähe Brände ausgebrochen waren. Für den größten Teil der Stadt bedeutete dies jedoch, ohne jede Hilfe zu bleiben. Um Abhilfe zu schaffen, beorderte man zunächst die in der engsten Umgebung vorhandenen Feuerwehrkräfte nach Leipzig. Die Löscheinheiten aus Stahmeln, Panitzsch und Holzhausen langten um 4.35 Uhr in Leipzig an, ihnen folgten um 4.45 Uhr die aus Mölkau, um 4.50 Uhr aus Liebertwolkwitz und um 4.56 Uhr aus Großpösna.[78]

Nunmehr jedoch rächte sich, daß die nach dem Luftangriff vom 20. Oktober 1943 festgestellten Mängel nicht beseitigt worden waren. Hinzu kam eine unverantwortliche Desorganisation. Die Wasserversorgung versagte schon kurze Zeit nach den ersten Bombenabwürfen, obgleich das Wasserwerk selbst keine Schäden davongetragen hatte. Die Wasserentnahme für Löschzwecke war zu groß, und ein gewaltiger ungenutzter Abfluß, besonders in der Innenstadt, trat durch das zerschlagene Rohrsystem ein. Der Druck sank so rasch, daß das Wasser für Löschzwecke nicht mehr genutzt werden konnte. Für die wenigen vorhandenen Löschwasserteiche in Leipzig reichten die mitgeführten Schläuche nicht aus. Den auswärtigen Feuerwehren fehlten die Aufsatzstücke für die Leipziger Hydranten. Es sollte jedes Polizeirevier über diese Anschlußstücke verfügen, doch in der Brandnacht des 4. Dezember erwies sich die Suche nach ihnen als erfolglos.

Macht- und hilflos stand die Feuerwehr nunmehr der Situation gegenüber, daß einzelne Dachstuhlbrände zu Häuserbränden aufloderten, Häuserblocks in Flammen standen und schließlich ganze Straßenzeilen vom Feuer erfaßt wurden. Damit waren die Voraussetzungen für den gefürchteten Feuersturm gegeben – ein Vorgang, von dem Leipzigs Innenstadt schließlich nicht verschont blieb. Ein Bericht schildert „das Aufkommen mehrerer großer Feuerstürme in einem Ausmaße und mit Folgeerscheinungen, wie sie bisher nur in Hamburg oder Kassel aufgetreten sind. Zu diesen Folgeerscheinungen gehört besonders ein Feuersturm in dem Ausmaß, wie er selbst in Hamburg nicht aufgetreten ist. So wurden beispielsweise starke Bäume umgeknickt, Autos umgeworfen, Kraftfahrspritzen von den Saugleitungen losgerissen und umgeworfen, Feuerschlauchleitungen auf Bäume und Hochspannungsleitungen geschleudert, Offiziere und Männer der Feuerlöschkräfte über Straßen und Plätze gewirbelt und dabei getötet oder verletzt."[79]

Der Berichterstatter war kein anderer als der Generalinspekteur für das Feuerlöschwesen im Hauptamt der Ordnungspolizei, Generalmajor Hans Rumpf, der sich zufällig am 4. Dezember 1943 in Leipzig aufhielt. In seinem Abschlußbericht vom 24. Dezember 1943 nannte er im wesentlichen drei Gründe, die das Aufkommen des Feuersturms begünstigt hatten: „Bei dem Angriff auf Leipzig ist zu berücksichtigen, daß einer der nach Zeit, Raum und Masse schwersten Angriffe die durch Abgaben an aktiven und passiven Verteidigungsmitteln geschwächte Stadt erstmalig traf. Der Angriff dauerte nur rd. 1/2 Stunde und führte in einem etwa 3 km breiten und 5 km langen Streifen über Norden, Mitte und Süden der Stadt hinweg. Auf die Altstadt und den Süden ging ein ausgesprochener Tep-

Zentralmessepalast, Grimmaische Straße/Ecke Neumarkt

pichangriff nieder. Städtebaulich war Leipzig eher schlechter als besser dran als andere gleich alte Kulturstädte, da die Altstadt, bedingt durch ihren Messecharakter, neben den eng bebauten Wohngebieten überfüllt war mit außergewöhnlich vielen Lager- und Ausstellungsbaulichkeiten. Selbst bei einem schwächeren Angriff mußte hier mit erheblichen Verlusten an bebauter Fläche gerechnet werden."[80] Einen weiteren Grund sah Rumpf in dem erheblich geschwächten Zustand der Städtischen Feuerwehr, der sie nach seiner Auffassung von vornherein in einen schweren, „um nicht zu sagen aussichtslosen Stand" versetzte.

In den entscheidenden drei Stunden bis zum Ausbruch des Feuersturms blieb die Leipziger Feuerwehr auf sich selbst gestellt. Viel zu spät wurden die Löscheinheiten aus benachbarten Großstädten alarmiert, so aus Halle, Dresden, Merseburg und Zwickau. Die Chemnitzer Löschhilfe traf um 12.45 Uhr des 4. Dezember ein, die aus Jena um 18 Uhr, die aus Erfurt um 20 Uhr, die aus Gotha und Eisenach erst am 5. Dezember zwischen 14.40 und 15.55 Uhr.[81] 15 Stunden nach Angriffsbeginn waren in Leipzig erst 48 Feuerwehrbereitschaften im Einsatz, die drei Tage benötigten, um die Brände abzulöschen.

Die rücksichtslose Entblößung Leipzigs von seiner Feuerwehr potenzierte sich nach Rumpfs Auffassung dadurch, daß neben dem Ausfall zahlreicher Hydranten die Sammelwasserleitungen in Leipzig auf Grund ihres geringen Rohrquerschnitts und des entsprechend niedrigen Drucks vergleichsweise nur minimal leistungsfähig waren. Die einstmals geplante Modernisierung der Wasserversorgung Leipzigs, die zu 90 Prozent von einer einzigen Hochbehälteranlage gespeist wurde, war ebenfalls dem Moloch Aufrüstung zum Opfer gefallen. Am 4. Dezember wirkte sich dies verheerend bei allen Versuchen aus, die Feuerstürme einzudämmen. Auf eine einzige Löschgruppe entfielen nach Rumpfs Berechnungen 80 bis 100, d.h. auf einen Feuerwehrmann zehn Brände! Kein Wunder also, daß sich die 2 262 Groß-, 888 Mittel- und 2 184 Kleinbrände letztlich zu Block-, Reihen- und Flächenbränden ausweiteten und den gefürchteten Feuersturm hervorriefen.

Angesichts der gewaltigen Brandkatastrophe, der die Leipziger Innenstadt in den Morgenstunden des 4. Dezember 1943 zum Opfer fiel, muß es geradezu als ein Phänomen erscheinen, daß die Menschenverluste weitaus niedriger blieben als etwa in Kassel, Hamburg oder bei vergleichbaren Angriffen auf Städte des Ruhrgebietes. Dort waren bekanntlich Tausende, ja Zehntausende durch den Flammen- und Erstickungstod umgekommen. Dieser Umstand hat offensichtlich auch dazu beigetragen, daß bis zum heutigen Tage in der Literatur die ungeheure Dimension des Vernichtungsangriffs auf Leipzig auch nicht einmal annähernd erfaßt worden ist. Diese Annahme spiegelt sich sehr deutlich in den Berichten wider, die die Abteilung Luftkriegsmeldedienst für Joseph Goebbels in seiner Eigenschaft als Vorsitzender des Luftkriegsschadenausschusses verfaßte. Am Morgen des 4. Dezember, gegen 8 Uhr, wurde Goebbels gemeldet, daß 450 Maschinen in das Reichsgebiet eingedrungen wären, erst Berlin ansteuerten, „dann aber zu einem schweren Terrorangriff auf Leipzig abdrehten. Es entstanden Flächenbrände und schwere Zerstörungen. Strom und Wasser ausgefallen."[82]

Ähnlich ernst beurteilte das Oberkommando der Wehrmacht in einer geheimen Meldung den Angriff: „Schwerer Angriff vorwiegend Stadtzentrum sowie insbes. auf Osten, Süden und Norden der Stadt. Es entstanden zahlreiche Großbrände sowie Flächenbrände, die schwere Zerstörungen verursachten. Strom- und Wasserversorgung ausgefallen. Starke Brände im Musikviertel, Augustusplatz, außerdem in den Stadtteilen Eutritzsch, Gohlis und Stötteritz. Von öffentlichen Gebäuden wurden getroffen: Neues Theater, Altes Theater, Schloß (sic!), Post, Gewandhaus, Polizeipräsidium, Große Markthalle, Deutsche Bücherei, Ersatzverpflegungspräsidium, Hotel Astoria und Hotel Kaiserhof. 3 Kasernen zerstört bzw. beschädigt.

Hauptbahnhof Dach- und Glasschäden. Kraftwagenbetriebswerk Leipzig brennt. Güterbahnhof Eutritzsch brennt. Ferner getroffen Rathaus, Kreisleitung, zahlreiche Krankenhäuser und Kliniken. Über den Umfang der Industrieschäden fehlen noch Angaben. Der Umfang der Häuserschäden ist noch nicht zu übersehen, die Zerstörung ganzer Straßenzüge ist gemeldet."[83]

Gegen 12 Uhr des 4. Dezember erhielt Goebbels die zweite Meldung über den Luftangriff. Nunmehr wurde vermutet, 150 Flugzeuge hätten Leipzig angegriffen. Der Schaden wurde als mittelschwer betrachtet. Am folgenden Tag gab Leipzig Goebbels erste Angaben über die Personenschäden. Danach seien 95 Leipziger umgekommen, 90 schwer und 317 leicht verwundet. Für 328 Verschüttete seien Bergungsmaßnahmen eingeleitet. „Die Flächenbrände sind eingekreist, weitere Ausdehnung ist z.Zt. nicht zu befürchten. Die Großalarmanlage ist ausgefallen, es steht nur eine Kraftwagensirene zur Verfügung. Die Alarmierung der Bevölkerung ist im großen nicht möglich. Behelfsmäßige Alarmierung durch Flakschüsse ist vorgesehen, jedoch zur Zeit unwirksam, da fortgesetzt Zeitzünder detonieren."[84] Erst am 7. Dezember 1943, um 20 Uhr, wurde Goebbels gemeldet: „Alle Brände sind niedergekämpft. Weiteres Ausbreiten nicht zu befürchten. An einzelnen Stellen flammen Brände wiederholt auf und werden durch fliegende Feuerlöschkommandos bekämpft."[85]

Die Zahl der Toten wurde mit 445 angegeben, die der Verschütteten mit 554, von denen 30 lebend geborgen, 177 tot seien und 347 noch unter den Trümmern lägen. In dem Maße, wie die Aufräumungsarbeiten voranschritten, erhöhte sich die Zahl der Toten: in der Ordnungspolizei-Meldung 983 vom 10. Dezember: 614 Tote, am 11. Dezember: 686 Tote, am 13. Dezember: 821 Tote, am 15. Dezember: 990 Tote und am 20. Dezember: 1 182 Tote.[86]

Die Zahl von 1 182 Toten hat Eingang gefunden in das britische Standardwerk „The Strategic Air Offensive against Germany" und ist von dort in eine Reihe von Veröffentlichungen eingegangen.[87]

Die Ordnungspolizei gab an, von den 1 182 Luftkriegstoten des 4. Dezember seien 377 Männer, 458 Frauen, 156 Kinder sowie 191 Personen, deren Geschlecht nicht identifiziert werden konnte, gewesen. Die Zahl der Schwerverletzten wurde mit 750, die der Leichtverwundeten mit 3 491 angegeben. 722 Personen galten als vermißt.

Am selben Tag legte das Rüstungskommando Leipzig seinen Bericht über den 4. Dezember vor. Er gab die Zahl der Toten schon mit 1 295 Personen an, ferner nannte er 752 Schwer- und 3 310 Leichtverletzte. Ausgewiesen wurde, daß noch 144 Menschen verschüttet und 720 vermißt seien.[88] Das Statistische Reichsamt bezifferte die Zahl der Toten in Leipzig im Februar 1944 mit 1 408 Menschen und 4 418 Verletzten.[89] Die Ordnungspolizei Leipzig lieferte offenbar keinen Abschlußbericht. Die endgültige Höhe der Menschenverluste, wie sie häufig in Leipziger und anderen Publikationen benannt wird, schwankt zwischen 1 408 und 1 815 Toten, 806 Schwer- und 3 749 Leichtverletzten.[90] Ob diese Zahlen alle Verluste erfassen, muß skeptisch beurteilt werden, wenn man davon ausgeht, daß am 20. Dezember 1 295 Leipziger tot geborgen, 144 noch verschüttet waren und 720 als vermißt galten. – Die Zahl der Vermißten sank im Zuge der Aufräumungsarbeiten nicht, sondern stieg. So ist es durchaus nicht unwahrscheinlich, anzunehmen, daß die endgültige Zahl der Opfer des 4. Dezember 1943 über 2 000 Personen betrug. Nach dem schweren Doppelangriff am 20. Februar 1944 brach man offensichtlich in Leipzig alle weiteren Ermittlungen über die Zahl der Opfer im Dezember ab.

Trotzdem blieben die Leipziger Opfer, verglichen mit anderen Städten, wo Zehntausende im Feuersturm umkamen, gering. Eine Erklärung für dieses Phänomen gab der für die Messestadt verantwortliche Wehrwirtschaftsoffizier im Wehrkreis IV in Dresden. Er schrieb am 7. Januar 1944: „Alle die Bewohner der Stadt Leipzig, die in beherzter Weise während des Angriffs die entstandenen Brände löschten, konnten in vielen Fällen Haus und Hausrat retten, obwohl sie nicht luftschutzmäßig gehandelt haben. Nach den Anweisungen der LS-Stellen waren sie an sich gehalten, die LS-Räume nicht vor Beendigung des Feindangriffs zu verlassen."[91] Hätten die Leipziger diese Anweisungen befolgt, wären die Menschenverluste wohl bedeutend höher gewesen. Entwarnung wurde in Leipzig nämlich erst um 5.32 Uhr gegeben, über eine Stunde nach dem Abflug der Bomberverbände. Zu diesem Zeitpunkt waren die zahllosen Einzelbrände bereits zu Großbränden zusammengewachsen, so daß es für einen Großteil der Altstadtbewohner kaum noch eine Fluchtmöglichkeit gegeben hätte. Untersucht man zahlreiche Einzel- und Erlebnisberichte, so läßt sich erkennen, daß die Mehrzahl der von Bränden nahezu eingeschlossenen Bewohner Leipzigs in letzter Minute die Flucht ergriff, nachdem sie die Nutzlosigkeit individueller Löschversuche erkannt hatte. Nicht Feuer und Qualm – wie in Kassel oder Hamburg – verursachten hier die schwersten Menschenverluste, sondern Sprengbomben.

Das völlige Ausmaß der materiellen Schäden in Leipzig wurde erst nach mancherlei Rückfragen am 23. Mai 1944 deutlich. Das Statistische Reichsamt gab an diesem Tag seinen Abschlußbericht heraus, demzufolge 4 011 Gebäude total zerstört, 1 063 zu 50 Prozent und 10 155 mittelschwer bis leicht beschädigt waren.[92] Von 32 526 Wohngebäuden Leipzigs waren somit 13 281 in irgendeiner Weise in Mitleidenschaft gezogen worden, darunter 3 141 total vernichtet. Ferner waren 1 067 Geschäftshäuser, 472 Fabrikge-

Bayrische Straße (Arthur-Hoffmann-Straße)

bäude, 56 Schulen, 28 Hotels, 29 Messehäuser und neun Kirchen völlig zerstört worden.[93] Über 40 Prozent der Leipziger Wohnhäuser waren damit in irgendeiner Weise beeinträchtigt worden. Von 221 178 Leipziger Wohnungen waren im Ergebnis des 4. Dezember 22 486 total zerstört, 2 057 schwer und 1 604 leicht beschädigt worden, insgesamt also rund zwölf Prozent. Die Zahl der Obdachlosen belief sich auf über 140 000 Personen, von denen ab Dezember etwa 100 000 evakuiert wurden. Geht man von einer Wohnbevölkerung von 699 000 Mitte 1943 aus, so waren rund 20 Prozent aller Leipziger ihrer Behausung verlustig gegangen.

Einmal mehr bestätigte der Angriff vom 4. Dezember die bei anderen Flächenangriffen gemachten Erfahrungen: Am stärksten betroffen wurde das Wirtschaftsleben Leipzigs durch die zeitweilige Zerstörung der städtischen Infrastruktur mit Wasser, Gas, Strom und Verkehr sowie Versorgung. Am 7. Januar 1944 charakterisierte die Wehrwirtschaftsinspektion des Wehrkreises IV die Situation folgendermaßen: „Die Schäden haben sich vor allem in den Wohn- und Geschäftsvierteln der Innenstadt als überaus erheblich herausgestellt. Die eigentliche Rüstungsindustrie, mehr am Stadtrand, besonders im Westen gelegen, wurde verhältnismäßig wenig in Mitleidenschaft gezogen. Auch stärker betroffene wichtige Werke wie Nitzsche, Opta Radio und Junkers haben durch Verlagerungen ihre Fertigungen nahezu voll wieder aufgenommen. Junkers soll sogar gegenüber dem früheren Soll noch gesteigert haben. Bei den meisten totalgeschädigten Betrieben der graphischen Industrie hat sich erfreulicherweise herausgestellt, daß ihr Maschinenpark teilweise bis zu 80 % weiter benutzt werden kann. Stärker als die eigentlichen Schäden wirkt sich der Arbeitsausfall der bombengeschädigten Gefolgschaftsmitglieder aus. Er erreichte auch bei nichtgeschädigten Betrieben bis zu 40 %."[94]

Von rüstungswirtschaftlicher Seite her waren die Schäden auf dem Messegelände am ausgedehntesten. Die ATG berechnete den ihr zugefügten Schaden wie folgt: Reparatur für zerstörte Hallen: 735 711 RM, für beschädigte Maschinen: 1 174 555 RM und für vernichtete Fertig- und Halbprodukte: 2 256 035 RM, insgesamt 4 166 301 RM.[95]

Die Rüstungsinspektion Dresden machte in ihrem

Schlußbericht vom 7. Februar 1944 folgende Bilanz auf: „Der starke Luftangriff auf Leipzig vom 4.12.43 hat eine nachhaltige Auswirkung vor allem auf die Luftwaffen-Fertigung ausgelöst. Im Werk der Allgemeinen Transportanlagen-Gesellschaft m.b.H. Leipzig ist für die Fertigung Ju 88 A-4 der Nachschub von Rümpfen durch den Ausfall des Werkes VI (Messegelände) empfindlich gestört. Junkerswerft konnte statt der ursprünglich angeforderten 93 Reparaturrümpfe A-4 nur 28 übernehmen; zum Ausgleich des Fertigungsausfalls auf dem Messegelände werden diese Reparatur-Aufgaben teilweise nach dem Zweigwerk Breslau verlegt und 200 Arbeitskräfte dorthin überführt. Junkers-Motorenbau Messe kann die Reparatur von Motoren Jumo 211 nur noch zu 10 % und von Triebwerken Jumo 88 A-4 nur zu 15 % durchführen, daher übernimmt von Januar bis Juli Mitteldeutsche Motorenwerke G.m.b.H. die Reparatur von 3 000 Jumo 211, die mit 2 000 auf Werk Taucha und mit 1 000 auf Werk Morgenstern der Mitteldeutschen-Motorenbau aufgeteilt werden. Durch den Luftangriff auf Leipzig betroffen vor allem der Zellenbau. ATG Allgemeine Transportgesellschaft, Leipzig, fällt auf unbestimmte Zeit, Junkers-Werft auf etwa 3 Wochen aus (bei ATG 69 Rümpfe und 18 Flugzeuge Ju 88 zerstört, 18 Rümpfe und 28 Flugzeuge Ju 88 beschädigt, bei Junkers-Werft 31 Flugzeuge Ju 88 zerstört, 58 Flugzeuge Ju 88 beschädigt); Erla-Maschinenwerke GmbH stark mitgenommen (19 Flugzeuge, 12 Rümpfe Me 109 zerstört, 63 Flugzeuge, 40 Rümpfe Me 109 beschädigt)."[96]

Für den Rüstungsstandort Leipzig erwies sich das Provisorium, unter dem nun Hunderttausende zu leben gezwungen waren, als überaus stimmungsbeeinträchtigend und rüstungsgefährdend. Obgleich mehrere tausend auswärtige Hilfskräfte – Luftschutzabteilungen, Technische Nothilfe, SS-Pionierkompanien und Einheiten der Wehrmacht – zur notdürftigsten Wiederherstellung des städtischen Lebens herangezogen wurden, gelang dies nur recht und schlecht. Die Rüstungsindustrie litt – stärker noch als unter den Bombenschäden –, darunter, daß Tausende Leipziger wochenlang ihrer Arbeit fernblieben. Der Straßenbahnverkehr, besonders im Zentrum, blieb wie der Eisenbahnverkehr am Hauptbahnhof über Wochen blockiert. Zivilisten durften Verkehrseinrichtungen nur mit Sonderausweisen benutzen. Busse wurden im Pendelverkehr eingesetzt, doch mußte mit langen Wartezeiten gerechnet werden. Während Strom- und Wasserversorgung – bis auf einzelne Stadtteile – ab Mitte Dezember wieder funktionierten, konnte die Gasversorgung erst Mitte Februar in geringem Umfang wieder aufgenommen werden. Am drückendsten für die meisten Einwohner blieb jedoch die völlig unzureichende wirtschaftliche Versorgung, die selbst von der Wehrmacht als „katastrophal" bezeichnet wurde und von der man Auswirkungen auf Arbeitskraft und Stimmung der Einwohner befürchtete. Zwei Leipziger wurden beim Plündern aufgegriffen und erschossen.

Schon Ende Oktober 1943 war diese Situation alarmierend gewesen. Auf die gesamte Einwohnerschaft entfiel für vier Wochen eine Zuteilung von 770 Handtüchern, für sechs Wochen eine Zuteilung von elf Schlafzimmern, 31 Holzbetten und 11 Küchen,[97] und dies in einer Situation, da Zehntausende beim Luftangriff ihr letztes Hab und Gut verloren hatten.

Die politisch Verantwortlichen suchten nach dem 4. Dezember einen Sündenbock: Mutschmann bezichtigte am 11. Dezember 1943 alle Dienststellen des Versagens, der Unfähigkeit und der Säumigkeit, die Leipziger Polizeibehörde regte an, alle Einwohner der Stadt unter Militärgesetze zu stellen.

Das Bomber Command startete am 5. Dezember einen Aufklärungseinsatz über Leipzig. Die Mosquito erreichte die Stadt gegen 14.30 Uhr und fand sie unter einer dichten Rauchwolke. Nur für Augenblicke bestand Sicht und zeigte noch unzählige schwelende Brände. Am 20. Dezember 1943 fand ein zweiter derartiger Einsatz gegen 13 Uhr statt. Der Auswertungsbericht vom 21. Dezember einer Mosquito des 542. Squadrons stellte fest: „Die Schäden sind sehr intensiv, besonders bei Industrie- und Verkehrsanlagen. Das Hauptschadensgebiet liegt in der Innenstadt; mit Ausnahme des Westteils der Stadt sind überall schwere Schäden auszumachen."[98] Ein abschließender Auswertungsbericht vom 13. Januar 1944 betonte, daß Leipzig zu 30 Prozent zerstört sei. Hervorgehoben wurden die Schäden im Messegelände, in der Wollkämmerei, am Hauptbahnhof, in der Energieversorgung, im Buchhändlerviertel, an Museen, Rathäusern, der Deutschen Bücherei usw.[99] Auf Grund der Luftbildaufnahmen kamen die britischen Auswertungsbehörden zu dem Schluß, 36 700 Wohnungen in Leipzig zerstört und 2 250 bis 4 500 Bewohner der Stadt getötet zu haben.[100] Nach Hamburg avancierte der Leipziger Angriff vom 4. Dezember zu einer der erfolgreichsten Operationen des Jahres 1943.

Amerikanisches Industriebombardement 1944/45

Nach der Konferenz von Teheran (28. November bis 1. Dezember 1943) rückte Leipzig als bedeutender Luftrüstungsstandort noch stärker ins Visier der britischen und amerikanischen Bombenfliegerstäbe. Am Tage nach der Beendigung der Konferenz wies der Oberbefehlshaber der Royal Air Force, Charles Portal, den Luftstab in London an, die Operationen der Bombenflieger künftig gegen drei Rüstungsgebiete zu konzentrieren: gegen Fabriken, die einmotorige Jäger produzierten, gegen die Kugellagerindustrie sowie gegen

11. Volksschule in der Immelmannstraße (Rosenowstraße)

Werke der Flugzeugindustrie, die zweimotorige „Zerstörer" herstellten.[101] An die Spitze aller Werke stellte Portal die Leipziger Erla-Fabriken in Mockau und Heiterblick. Da man aus den Luftbildaufnahmen über den Dezemberangriff genau wußte, daß die in Randlage befindliche Leipziger Flugzeugindustrie weitgehend von Zerstörungen verschont geblieben war, nahm Erla in den Angriffsplanungen von Bomber Command und nunmehr auch der 8. US Air Force den vordersten Platz ein. Am 23. Dezember 1943, als das Scheitern der „Battle of Berlin" immer deutlicher wurde, befahl der stellvertretende Oberbefehlshaber der RAF, Norman Bottomley, Harris, die Hauptanstrengungen des Bomber Command in den nächsten Wochen gegen jene Ziele der deutschen Rüstung zu richten, die bei Tage von den Amerikanern nur unter hohen Verlusten erreichbar wären. Das galt für Schweinfurt an erster und für Leipzig an zweiter Stelle.[102] Da Harris seine Kräfte nach wie vor gegen Berlin fliegen ließ, wiederholte Bottomley am 14. Januar seine Aufforderung, Priorität der Bombardierung von Schweinfurt, aber auch der Zerstörung jener Städte zu geben, die mit der Produktion von Jagdflugzeugen verbunden sind, namentlich von Leipzig, Braunschweig, Gotha und Augsburg".[103]

Erstmals am 28. Januar 1944 einigten sich Bomber Command und 8. US Air Force auf eine gemeinsame Prioritätsliste. Ihr Hauptanliegen bestand darin, den alliierten Fliegerkräften für die im Mai/Juni 1944 geplante Landung in Nordfrankreich die absolute Luftüberlegenheit durch Zerschlagung der deutschen Jagdfliegerproduktion zu sichern. 14 Flugzeugbetriebe wurden aufgeführt, die vorrangig angegriffen werden sollten. An der Spitze rangierte erneut Erla, dessen drei Werke in Heiterblick (GY 4 796), Mockau (GY 4 825 A) und Abtnaundorf (GY 4 847) als erste ausgeschaltet werden sollten. Ferner wurde Leipzig als eines der Ziele benannt, in dem die Deutschen Kugellagerwerke in Leutzsch zu bombardieren waren.[104] Nach Schweinfurt war Leipzig dem Bomber Command wiederum als zweitwichtigstes Ziel empfohlen worden.

In Vorbereitung eines Generalschlages der 8. und 15. US Air Force gegen die deutsche Flugzeugindustrie, die in die Annalen der Luftkriegsgeschichte als „Big Week" eingegangen ist, kam es zu einer der seltenen Vereinbarungen zwischen Bomber Command und US Air Force zur Führung eines Doppelschlages. Bei Nacht sollte das Bomber Command, bei Tag die 8. US Air Force zuschlagen. Entsprechend den geltenden Prioritäten sollte diese Operation mit einem Doppelangriff auf Leipzig eröffnet werden. Der Zeitpunkt wurde auf den 20. Februar 1944 festgesetzt.

Harris setzte 823 Bomber ein, fast 300 mehr als am 4. Dezember, darunter 561 Lancaster, 255 Halifax und sieben Mosquito.[105] Zur Ablenkung starteten 45 Stirling und vier Halifax gegen die Kieler Bucht, die sie verminten, und 15 Mosquito zu einem Störangriff gegen Berlin. Ab 1.05 Uhr stellte die deutsche Luftverteidigung den Einflug mehrerer hundert Bomber über die westfriesischen Inseln in Richtung Emden – Bremen fest. Nachtjäger wurden in den norddeutschen Raum beordert, da zunächst der Kieler Verband als Hauptangriffsstreitmacht angenommen wurde. Der Bomberstrom nahm indessen Kurs Osnabrück – Hannover und flog von dort in den Raum Magdeburg, scheinbar mit Richtung auf den Südwesten Berlins. Zwischen Stendal und Jüterbog kreuzten sich die Routen des Berlin anfliegenden Mosquito-Verbandes mit dem noch über 730 Maschinen zählenden Bomberstrom. Doch die britische Hoffnung, die deutsche Nachtjagd wiederum täuschen zu können, erfüllte sich in dieser Nacht nicht.

Die englische Wetterprognose ging von völlig bedecktem Himmel über Deutschland und einem starken Gegenwind aus. Tatsächlich herrschten jedoch nur leichte Nordwinde vor, die den britischen Verband schneller als geplant fliegen ließen. Leipzig sollte zwischen 4 Uhr und 4.19 Uhr bombardiert werden. Erfahrene Navigatoren bemerkten die veränderten Windverhältnisse und drosselten das Tempo der Bomber. Neulinge indessen nahmen ihre Geschwindigkeit nicht zurück und waren bereits eine halbe Stunde vor dem geplanten Angriffsbeginn über der Messestadt. Dadurch zog sich der Bomberstrom über dem nächtlichen Himmel Deutschlands weit auseinander, was den deutschen Nachtjägern günstige Gelegenheit bot, sich einzureihen und ihr Vernichtungswerk aufzunehmen. Der erste große Nachtjagdangriff fand zwischen der niederländischen Küste und Hannover, der zweite zwischen Stendal und Jüterbog, der dritte direkt über Leipzig statt. Dutzende britische Bomber gingen in Flammen auf. Über Leipzig selbst entwickelten sich gleichfalls chaotische Verhältnisse. Die zu früh über der Stadt angekommenen Bomber mußten kreisen und das Eintreffen der Himmelsmarkierer abwarten. Die Besatzungen, die ihren Flug zeitlich abgestimmt hatten, trafen über der Stadt ein Gewimmel eigener Bomber an, die aus allen Himmelsrichtungen über Leipzig kreuzten, was mindestens den Absturz von vier Bombern durch Frontalzusammenstöße zur Folge hatte. Zudem verhalfen die kreisenden Bomber der Leipziger Flak zum Abschuß von 20 britischen Flugzeugen.

Leipzig hatte Luftgefahr 15 um 2.38 Uhr gegeben, um 2.54 Uhr war Fliegeralarm ausgelöst worden. Doch erst von 3.40 bis 4.20 Uhr registrierte man in der Stadt die Bombenabwürfe.[106] Laut britischen Kriegstagebüchern erreichten die ersten Bomber die Stadt um 3.33 Uhr, wurden die ersten Bomben ab 3.58 Uhr abgeworfen und verließen die letzten Bomber den Schauplatz um 4.36 Uhr. Entwarnung wurde in Leipzig um 4.39 Uhr gegeben.

Insgesamt fielen in dieser Nacht nach englischen Angaben 2 291 Tonnen Spreng- und Brandbomben über der Messestadt, fast 1 000 Tonnen mehr als am 4. Dezember. Sieben Mosquito, 77 Lancaster und zehn Halifax der 8. (Pathfinder) Group warfen 320,9 Tonnen Sprengbomben, darunter 76 Luftminen, 136 Lancaster der 1. Bomber Group 323,9 Tonnen Sprengbomben, darunter 97 Luftminen, 45 Lancaster der 3. Group 80 Tonnen Sprengbomben, darunter 45 Luftminen, zwei davon überschwere Luftminen vom Typ 8000-HC, 178 Lancaster der 5. Group 314,5 Tonnen Sprengbomben, darunter 152 Luftminen, während 23 Lancaster der 6. Group 41,1 Tonnen Sprengbomben, darunter 23 Luftminen, über Leipzig abluden. Ferner sollten 19 090 30-lb-Phosphorbomben und über 450 000 4-lb-Stabbrandbomben die Stadt in Brand setzen.

Nach deutschen Vermutungen griffen nur 300 Bomber Leipzig aus nördlicher und nordöstlicher Richtung an und warfen ihre Last vor allem im Süden (Wohngebiete von Connewitz) und Westen (Wohngebiete von Schleußig und Kleinzschocher) ab. Auch die Landkreise Borna, Grimma, Rochlitz, Oschatz und Döbeln wurden mit Bomben belegt.[107] Genaue Einzelheiten über die Schäden des britischen Angriffs wurden nicht gemeldet, da in den Mittagsstunden Leipzig ein zweiter Angriff der 8. US Air Force traf.

Hatten die englischen Bombergruppen während des Anflugs hohe Verluste erlitten – insgesamt 78 Maschinen gingen bei diesem Angriff verloren, darunter 44 Lancaster und 34 Halifax – so blieben sie auf dem Rückflug nahezu unbehelligt. Allerdings löste die Höhe der Verluste in London fast einen Schock aus. Die Durchschnittsverlustrate betrug 9,6 Prozent, bei einzelnen Staffeln der 6. kanadischen Group erreichte die Verlustquote jedoch unerträgliche 23,2 Prozent! Außerdem lagen die Verluste der Halifax-Verbände mit 13,3 Prozent bei weitem höher als bei den Lancaster-Staffeln (7,8 Prozent). Resultat dessen war, die veralteten Halifax II und V sofort aus dem Einsatz gegen Deutschland zu ziehen.[108] Insgesamt verstärkten die schweren Verluste über Leipzig die Skepsis innerhalb der britischen Führung, ob die bis dahin praktizierte Taktik des Nachtbombardements aufrechterhalten werden könne oder nicht vielmehr die Gefahr drohe, daß das Bomber Command von der Nachtjagd zerrieben werde.

In Leipzig waren Polizei, Feuerwehr, Technische Nothilfe und Wehrmachtseinheiten noch damit beschäftigt, die Brände der Nacht zu löschen, Straßen zu räumen, Obdachlose zu betreuen, als ab 11.40 Uhr der Einflug schwerer amerikanischer Kampfverbände über Holland gemeldet wurde. Im letzten Augenblick hatte sich in London der Oberbefehlshaber der neu formierten United States Strategic Air Forces, Carl Spaatz, durchgesetzt, den Großangriff am Sonnabend, dem 20. Februar, zu eröffnen. Die 8. US Air Force startete am frühen Vormittag mit 689 B-17 und B-24 zum Flug nach Mitteldeutschland. Den Hauptschlag gegen Leipzig sollte die 1. Luftdivision führen, die 417 Bomber in die Luft gebracht hatte. 239 von ihnen nahmen Kurs auf Leipzig.[109] Als Ziel war den US-Besatzungen die Flugzeugwerke von Erla in Heiterblick und Abtnaundorf sowie der Werk- und Flughafenkomplex um Mockau vorgegeben worden. Um 12.41 Uhr wurde in Leipzig Luftgefahr 15, um 13.02 Uhr Fliegeralarm gegeben.

Nach amerikanischen Berichten griffen 239 B-17 von 13.42 bis 13.55 Uhr aus 6 200 bis 7 000 Metern Höhe alle Flugzeugwerke in Leipzig an. Nach deutschen Unterlagen fielen die Bomben zwischen 13.38 und 14.04 Uhr. Um 14.13 Uhr wurde entwarnt.

Von den B-17, die Leipzig erstmals angriffen, wurden 1 948 500-lb-Spreng- und 2 830 100-lb-Brandbomben geworfen. In Leipzig schätzte man die Zahl der angreifenden Bomber annähernd präzise auf 200, die aus östlicher Richtung in mehreren Wellen aus 5 000 Metern Höhe mit Schwerpunkt den Nordosten der Stadt, insbesondere die Betriebe der Luftfahrtindustrie und das Flughafengelände Mockau trafen. Insgesamt fielen knapp 700 Tonnen Munition auf die Stadt: 80 Prozent Spreng- und 20 Prozent Brandbomben. Die stark jagdgeschützten amerikanischen Bomberpulks verloren nur sieben B-17 beim Anflug auf Leipzig, also nur 2,5 Prozent der angreifenden Kräfte.

Der amerikanische Tagesangriff vom 20. Februar war das erste industrielle Präzisionsbombardement Leipzigs, das vor allem die Luftrüstungsindustrie traf. Das Oberkommando der Wehrmacht stellte in einem Sofortbericht fest: „Angriff auf Leipzig mit zahlreichen Sprengbomben schweren und schwersten Kalibers... insbesondere auf die dort liegenden großen Rüstungswerke: Mitteldeutsche Motorenwerke, Erla-Werke und Flugplatz Leipzig-Mockau. Während im Westen der Stadt nur geringe Schäden zu verzeichnen sind, wurden die Rüstungsbetriebe stark betroffen. Die Erla-Werke wurden durch eine große Anzahl schwerster Bomben schwer beschädigt. Zahl der Toten vermutlich groß."

Die Luftrüstungsinspektion Dresden zeigte sich in ihrem Abschlußbericht vom 31. März 1944 besonders beeindruckt von der Präzision des amerikanischen Bombardements. „Die Bomben wurden mit größter Genauigkeit in die Zielräume geworfen. Die Streuung war derartig gering, daß z.B. die tausend Meter seitlich des Erla-Werkes I gelegene Flakkaserne von keiner Bombe betroffen wurde."[110]

Die Zahl der von beiden Luftangriffen betroffenen Rüstungsbetriebe bezifferte die Rüstungsbehörde in Leipzig auf 86, von denen 16 als schwer, 29 als mittelschwer und 41 als leicht beschädigt geführt wurden.[111]

Laut Übersicht vom 31. März 1944 wurden die Hauptwerke der Luftrüstung wie folgt betroffen:

Firma	Produktion	Gefolgschaft	Grad der Beschädigung	Wiederingangbringung
ATG Leipzig Werk I	Flugzeugzellen		mittel	Mitte Mai 1944
Werk II u.III	Flugzeugzellen		schwer	Mitte Mai 1944
Werk IV	Flugzeugzellen	7980	leicht	Mitte Mai 1944
Werk V	Flugzeugzellen		schwer	Mitte Mai 1944
Junkers Flugzeug- u. Motorenwerke Markkleeberg	Jumo 213	3880	mittel	31. März 1944
Junkers Flugzeug- u. Motorenbau Plagwitz	Jumo 213	2500	schwer	Ende Mai 1944
Junkers Flugzeug- u. Motorenwerke Leipzig	Flugzeugrep.u. Umbau	3160	schwer	Ende April 1944
Erla Maschinenwerke Leipzig	Flugzeugzellen	11700	schwer	verlegt, Teile, Ende April 1944

Nach den Erhebungen des amerikanischen Bombing Survey in Erla, abgeschlossen am 9. Oktober 1945, waren am 20. Februar 1944 460 500-lb-Spreng- und 775 100-lb-Brandbomben für Erla-Heiterblick bestimmt, von denen 190 das Werkgelände trafen und es zu 65 Prozent vernichteten. In Mockau fielen 743 500-lb-Spreng- und 453 100-lb-Brandbomben, von denen 63 das Werk trafen.[112] Als Spaatz am Abend des 20. Februar in seinem Hauptquartier im Park House die vernichtenden Resultate des Bombardements von Leipzig gemeldet wurden, geriet er nach den Worten eines Augenzeugen in eine euphorische Stimmung.[113] 40 Prozent der in Mockau und Heiterblick lagernden Flugzeuge und Materialien der Erla-Werke wurden vernichtet. Die auf 650 Me 109 festgesetzte Monatsproduktion mußte zunächst auf 500 gemindert werden, erreichte jedoch im September 1944 700 Stück fertiger Me 109. Die Werkleitung von Erla bezif-

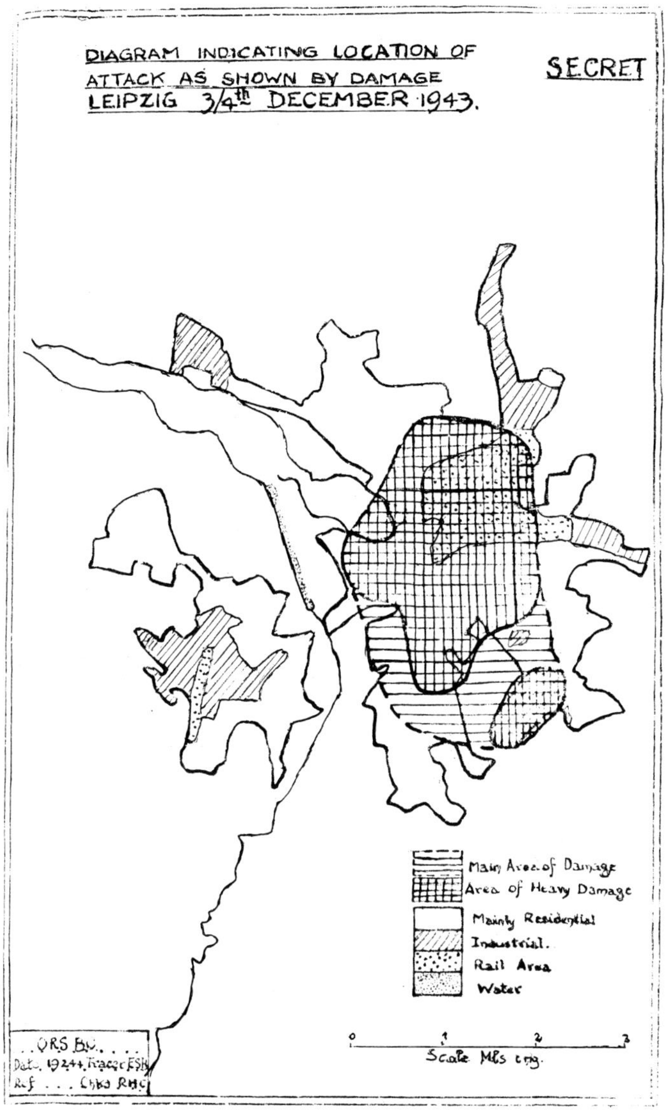

Planraster des Zerstörungsgrades im Leipziger Stadtgebiet, 3./4. Dezember 1943

Zeichenerklärung von oben nach unten: Hauptgebiet der Zerstörung, Gebiet schwerer Zerstörungen, Hauptwohngebiete, Industriegebiete, Eisenbahnanlagen, Gewässer

ferte ihren Schaden am 20. Februar 1944 auf 47 Millionen Reichsmark, von denen 18 Millionen auf Halbfabrikate und 20 Millionen auf Lagerverluste entfielen.[114] Bei ATG waren vor allem die Werke I, IV und V betroffen. Im Werk I fielen 100 von 605, im Werk V 75 von 365 Werkzeugmaschinen aus. In der Finalproduktion entstand ein Ausfall von 25 Flugzeugen und 65 Rümpfen.[115] Für Junkers sind bislang keine Angaben zu ermitteln. Die Erla-Werke in Heiterblick wurden durch keinen anderen Luftangriff schwerer betroffen als durch den Tagangriff vom 20. Februar 1944. Voller Mißmut stellte das Rüstungskommando Leipzig deshalb fest: „Die Angriffe auf Leipzig und seine Folgen sind vom Rüstungskommando und den maßgebenden örtlichen Stellen vorausgesehen worden; war doch die Zusammenballung wertvollster Industrie der Rüstung mit Schlüsselcharakter für den Gegner, dessen Nachrichtendienst bei der übergroßen Zahl von Ausländern erleichtert wird, geradezu eine Herausforderung, hier anzugreifen. Den Warnungen des Rüstungskommandos, den Leipziger Platz eher aufzulockern als weitere Rüstungsballungen vorzunehmen, ist leider nicht entsprechend Gehör geschenkt worden. Nun zwingt der Feind durch seine Angriffe eine Verlagerung und Dezentralisation unter viel ungünstigeren Bedingungen durchzuführen. Die Betriebsumsetzungswelle in den Großstädten verlagert sich auf die kleineren Orte, deren bodenständige Industrie damit einen starken Schlag erhalten muß."[116]

Erla, den Spitzenbetrieb der Jägerrüstung, nahm der Stellvertreter Görings, Feldmarschall Erhard Milch, sofort selbst unter seine Fittiche. Am 23. Februar führte er eine Werkbesprechung durch, in deren Verlauf entschieden wurde, die Flugzeugproduktion mit sofortiger Wirkung in die Filzfabrik Fischer bei Pegau und die Schuhfabrik Bella in Groitzsch zu verlagern.[117] Am 14. März 1944 erschien Albert Speers Vertreter, Karl Saur, in den Erla-Werken und forcierte die Verlagerung. Weitere Zweigstellen wurden in Johanngeorgenstadt, Flöha, Delitzsch, Plauen, Mülsen, Aue, Greiz und Crimmitschau errichtet sowie eine Bunkeranlage für die Serienproduktion im mitteldeutschen Raum vorgesehen. Wenngleich der Doppelschlag vom 20. Februar 1944 die Leipziger Rüstungsindustrie zum erstenmal empfindlich traf, so waren die Auswirkungen auf Stadt und Bevölkerung zugleich überaus schwer. Über 50 000 Leipziger wurden durch beide Angriffe obdachlos, im Landkreis Leipzig betrug ihre Zahl 1 380 Personen. Im Abschlußbericht des Rüstungskommandos Leipzig vom 20. März bzw. der Rüstungsinspektion Dresden vom 31. März 1944 wird von 900 Toten, 408 Schwer- und 1 250 Leichtverletzten in Leipzig, von 69 Toten, 35 Schwer- und 130 Leichtverletzten im Landkreis gesprochen, gemeldet, daß 939 Personen verschüttet waren, von denen 165 lebend und 708 tot geborgen wurden, während sechs Wochen später noch 66 Menschen unter den Trümmern lagen. Als vermißt galten 16 Zivilisten und 26 italienische Kriegsgefangene.[118] Nimmt man alle Angaben zusammen, so kostete der Doppelangriff vom 20. Februar 1944 möglicherweise über 1 000 Menschen das Leben.

Die Sachschäden beider Bombardierungen beliefen sich auf 824 völlig, 704 schwer, 1 537 mittelschwer und 4 024 leicht zerstörte Wohnhäuser. Das städtische Leben Leipzigs erlitt Beeinträchtigungen vor allem dadurch, daß erneut die Gasversorgung restlos ausfiel und der Straßenbahnverkehr ebenfalls wieder zum größten Teil eingestellt werden mußte.[119]

Amerikanische Aufklärer, die am 6. März 1944 über Leipzig kreisten, stellten für die Betriebe der Luftrüstungsindustrie eine von A bis D reichende Schädenliste auf. A-Betriebe galten als restlos vernichtet. Darunter fiel kein Leipziger Großbetrieb. Schwerste

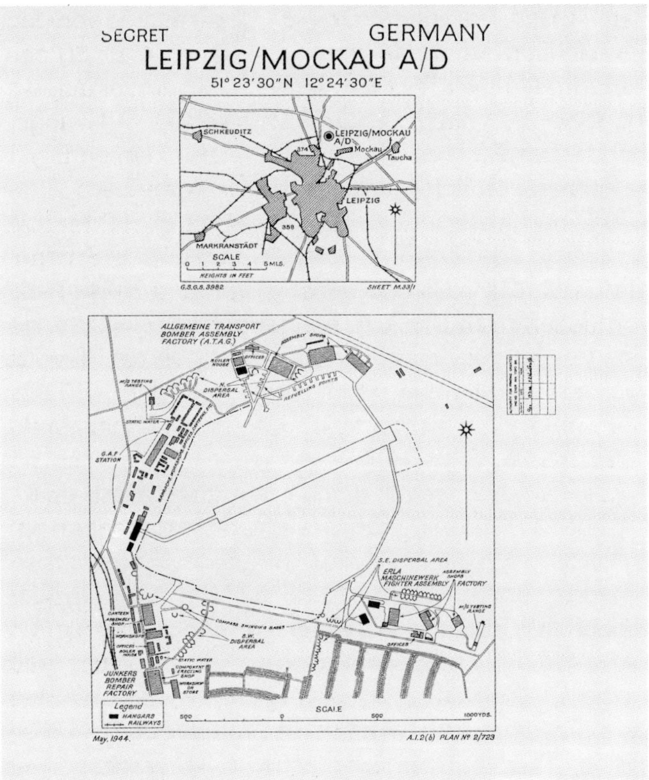

Lageplan der Betriebe der Luftrüstungsindustrie in Leipzig-Mockau, Mai 1944

Schäden von 95 bis 75 Prozent (Kategorie B) machte man für Erla-Heiterblick und Junkers-Mockau aus. In die Kategorie C fielen ATG-Mockau und Erla-Mockau sowie die ATG-Werke in Großzschocher. Kleinere Schäden glaubte man dagegen für Junkers in den Messehallen feststellen zu können.[120] Die am 3. April 1944 geflogene Luftaufklärung registrierte die weitgehende Wiederherstellung der zerstörten Werke. Nahezu folgerichtig erschien Leipzig deshalb am 20. und 26. April 1944 wiederum an vorderster Stelle in der Prioritätsliste von Bomber Command und US Air Force.[121]

Zwischen dem 20. Februar und dem 28. Mai 1944 wurde die Stadt zweimal durch Bombentreffer in Mitleidenschaft gezogen, die vom Kurs abgekommenen Maschinen entstammten. In der Nacht vom 24. zum 25. März 1944, als das Bomber Command seinen letzten Großangriff mit 811 Bombern gegen Berlin flog, der derart verlustreich war, daß von nun an bis Kriegsende die Hauptstadt von keinem Großangriff der RAF mehr betroffen wurde, fielen einige Bomben im Umfeld von Leipzig. Dasselbe wiederholte sich am 12. Mai 1944 beim ersten Großangriff der 8. US Air Force gegen Ziele der deutschen Mineralölwirtschaft im mitteldeutschen Raum. Bei der Bombardierung von Leuna, Lützkendorf, Zeitz und Böhlen überflogen einige B-17 das Leipziger Stadtgebiet und verursachten unwesentliche Schäden. Am 21. Mai 1944 erlebte der Raum Leipzig den ersten massierten Einsatz von Jagdbombern. Das Rüstungskommando Leipzig meldete: „In den Mittagsstunden des 21.5. richten einzelne feindl. Flugzeuge im Tiefflug Angriffe mit Bordwaffen gegen Flugplätze, Eisenbahnzüge, Fahrzeuge, Fußgänger usw. im Leipziger Raum... Verursacht werden nur geringfügige Schäden."[122]

Am 28. Mai 1944 ließ die 8. US Air Force 1 341 B-17 und B-24 unter dem Begleitschutz von 669 Jägern in fünf Großverbänden gegen Ziele der Hydrierwirtschaft, der Luftfahrtindustrie und des Verkehrswesens starten. Die 1. Bomber Force mit 296 B-17 und neun Jagdgruppen sollte als Hauptziel die Junkers-Werke in Dessau und die Hydrierwerke bei Ruhland angreifen. Fehlnavigation, Rauch und Qualm über den Zielen veranlaßte 28 B-17 gegen 14.16 Uhr den Raum Leipzig anzufliegen.[123] Sechs B-17 bombardierten mit 80 500-lb-Sprengbomben die Mitteldeutschen Motorenwerke in Taucha, wo 26 Bomben im Werkgelände detonierten, ohne wesentlichen Schaden anzurichten. Mehrere Bomber flogen das Kraftwerk der Aktiengesellschaft Sächsische Werke (ASW) bei Espenhain an, eines der Hauptstromerzeuger für Leipzig und Chemnitz. Der angerichtete Schaden war unerheblich. Ein Krafthaus wurde beschädigt, konnte aber durch Lastverteiler am 30. Mai wieder anlaufen. Insgesamt fielen 69,5 Tonnen Sprengbomben.[124]

19 B-17 fügten mit dem Abwurf von 47,4 Tonnen Sprengbomben der Fliegerhorstkommandantur Brandis, Waldpolenz und Wurzen mittelschweren Schaden zu. In Brandis wurden zwei Hallen und einige Flugzeuge zerstört.

Am 29. Mai setzte die 8. US Air Force wiederum 993 Bomber in Marsch. Ein aus 251 B-17 bestehender Verband der 3. Bomberdivision war diesmal direkt gegen Leipzig eingesetzt. Hauptziele waren die Flugzeugwerke um den Flughafen Mockau sowie die Erla-Werke in Heiterblick. Mockau wurde von 149 B-17 mit 349,2 Tonnen Bomben, Heiterblick von 50 Bombern mit 113,9 Tonnen Bomben belegt.[125]

Für die Erla-Werke in Heiterblick waren 286 500-lb-Spreng- und 698 100-lb-Brandbomben bestimmt, von denen nach amerikanischen Beobachtungen nur 16 das Werkgelände getroffen haben sollen.[126] Die Bomben fielen aus einer Höhe von über 8 000 Metern zwischen 12.28 und 12.41 Uhr. In der Leipziger Ausstellung „Erinnerung-Mahnung-Verpflichtung" 1983 wurde dieser Angriff als mittelschwer ausgewiesen, der vor allem den Norden und Nordosten Leipzigs traf und 180 Menschen das Leben gekostet haben soll. Aus den Berichten der Rüstungsinspektion Dresden und des Rüstungskommandos Leipzig geht jedoch hervor, daß die Wirkung und die Verluste Leipzigs am 28./29. Mai 1944 weitaus höher waren, als bisher angenommen wurde. Schweren Schaden durch den Angriff vom 29. Mai nahmen das Werk III von ATG, das Werk I von Erla sowie die Junkers-Werft in Mockau. Leichte Schäden wiesen Taucha sowie das Erla-Werk II auf.[127]

Die Rüstungsinspektion Dresden meldete am 7. Juni 1944: „Die durch den schweren Luftangriff im Februar betroffenen Leipziger Werke konnten bis Ende Mai ihre Produktion wieder in Fluß bringen, bis auf das Erla-Maschinenwerk, das noch immer nennenswerte Rückstände hatte. Die am 29.5.1944 erneut auf die Werke erfolgten Angriffe bedingen wiederum ein starkes Absinken der Produktion."[128] Die Rüstungsinspekteure schränkten wenige Tage später allerdings ein: „Die Auswirkungen waren durch die inzwischen rasch vorgeschrittenen Verlagerungen, mit Ausnahme von Mimo (Mitteldeutsche Motorenwerke, d.V.) und durch den bereits größtenteils erfolgten Wiederanlauf der Fertigung herabgemindert. Das erhöhte Soll konnte jedoch nicht erreicht werden. Die Ausfälle erstreckten sich im besonderen auf Zellen- und Teilefertigung."[129]

Die Rüstungsinspektion Dresden schätzte, daß am 28./29. Mai 9 050 Spreng-, 425 Phosphor- und 600 Stabbrandbomben auf den sächsischen Raum gefallen wären, die allein im Bezirk Leipzig 1 403 Tote, 1 019 Schwer- und 1 260 Leichtverletzte gekostet hätten. 27 Personen galten als vermißt, 265 waren verschüttet und 1 674 Leipziger obdachlos geworden. 309 Gebäude seien völlig, 145 schwer, 428 mittelschwer und 702 leicht zerstört worden.[130]

Die Rüstungsinstanzen der Wehrmacht nahmen den Angriff vom 29. Mai zum Anlaß, das Verlagerungsprogramm weiter zu beschleunigen. Erla wurde in drei Fertigungskreise eingeteilt, deren erster im Raum Leipzig – Chemnitz lag, der zweite zwischen Chemnitz – Plauen und nördlich Leipzigs angesiedelt wurde, während sich der dritte noch im Aufbau befand. Insgesamt war die Produktion Anfang Juni 1944 auf 60 Fertigungsstätten aufgeteilt. Die Verlagerung von ATG, Junkers und den Mitteldeutschen Motorenwerken war indes noch nicht abgeschlossen. Die Mitteldeutschen Motorenwerke wurden auf insgesamt neun Hauptfertigungsstätten aufgeteilt, die ihre volle Produktion seit September 1944 aufnehmen konnten. Neben Taucha entstand das größte Zweigwerk mit 1 650 Beschäftigten und 600 Werkzeugmaschinen in den Höhlen des Nordhausener Kohnsteins.

Die Verlagerung von Taucha wurde gerade zu dem Zeitpunkt forciert, als am 1. Juni 1944 dieses Werk erstmals in den Prioritätslisten von US Air Force und Bomber Command auftauchte.[131]

Für den am 29. Juni 1944 geplanten Angriff der 1. Bomberdivision war den Besatzungen von 109 B-17 Taucha, von 111 Mockau, von 51 Abtnaundorf, von 53 Heiterblick und von 56 B-17 die Leutzscher Kugellagerwerke als Ziel genannt worden.[132] Die ab 7.12 Uhr in das Reichsgebiet eingedrungenen Bomberverbände verfehlten jedoch ihre Hauptziele im Raum Leipzig. Weder Mockau noch Abtnaundorf wurden von den Besatzungen überhaupt ausgemacht, und von den 109 auf Taucha angesetzten B-17 fanden nur 30 das Ziel. Über Heiterblick tauchten 41 US-Bomber auf, die Leipziger Kugellagerwerke wurden von 19 B-17 angegriffen. Ein Großteil der für Leipzig bestimmten Bomben fielen auf Gelegenheitsziele bei Wittenberg, Limbach und Quakenbrück. Aus 7 900 bis 8 500 Metern Höhe fielen von 8.54 und 9.43 Uhr 296 500-lb-Spreng- und 530 100-lb-Brandbomben auf Erla-Heiterblick, von denen nach US-Angaben jedoch nur eine einzige Bombe das Werkgelände getroffen haben soll! Taucha wurde mit 359 250-lb-Spreng- und 137 500-lb-Sprengbomben bombardiert, von denen 45 im Werkgelände lagen.[133]

Mit welcher Vorsicht indes die Angaben der amerikanischen Aufklärung bzw.die Nachkriegserhebungen des Strategic Bombing Survey betrachtet werden müssen, ergibt sich aus den Berichten der Leipziger Rüstungsinspektion an das Speer-Ministerium: für das Erla-Werk I im Norden Leipzigs wurde gemeldet, daß nunmehr die restlichen Werkteile zerstört worden seien und die Belegschaft dort nur noch 500 Personen zähle.[134] Derartige Schäden konnten wohl nicht von einem einzigen Treffer verursacht worden sein. Bei den Mitteldeutschen Motorenwerken lagen die US-Aufklärungsangaben dagegen näher an der Wahrheit. Die Treffer zerschlugen vor allem drei von fünf Motorenprüfständen. Allerdings fügte die Rüstungsinspektion hinzu: „Motorenprüfung nicht beeinträchtigt, da jetzt außerhalb des Betriebes vorgenommen."[135] Die Verluste unter der Leipziger Zivilbevölkerung wurden mit 72 Toten angenommen.

Um den vermuteten Fehlschlag vom 29. Juni auszugleichen, setzte die 8. US Air Force am 7. Juli nochmals 453 B-17 der 1. Bomberdivision gegen die Luftrüstungsindustrie im Raum Leipzig ein. Um 9.03 Uhr heulten in Leipzig die Sirenen auf. Nach US-Angaben warfen 79 Bomber 193,5 Tonnen auf Mockau, 114 B-17 264,1 Tonnen auf Taucha, 15 B-17 37 Tonnen auf Abtnaundorf, 46 B-17 120 Tonnen auf die Kugellagerwerke, 35 Bomber 86,8 Tonnen auf Heiterblick und 19 Flugzeuge 46,2 Tonnen auf den Leipziger Hauptbahnhof.[136]

Der US-Angriff auf die Leipziger Luftrüstungsindustrie hatte jedoch weitaus geringere Wirkung als angenommen. Die Erla-Werke wurden am 7. Juli überhaupt nicht betroffen. Bei der ATG wurden im Werk II Luftdruckschäden angerichtet, im Werk III eine Halle betroffen, Werk IV in Brand gesetzt, wobei Schäden in der Putzerei, im Kesselhaus, in einem Lagerschuppen und einem Verwaltungsgebäude entstanden. Neun Flugzeuge und acht Rümpfe wurden vernichtet und ein Produktionsausfall von zehn Wochen angenommen. Bei der Deutschen Kugellagerfabrik GmbH wurde im Werk II in Böhlitz-Ehrenberg mittlerer Schaden verursacht. Bei den Junkers-Werften fiel eine einzige

Luftbild der Royal Air Force vom 20. Februar 1944: Leipzig-Mockau mit den Betrieben der Luftrüstungsindustrie

Bombe in eine bereits geräumte Werkstatt. Der Hauptbahnhof erlitt durch Volltreffer erheblichen Schaden.[137]

Die schwersten Verwüstungen richtete das amerikanische Bombardement in den Mitteldeutschen Motorenwerken in Taucha an. Nicht weniger als 823 500-lb-Spreng- und 1 337 100-lb-Brandbomben waren auf Taucha gezielt worden, von denen 345 im Werkgelände einschlugen.[138] Die Rüstungsinspektion schätzte den Schaden auf 70 bis 80 Prozent, da angeblich sämtliche Hallen schwer betroffen waren. Von den 30 Werkhallen wiesen nach eingehender Erkundung 21 Bombeneinschläge auf. Sieben Gebäude waren total zerstört. Der Angriff kostete die Rüstungsindustrie die Produktion von 838 Flugmotoren. Erst zwei Monate nach dem Angriff erreichten die Mitteldeutschen Motorenwerke in ihren Zweigbetrieben die alte Produktionsmarke, die sie dann jedoch rasch übertrafen. Der Luftangriff soll 185 Leipziger das Leben gekostet haben.

Der letzte große gegen die Leipziger Flugzeugindustrie gerichtete Luftangriff wurde am 20. Juli 1944 von der 1. Bomberdivision der 8. US Air Force geflogen. Den 414 für den Einsatz vorgesehenen B-17 waren drei Hauptziele zugewiesen: die Junkers-Werke in Dessau und Köthen sowie der Flughafenbereich Mockau und die Deutsche Kugellagerfabrik in Leipzig-Leutzsch.[139] 74 Bomber waren gegen Mockau und 79 B-17 gegen die Kugellagerwerke eingeteilt worden. Zwischen 11.18 und 11.35 Uhr griffen 56 bzw. 45 B-17 aus 7 000 bis 8 000 Metern Höhe mit 124,7 Tonnen Spreng- bzw. mit 50 Tonnen Spreng- und 47,7 Tonnen Brandbomben die beiden Leipziger Werke an. Auf die Erla-Werke in Mockau fielen 460 500-lb-Spreng- und 493 120-lb-Splitterbomben, von denen nach US-Aufklärungsangaben 68 das Werk trafen. Die Rüstungsinspektion Leipzig meldete dagegen am 21. Juli: „Erla-Werke II (Endmontage, Einflugbetrieb) N 25 Mockau... 200 Sprengbombeneinschläge. Von 5 Hallen steht nur noch eine, 2 Nebengebäude zu 80 % bzw. zu 100 % zerstört. 48 Flugzeuge zerstört. Gesamtschaden 80 %."[140] Die Kugellagerwerke, am 8. April, 10. Mai und 13. Juni 1944 aus der Luft aufgeklärt, wurden laut Wehrmachtsunterlagen nicht betroffen. 35 Leipziger sollen im Bombenhagel des 20. Juli umgekommen sein.

Zwischen dem 20. Juli 1944 und dem 31. Dezember 1944 wurde Leipzig einige Male von Störflugzeugen, Jagdbombern oder vom Kurs abgekommenen US-Flugzeugen bombardiert. Am 28. Juli sollen 36 B-17 360 500-lb-Sprengbomben auf die Mitteldeutschen Motorenwerke in Taucha geworfen haben, indessen lag keine einzige Bombe im Werkgelände. Am folgenden Tag splitterten einige B-17 vom Hauptverband ab, der Leuna anflog, und luden ihre Bomben im Notwurf über der Stadt ab. Am 16. August fielen Bomben im Landkreis Leipzig, als 102 B-17 die in Delitzsch liegenden Zweigwerke von Erla mit 259,8 Tonnen Bomben belegten, darunter 55 1000-lb-Spreng- und 570 500-lb-Sprengbomben. 25 Tonnen fielen am 24. August auf Leipzig, als zehn B-17 die Stadt als Gelegenheitsziel ansahen. Am 11./12. September fielen am Tage Bomben durch die 8. US Air Force, nachts durch Mosquito des britischen Bomber Command, die eigentlich Berlin angreifen sollten. In der Nacht vom 18. zum 19. September griffen wiederum einige Mosquito irrtümlich Leipzig zwischen 22.45 und 23.10 Uhr an. Am 28. September fielen sieben Sprengbomben im Norden und Westen der Stadt. Sie stammten von Bombern der 3. Division, die an diesem Tage Leuna angriffen. Im Nordosten Leipzigs detonierten am 2. November die Bomben von 22 B-17 (insgesamt 41,5 Tonnen), die ebenfalls für Leuna bestimmt waren und zwischen 12 Uhr und 13 Uhr Taucha, Schkeuditz sowie Leipzig trafen. Am 30. November 1944 fielen etwa 50 Sprengbomben um 13.53 Uhr auf Schönefeld – Crottendorf, die 70 Einwohner getötet haben sollen. Der amerikanische Großangriff an diesem Tag richtete sich gegen Böhlen, Zeitz, Leuna und Lützkendorf. Am 6. Dezember 1944 griffen in den Abendstunden britische Mosquito Leipzig an, während sich der Hauptschlag gegen Merseburg, Leuna und Halle richtete.

Laut Erhebungen des Statistischen Reichsamtes wurden zwischen Mai und November 1944 199 Gebäude in Leipzig total zerstört, 136 schwer, 239 mittelschwer beschädigt und 826 leicht betroffen. Nach dem Dezember 1943 und dem Februar 1944 waren der Juli und der November 1944 diejenigen Monate, in denen die schwersten Schäden in Leipzig verursacht wurden.[141]

Obgleich gezielte Luftangriffe gegen die Rüstungsindustrie in Leipzig seit dem 20. Juli 1944 unterblieben, wurde die Rüstungsproduktion durch die häufigen Alarme erheblich gestört. Als besonders nachteilig charakterisierte die Rüstungsinspektion den Umstand: „Dieser Arbeitsausfall tritt besonders ins Gewicht bei den Betrieben, die nach ‚Teppich-Erlaß' bereits vor Alarmgebung ihre Werkstätten von der Belegschaft räumen. Diese Massenflucht wirkt bedauerlicherweise ansteckend auf die Gefolgschaften anderer Betriebe, die nicht unter diesen Erlaß fallen."[142] Die Flucht aus dem bedrohten Leipziger Raum lag vor allem auch darin begründet, daß die Stadt unterdurchschnittlich schlecht mit Luftschutzbunkern für die Belegschaften in den Betrieben als auch für die Zivilbevölkerung versorgt war. Nur elf große Luftschutzbunker waren in Leipzig errichtet worden, die 6 276 Bürgern, also nicht einmal einem Prozent der Bevölkerung, bombensichere Zuflucht gewährten.

Leipzig bleibt ein „Thunderclap"-Bombardement erspart

Der Oberbefehlshaber des Bomber Command beharrte noch im Herbst 1944 auf seiner Annahme, daß die restlose Zerstrümmerung aller deutschen Großstädte die Kapitulation des Dritten Reiches zur Folge haben würde. Am 1. November 1944 legte Harris dar, sein Bomber Command habe 45 von 60 deutschen Großstädten zerstört. Was noch zu tun sei, wäre die Zerstörung der restlichen 15 – vor allem Magdeburg, Halle, Leipzig, Dresden, Chemnitz, Breslau, Nürnberg, München, Koblenz, Karlsruhe und Umgebung sowie Berlin und Hannover.[143] Insbesondere die ostdeutschen Städte rückten ins Visier des Bomber Command und der 8. US Air Force, nachdem die Sowjetarmee am 12. Januar 1945 ihre Offensive von der Weichsel aus in Richtung Oder eröffnet hatte. Am 14. Januar 1945 erklärte während einer Besprechung der höchsten alliierten Fliegerkommandeure der Oberbefehlshaber der United States Strategic Air Forces, Carl Spaatz, er würde sehr gern alle Kräfte seiner 8. Luftflotte zu einem Großangriff auf den Raum Leipzig konzentrieren, um die gesamte Öl- und Flugzeugindustrie in dieser Gegend zu vernichten.[144] Damit war ein Stichwort gegeben, das in den kommenden Tagen in den alliierten Stäben die Runde machte: die russische Offensive im Osten durch gewaltige Luftangriffe zu begleiten, die den raschen Zusammenbruch Deutschlands herbeiführen könnten, der dann als konzertierte Aktion der West- und Ostalliierten erscheinen mußte. Am 25. Januar 1945 erörterten Harris und der Stellvertreter Portals, Luftmarschall Bottomley, die Möglichkeiten des Bomber Command in dieser Phase des Krieges. Harris erklärte, seine Bomber stünden bereit, schwere Angriffe gegen Leipzig, Chemnitz und Dresden zu fliegen.[145] Am 26. Januar antworteten Portal und Luftfahrtminister Archibald Sinclair Premierminister Winston Churchill auf dessen Forderung, die Aktivitäten des Bomber Command im Osten Deutschlands zu verstärken, ebenfalls mit dem Vorschlag, eine Luftoffensive vor allem gegen die sächsischen Großstädte zu eröffnen. Am 28. Januar vereinbarten Bottomley und Spaatz eine neue Prioritätsliste. An erster Stelle stand die Fortsetzung des Ölbombardements, an zweiter Großangriffe auf Berlin, Leipzig und Dresden, an dritter rangierten Verkehrsziele und an vierter Produktionsstätten der Strahlflugzeugwerke in Süddeutschland.[146]

Endgültig abgesegnet wurde der Plan, Berlin und Leipzig als Verkehrsknotenpunkte auszuschalten, auf der alliierten Kriegskonferenz in Jalta, als der sowjetische Generalstabschef A.F. Antonow die britischen und amerikanischen Militärs am 4. Februar 1945 bat, beide Städte zur Unterbindung von Truppentransporten nach Osten zu „paralysieren".[147] Am 7. Februar 1945 tagte im Londoner Whitehall ein britisch-amerikanisches Gremium, das eine zehn ost- und mitteldeutsche Städte umfassende Zielliste verabschiedete, die durch Flächenbombardements vernichtet werden sollten.[148] Die Liste umfaßte Berlin, Dresden, Chemnitz, Leipzig, Halle, Plauen, Dessau, Potsdam, Erfurt und Magdeburg. Am 8. Februar erging eine Weisung an Bomber Command und US Air Force, die diese Städte zu Hauptbombardierungszielen befahl.[149] Erstmals hatte sich damit auch die US Air Force auf die Prinzipien des Bomber Command einschwören lassen, Flächenangriffe zu fliegen, war doch für ihre bisherige Praxis das Präzisionsbombardement von Industriezielen kennzeichnend.[150]

Die meisten der am 8. Februar 1945 aufgelisteten Städte wurden im Frühjahr 1945 von schweren Flächenangriffen betroffen, namentlich Berlin, Dresden, Dessau, Chemnitz, Plauen, Potsdam und Magdeburg. Nur Erfurt blieb ein verheerender Angriff erspart, obgleich Anfang April bereits zweimal einige hundert Lancaster des Bomber Command aufgestiegen waren, um Erfurt einzuäschern, ihren Flug jedoch auf Einspruch amerikanischer Bodenkommandeure abbrachen, die bereits unmittelbar vor den Toren der Stadt aufmarschiert waren. Halle und Leipzig wurden im Frühjahr 1945 mehrfach angegriffen, ohne daß diese Schläge die Dimension der Bombardements von Dresden oder Dessau, Chemnitz oder Plauen erreichten.

In Vorbereitung des mitteldeutschen Städtebombardements entfalteten die englischen und amerikani-

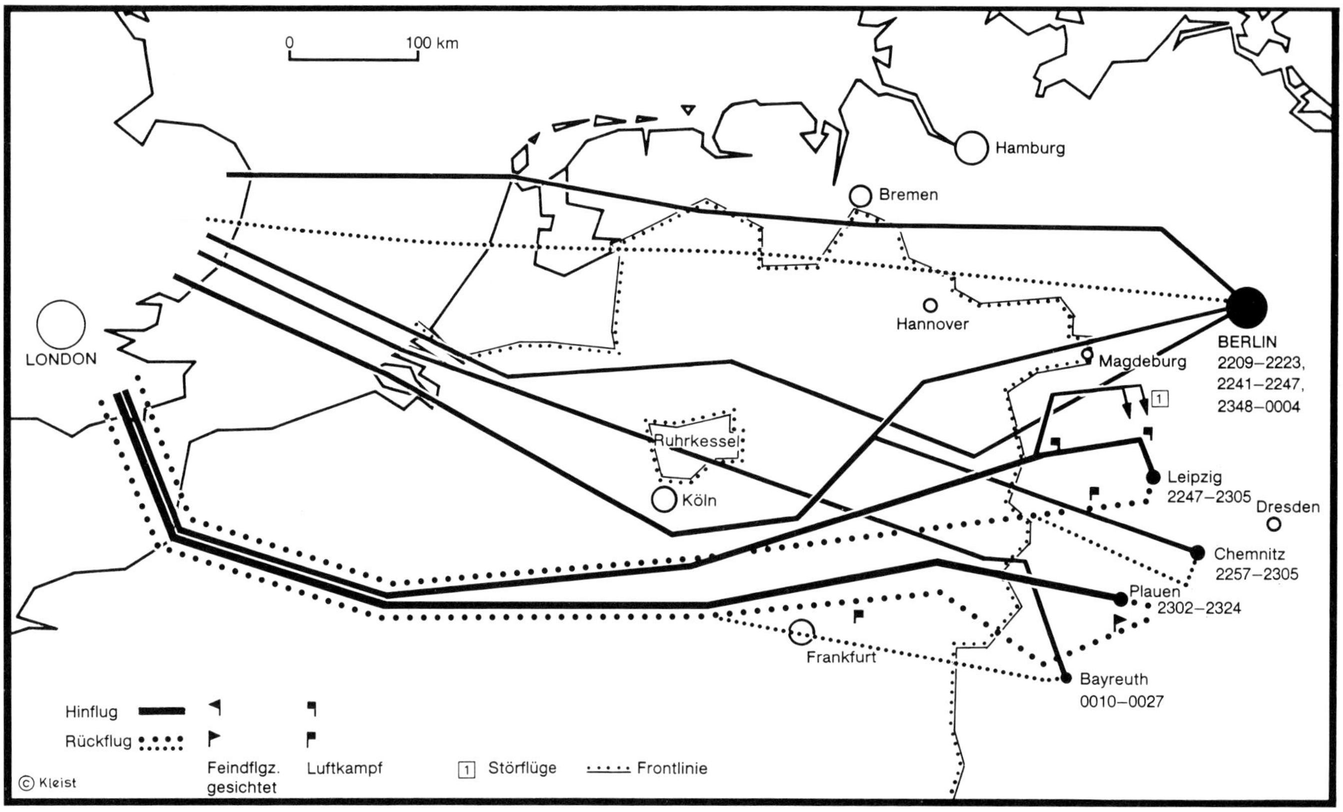

Flugrouten der Royal Air Force am 10./11. April 1945, dem letzten Bombenangriff auf Leipzig

schen Fliegerkräfte seit Januar 1945 eine rege Aufklärungstätigkeit: das Oberkommando der Wehrmacht registrierte am 21. Januar Tagaufklärung über Leipzig, am 28. Januar und 3. Februar Nachtaufklärung, denen weitere Aufklärungseinsätze am 6., 10. und 15. Februar folgten. Der letzte Aufklärungsflug wurde am 26. Februar 1945 im Raum Magdeburg – Halle – Leipzig beobachtet.[151]

In den Morgenstunden des 27. Februar 1945 startete die 8. US Air Force 1 107 B-17 und B-24 zu einem Doppelschlag gegen Halle und Leipzig.[152] Die 3. Luftdivision mit 351 B-24 war gegen Halle, die 1. und 3. Luftdivision mit 756 B-17 gegen Leipzig eingesetzt. Nie zuvor hatte die 8. US Air Force so viele Bomber gegen Leipzig in Marsch gesetzt, nach dem 20. Februar 1944 war es der zahlenmäßig zweitstärkste Angriff gegen Leipzig überhaupt. Erstmals erhielten die US-Besatzungen den Auftrag, Verkehrseinrichtungen in der Stadt zu zerstören. Von den jeweils 378 B-17 der 1. und 3. Luftdivision langten 362 bzw. 355 gegen 13.41 Uhr über der Messestadt an und warfen binnen 25 Minuten 1 929,6 Tonnen Spreng- und Brandmunition vor allem über dem Zentrum und dem Süden ab. Schwere Schäden entstanden auch im Norden und Osten der Stadt. Nach amerikanischen Unterlagen fielen 3 902 500-lb-Spreng-, 1 565 300-lb-Spreng-, 2 061 250-lb-Spreng- und 1 830 500-lb-Phosphorbomben. Die Leipziger Polizei meldete den Abwurf von 2 003 Sprengbomben, 1 675 Phosphorbomben und 12 000 Stabbrandbomben.[153] Tatsächlich war jedoch keine einzige Stabbrandbombe von den amerikanischen Pulks mitgeführt worden. Die deutschen Angaben beruhten wie so oft nur auf Schätzungen. In der Stadt lohten 215 Groß- und 608 Mittel- und Kleinbrände auf, in deren Ergebnis 424 Wohnhäuser total, 275 schwer, 278 mittelschwer und 861 leicht beschädigt wurden. Besonders schwer waren die Verwüstungen offenbar im Bahnhofsbereich. Das Oberkommando der Wehrmacht teilte vertraulich mit: „Hauptbahnhof: Schwere Schäden in Bahnhofsanlagen. 4 Stellwerke beschädigt. Betriebsgebäude betroffen. Expressgutabfertigung und mehrere Wagenzüge in Brand geworfen. Reiseverkehr vorläufig eingestellt. Brände auf den Bahnhöfen Leipzig-Dresdener Güterbahnhof und Leipzig – Magdeburg – Thüringer Bahnhof."[154] Die Menschenverluste des Angriffs wurden am 14. März 1945 mit 203 Gefallenen (82 Männer, 74 Frauen und 47 Kinder) und 39 Toten angegeben. Ferner waren 228 Personen schwer und 358 leicht verwundet worden. Von 458 Verschütteten wären 94 lebend und 192 tot geborgen worden. Die Zahl der Obdachlosen wurde mit 30 000 Menschen beziffert![155] In der Leipziger Ausstellung 1983 wurde die Zahl der Toten mit 1 044 angegeben.[156] Die Berichte über in der Leipziger Rüstungsindustrie angerichtete Schäden sind dürftig. Einzig von der ATG ist die Meldung von 44 zerstörten Rümpfen und zwei Wochen Produktionsausfall überliefert.[157]

Knapp zehn Tage später erlebte Leipzig nach langer Pause wieder einen britischen Luftangriff. In den späten Abendstunden des 7. März griffen einige Mosquito, deren Hauptschlag Berlin galt, zwischen 21.08 und 22.37 Uhr irrtümlich die Messestadt an.[158] Die Leipziger Ordnungspolizei spürte fünf Minen-, 95 Spreng- sowie 12 000 Stabbrandbomben und 90 Phosphorbomben auf. Diese zerstörten zwölf Wohnhäuser völlig, beschädigten 41 schwer, 45 mittelschwer und 236 leicht. Am 10. März ermittelte man die Personenverluste, die vier Tote, sechs Schwerverletzte und 37 Leichtverletzte betrugen.[159] 700 Leipziger machte der Angriff obdachlos. Das Oberkommando der Wehrmacht sah in dem Bombardement vor allem einen erneuten Schlag gegen das Leipziger Verkehrszentrum. Es stellte fest, die Bombenabwürfe hätten sich schwerpunktmäßig auf den Hauptbahnhof, das Messegelände, das Krankenhausviertel und auf Gohlis konzentriert.[160]

Seit Mitte März 1945 tauchten im Raum Leipzig Jagdbomber der taktischen Luftflotten der Alliierten auf, die Breschen in die wankende deutsche Abwehrfront schlagen sollten. Am 15. März 1945 griffen fünf Lightning und acht Mustang um 16.20 Uhr die Motorenwerke Taucha an, am 16. März wurden durch Bordwaffenbeschuß in Leipzig zwischen 14.55 und 16 Uhr zwei Männer getötet und drei verwundet.[161]

In dem Maße, wie die britischen und amerikanischen Streitkräfte nach dem Rheinübergang im März 1945 in das Innere Deutschlands vorstießen, verlagerte sich der Einsatz der Bombenfliegerkräfte immer stärker nach Osten. Bei einer Diskussion der obersten Kommandeure von Royal Air Force und United States Strategic Air Force am 29. März 1945 wurde als Haupteinsatzraum die Gegend um Weimar als vermuteter künftiger Regierungssitz sowie die Region Leipzig festgelegt, die nach Meinung von Luftmarschall Arthur Tedder nunmehr das „industrielle Herz Deutschlands" darstelle.[162] Am selben Tag wurde der Entschluß gefaßt, dem Raum Leipzig höchste Priorität zuzumessen, mit der Absicht, in Deutschland eine Verkehrswüste zu schaffen.

In den frühen Morgenstunden des 6. April 1945 startete die 8. US Air Force 659 Bomber aller drei Luftdivisionen, deren Hauptziel die Zerschlagung der Verkehrsknotenpunkte Halle, Leipzig-Wahren, Leipzig-Mockau, Leipzig-Engelsdorf und Gera sein sollte.[163] In der Tat stellten die Rangierbahnhöfe Wahren und Engelsdorf Knotenpunkte des Ost-West-Eisenbahnverkehrs dar. In Wahren wurden täglich 5 000 Waggons rangiert, in Engelsdorf 2 500.[164] Diesiges, unsichtiges Wetter verhinderte eine visuelle Erkennung der Ziele. Statt Engelsdorf, Wahren bzw. Mockau zu bombardieren, schwenkten die amerikanischen Pulks auf die Leipziger Innenstadt ab und warfen – ausschließlich durch elektronische Geräte gelenkt – zwischen 10.03 und 10.16 Uhr aus den Schächten von 321 B-17 696,3 Tonnen Spreng- und 132 Tonnen Brandbomben auf dieselbe.

Die Leipziger Ordnungspolizei stufte den Angriff in ihrem Sofortbericht Nr. 1418 als schwer ein, von dem besonders das Zentrum, Kleinzschocher, Leutzsch, Plagwitz, Möckern und Crottendorf betroffen wurden. Er hätte erhebliche Wohngebäudeschäden und geringe industrielle Auswirkungen gehabt. Die Eisenbahnstrecke Leipzig – Merseburg wurde unterbrochen.[165] Am 8. April listete der Chef der Ordnungspolizei den Abwurf von einer Minen-, 1 840 Spreng- (davon 160 Langzeitzünderbomben), 45 000 Stabbrandbomben und weiteren 695 Phosphor- und anderen Flammstrahlbomben auf. Sie verursachten 60 Groß- sowie 450 weitere Brände. 163 Wohngebäude waren total zerstört, 134 schwer, 127 mittelschwer und 463 leicht beschädigt worden. Die Wasserversorgung sei erneut schwer betroffen worden, ebenso die Gasversorgung, so daß auch die Rüstungsbetriebe nur noch zeitweilig versorgt werden konnten. Die Poliklinik der Universität war völlig vernichtet worden, während Hauptpost und Hauptbahnhof schwere Treffer erhielten. Die vorläufigen Personenverluste wurden mit 150 Toten, 172 Schwer- und 131 Leichtverletzten angegeben. 137 Leipziger waren zu diesem Zeitpunkt noch verschüttet; 20 000 Obdachlose mußten notdürftig untergebracht werden.[166] Die Leipziger Ausstellung 1983 bemaß die Gesamtverluste mit 367 Toten.

Am 7. April 1945 kreiste ein Aufklärer über Leipzig, der bestätigte, daß weder Mockau, Engelsdorf noch Wahren als Verkehrsknotenpunkte ausgeschaltet werden konnten. Der letzte Großangriff auf Leipzig am 10. April 1945 wurde dem britischen Bomber Command übertragen. Harris entschloß sich, das Bombardement zu einer ungewöhnlichen Zeit, nämlich in den frühen Abendstunden, durchzuführen. Anflug und Angriff erfolgten bei Tag, der Abflug im Schutz der Nacht. Er teilte zu diesem Zweck drei Gruppen ein: die erste, bestehend aus 110 Lancaster der 6. Group, angeführt von 18 Lancaster und sechs Mosquito der 8. (Pathfinder) Group, sollte den Verkehrsknotenpunkt Leipzig-Engelsdorf angreifen, 90 Halifax der 6. Group, begleitet von sechs Lancaster der 8. Group, erhielt Leipzig-Mockau zum Ziel. Ein dritter Schlag, um fünf Stunden versetzt, sollte von 76 Lancaster, elf Mosquito der berühmten 5. Group und acht Mosquito der 8. Group gegen Leipzig-Wahren geführt werden.[167] Um 14.30 Uhr hoben die britischen Verbände der ersten Welle ab und erreichten kurz vor 18 Uhr Engelsdorf. Im Bericht der 8. Group heißt es: „Der Angriff begann um 17.55 Uhr mit Oboe gelenkten roten Zielmarkierungsbomben, denen rasch andere rote Zielmarkierungsbomben folgten, die von Lancaster-Markierern geworfen wurden und dicht um den Zielpunkt fielen, der

Kochs Hof, Markt 3

deutlich auszumachen war. Das Bombardement war zeitlich konzentriert und lag gut um das Eisenbahnzentrum. Der Masterbomber lenkte das Bombardement auf die roten Zielmarkierungsbomben, und am Ende des Angriffs erreichte eine dicke, bläuliche Rauchwolke eine Höhe von 10 000 Fuß (etwa 3 300 Meter, d. V.). Eine große Explosion wurde um 18 Uhr beobachtet, der Angriff wurde von allen Besatzungen als überaus erfolgreich betrachtet. Verteidigung: leichte schwere Flak. Ein Jägerangriff über dem Ziel."[168] Von 17.55 bis 18.02 Uhr warfen 124 Lancaster und zwei Mosquito 505,4 Tonnen Spreng- und 14,3 Tonnen Brandbomben ab.

Wenige Minuten später griffen 82 Halifax und sechs Lancaster den Verkehrsknotenpunkt Leipzig-Mockau an. Das Bombardement dauerte von 17.58 bis 18.05 Uhr, 219,6 Tonnen Spreng- und 16 Tonnen Brandbomben detonierten binnen sieben Minuten. Den dritten Angriff führten zwischen 22.51 und 23.05 Uhr 72 Lancaster der 5. Group sowie 14 Mosquito gegen Wahren. Die Angriffshöhe lag zwischen 230 bis 9800 Metern. 296,6 Tonnen Spreng- und 6,2 Tonnen Brandbomben wurden abgeworfen. Vier Lancaster gingen verloren, während bei den beiden vorangegangenen Angriffen nur je eine Lancaster und Halifax abgeschossen worden waren.

Die am 11. April 1945 über Leipzig geflogene Luftaufklärung bestätigte dem alliierten Oberkommando die vernichtende Wirkung dieses Angriffs. In Leipzig-Engelsdorf wurden sehr schwere Verwüstungen ausgemacht. „Alle Strecken sind unterbrochen und das rollende Material erscheint zerstört oder beschädigt, einige Waggons brennen noch."[169] Fast den selben Eindruck machte Wahren, wobei allerdings der Bombenteppich etwas östlicher lag als geplant. Insgesamt bestärkte das Bombardement vom 10. April die Alliierten in der Annahme, Leipzig als Verkehrsknotenpunkt für die nächste Zeit liquidiert zu haben. Deutsche Berichte über die Auswirkungen des Bombardements sind nicht überliefert. Den Angaben der Leipziger Ausstellung 1983 zufolge kostete der Angriff 337 Menschen das Leben.

Der letzte Luftangriff auf Leipzig fand vier Tage vor dem Befehl des V. US-Korps statt, die Stadt durch den Vorstoß der 9. Panzerdivision und der 2. und 69. Infanteriedivisionen einzunehmen.[170] Am 18. April vertrieben die Infanterieregimenter 23 und 28 der 2. US-Division im Raum östlich der Weißen Elster und Pleiße die deutschen Truppen und nahmen Kontakt mit der von Süden heraufstoßenden 69. Infanteriedivision auf. Der letzte Widerstand wurde am 19./20. April beim Völkerschlachtdenkmal gebrochen, wo sich eine Kampfgruppe unter dem Befehl des Kommandanten Oberst Hans von Poncet verschanzt hatte. Wenige Stunden zuvor hatten Oberbürgermeister Freyberg, seine Frau, seine 17jährige Tochter sowie sein Stellvertreter Lisso und der NSDAP-Kreisleiter von Leipzig, Albert Wiederoth, im Neuen Rathaus Selbstmord begangen.[171]

Leipzig erlebte während des Krieges 38 Luftangriffe, davon elf Großangriffe, bei denen zwischen 5 000 und 6 600 Menschen umkamen.[172] Das Bomber Command hatte 6 206 Tonnen Bomben, die USAF 5 221,8 Tonnen Bomben auf Leipzig abgeworfen. Leipzig zählte damit neben Leuna-Merseburg zu den besonders schwer angegriffenen deutschen Städten im mitteldeutschen Raum. Wirtschaftlich und verwaltungsmäßig zum völligen Stillstand gekommen, stellte die Stadt einen zerfetzten, aus tausend Wunden blutenden Körper dar.[173]

Anmerkungen

1 Public Record Office (PRO) London, AIR 34/705
2 Ebd., AIR 9/99
3 Ebd.
4 Bundesarchiv/Militärarchiv Freiburg (BA/MA), RW 19/2399
5 PRO London, AIR 9/447
6 Ebd., AIR 24/200
7 Ebd., AIR 25/109 A, sowie AIR 25/92 und BA/MA Freiburg, RL 4/389, Bl. 441
8 Ebd., AIR 2/4475
9 Ebd., AIR 24/200, sowie Bundesarchiv Koblenz (BA), NS 1/ 570, Bl. 11 v.
10 Ebd., AIR 24/200
11 Ebd., AIR 24/222
Bei der Kennzeichnung der britischen bzw. amerikanischen Bomben erfolgt der Bezug stets auf die britischen Gewichtsangaben. Ein lb bedeutet ein pound, das sind 453,59 Gramm. Bei den Sprengbomben unterschied das Bomber Command drei Haupttypen: Sprengbomben für die allgemeine Verwendung (GP = General Purpose). Sie zeichneten sich durch einen Stahlgußkörper mit hoher Splitter-, aber geringer Zerstörungswirkung aus. Die Sprengstoffbeimischung betrug etwa 40 Prozent. Es kamen GP-Bomben vom Kaliber 20, 40, 250, 500, 1000, 1900 und 4000 lb zum Abwurf. Um die Zerstörungswirkung gegen Gebäude zu erhöhen, kamen seit 1941 sogenannte Medium Capicity (MC)- und High Capiticy (HC)-Bomben zum Einsatz, letztere in Deutschland als Minenbombe bezeichnet. Bei der MC-Bombe war der Stahlgußmantel dünner und der Anteil des Sprengstoffs auf 50 bis 60 Prozent erhöht worden. Die MC-Bombe wurde im Kaliber 250, 500, 1000, 4000, 12000 (Tallboy) und 22000 lb (Grand Slams) gefertigt. Für Wohnviertel am vernichtendsten waren die HC-Minenbomben. Bevorzugt wurden die 1000-HC-Bombe mit 453 kg Gewicht, die 2000-HC-Bombe mit 906 kg und 620 kg Sprengstoff, die 4000-HC-Bombe (1812 kg Gewicht und 1330 kg Sprengstoff) sowie die 8000-HC-Bombe mit einem Gewicht von 3624 kg und 2600 kg Sprengstoff. Der Sprengstoffanteil war auf weit über 70 Prozent erhöht worden. Die klassische Brandbombe auf britischer Seite bildete die Thermitstabbrandbombe mit einem Gewicht von vier lb (gleich 1814 gr oder 1,8 kg). Um ihre Räumung zu erschweren, erhielt ein bestimmter Prozentsatz dieser Stabbrandbomben einen Sprengzusatz, in den englischen Statistiken als lbx geführt. Als Hauptgattung der sogenannten Phosphorbomben kam die 30-lb-Brandbombe zum Einsatz, die zu 9/10 aus einer Benzin-Benzol-Kautschukmasse und zu 1/10 aus gelbem Phosphor bestand. Die größeren Brandbomben – zumeist im Kaliber 250 bis 500 lb, einzelne Exemplare aber bis 4000 lb-, bestanden aus einer Brandmasse von Benzin, Altöl und metallischem Magnesium.
12 BA Koblenz, NS 1/570, Bl. 7 ff.
13 Ebd., Bl. 6 v.
14 PRO London, AIR 24/200 und AIR 24/222
15 BA/MA Freiburg, RL 4/389, Bl. 472
16 PRO London, AIR 24/221
17 Ebd., AIR 9/443
18 Ebd.
19 BA/MA Freiburg, RL 4/389, Bl. 480
20 Ebd., RL 4/391, Bl. 667, und BA Koblenz, NS 1/571, Bl. 67
21 BA Koblenz, NS 1/571, Bl. 454, und PRO London, AIR 24/200
22 BA Koblenz, NS 1/575, Bl. 498
23 Ebd., NS 1/577, Bl.559
24 Ebd., R 24/46, und Götz Bergander: Dresden im Luftkrieg, Köln-Wien 1977, S. 3
25 Imperial War Museum, London, Speer Collection, Reel 167, Nr. 778/779
26 Bundesarchiv/Abteilung Potsdam (BA, Abt. Potsdam), Nr. 4842
27 BA Koblenz, NS 6/415, Bl. 42 v.; vgl. auch Olaf Groehler: Bombenkrieg gegen Deutschland 1940–1945, Berlin 1990, S. 1
28 Meldungen aus dem Reich 1938 bis 1945 (Hrsg. Heinz Boberach), Bd. 14, Herrsching 1984, S. 5427
29 BA Koblenz, R 36/2735
30 BA/MA Freiburg, RW 21-36/17, Bl. 91
31 Stadtarchiv Plauen, Hauptverwaltung, Berichte 1942–1945, Ssg 41, Bl. 148 ff.
32 G. W. Haddow, Peter M. Grosz: The German Giants, London 1988, S. 87 f.
33 BA Koblenz, R 2/5467
34 United States Strategic Bombing Survey (USSBS), Aero Engines Branch, Nr. 16, Mitteldeutsche Motorenwerke GmbH Taucha, o.O., 1.10.1945, S. 1 f.
35 Zu den Erla-Werken und ihrer Entwicklung siehe: BA Koblenz, R 2/5467, BA, Abt. Potsdam, Bank der deutschen Luftfahrt, Nr. 261; USSBS, Air Frames Plant Report Nr. 2, Erla Maschinenwerke GmbH, o.O., 9.10.1945, sowie Edward L. Homze: Arming the Luftwaffe. The Reich Air Ministry and the German Aircraft Industry, 1919–1939, Lincoln/London 1976, S. 108, 185, 187 und 203
36 Zur ATG und ihrer Entwicklung siehe: Imperial War Museum, London, FD 3/99/45; BA, Abt. Potsdam, Bank der deutschen Luftfahrt, Nr. 194; USSBS, Air Frames Plant Report No. 3, ATG Maschinenbau GmbH, o.0., 28.9.1945, sowie Homze, a.a.O., S. 66 f, 108, 153, 181, 185, 203 und 261
37 Zu den Junkers-Werken in Leipzig siehe: BA Koblenz, R 2/5794 und 5798, sowie Imperial War Museum, London, FD 5504/45, FD 785/46, FD 805/46, FD 4875/45, National Air and Space Museum, Washington, Smithsonian Institution, Combined Intelligence Objective Subcommittee, Junkers, Dessau and Dispersals, 3.5.1946, CIOS Evaluation Report No. 149, Target, No. 19/79, Junkers Aircraft Targets at Dessau, Aschersleben, Bernburg, Raguhn, Schönebeck, Tarthum, Jessnitz, Halle and Schkeuditz, 27. June 1945
38 PRO London, AIR 34/706
39 Ebd., AIR 34/709
40 Ebd., AIR 34/708

41 PRO London, AIR 34/708
42 Charles Webster, Noble Frankland: The Strategic Air Offensive against Germany 1939–1945, Bd. IV, London 1961, S. 148 f.; PRO London, AIR 40/1815
43 Norman Longmate: The Bombers. The RAF Offensive against Germany 1939–1945, London 1988, S. 91
44 PRO London, AIR 8/424
45 Ebd., AIR 8/1014
46 Webster, Frankland, a.a.O., Bd. II, S. 35
47 BA/MA Freiburg, RW 21-36/16
48 Ebd., RL 4/406
49 Sächsisches Staatsarchiv Leipzig, Polizeipräsidium Leipzig F, Nr.8
50 BA/MA Freiburg, RW 21-36/16, Bl. 50
51 Ebd. Bl. 54
52 Ebd. Bl. 55
53 Über Verlauf und Wirkung des Angriffs aus britischer Sicht siehe PRO London, AIR 24/260
54 BA/MA Freiburg, RW 21-36/17, Bl. 58 ff. Die Angabe der jeweiligen Bombentonnage folgt ebenfalls britischen Gewichtsangaben: eine short ton von 2000 pound entsprach 907,18 deutschen kg
55 Die geheimen Tagesberichte des Oberkommandos der Wehrmacht, Bd. 8, Osnabrück 1988, S. 268
56 BA/MA Freiburg, RW 21-36/17, Bl. 58 v., und BA,Abt. Potsdam, Statistisches Reichsamt, Nr. 3994, Bl. 56
57 BA/MA Freiburg, RW 21-36/17, Bl. 59
58 Ebd., Bl. 60
59 PRO London, AIR 25/109 A
60 BA/MA Freiburg,RW 21-36/17, Bl. 60
61 Ebd., RL 12/83
62 Ebd., Kart 41/1
63 Ebd., Kart 41/5
64 Ebd., RL 12/82
65 Ebd., RL 12/83
66 Ebd.
67 Ebd., Kart 41/15
68 Ebd., Kart 41/32
69 Ebd., Kart.41/51 DI
70 Ebd., Kart 41/96 D
71 Martin Middlebrook: The Berlin Raids. R.A.F.Bomber Command Winter 1943–44, London 1990, S. 132 ff.
72 Verlauf und Wirkung des Angriffs aus britischer Sicht: PRO London, AIR 24/262 A
73 Sächsisches Staatsarchiv Leipzig, Polizeipräsidium Leipzig F, Nr. 3
74 Dudley Saward: The Bomber's Eye, London 1956, S. 226
75 BA/MA Freiburg, RW 21-36/17, Bl. 98
76 Sächsisches Staatsarchiv Leipzig, Polizeipräsidium Leipzig F, Nr. 1
77 Ebd., Nr. 7
78 Ebd., Nr. 2
79 Ebd., Nr. 1
80 Ebd.
81 Ebd., Nr. 2
82 BA/MA Freiburg, RL 4/403
83 Geheime Tagesberichte, a.a.O., Bd. 9, Osnabrück 1989, S.24
84 BA/MA Freiburg, RL 4/403
85 Ebd.
86 BA/MA Freiburg, RL 4/407
87 Webster, Frankland, a.a.O., Bd. II, S. 267; vgl. auch Martin Middlebrook: The Bomber Command War Diaries, London 1990, S. 457, sowie Bergander, a.a.O., S. 6
88 BA/MA Freiburg, RW 21-36/17, Bl. 98 v.
89 BA, Abt. Potsdam, Statistisches Reichsamt, Nr. 3994, Bl. 78. Auf Grund deutscher Polizeiberichte lautet die höchste, aus Akten ermittelte Zahl der Toten 1 435 Menschen (PRO London, AIR 20/6524)
90 Siehe Helmut Arndt u.a.: Leipzig in acht Jahrhunderten, Leipzig 1965, S. 329; Leipzig. Geschichte der Stadt in Wort und Bild, Berlin 1978, S. 87. Die Zahl von 1 815 Toten wurde in der Ausstellung „Erinnerung – Mahnung – Verpflichtung", Leipzig 1983, genannt.
91 BA, Abt. Potsdam, Nr. 5748
92 BA, Abt. Potsdam, Statistisches Reichsamt, Nr. 3410, Bl. 253
93 Ebd.
94 BA, Abt. Potsdam, Nr. 5748
95 USSBS, ATG Maschinenbau GmbH, a.a.O., S. 9
96 BA/MA Freiburg, RW 20-4/18, Bl. 46
97 Ebd, RW 21-36/17, Bl. 91
98 PRO London, AIR 24/262 A
99 Ebd.
100 Ebd., AIR 20/6524
101 Ebd., AIR 20/3721
102 Webster, Frankland, a.a.O., Bd. II, S. 60
103 Ebd., Bd. IV, S. 160 f.
104 PRO London, AIR 20/3721. Seit 24. März 1943 geführte Aufklärungsakte über Leipzig/Leutzsch: siehe PRO London, AIR 34/634
105 Über Verlauf und Wirkung des Angriffs aus britischer Sicht siehe PRO London, AIR 24/265. Vor diesem Angriff war Leipzig in der Nacht vom 23. zum 24. Dezember durch sieben Mosquito mit 4,7 Tonnen Bomben und in der Nacht vom 29. zum 30. Dezember 1943 durch fünf Mosquito mit 3,3 Tonnen Bomben angegriffen worden (siehe PRO London, AIR 41/43)
106 BA, Abt. Potsdam, Nr. 8241 P
107 Ebd.
108 PRO London, AIR 14/1826, und Arthur Harris: Bomber Offensive, London 1947, S. 190
109 Über Planung und Wirkung des amerikanischen Angriffs siehe PRO London, AIR 40/554, sowie Richard G. Davis: The Bomber Baron. General Carl A. Spaatz and the Army Air Force in Europe, 1942–1945, Washington 1990, S. 380 f.
110 Geheime Tagesberichte, a.a.O., Bd. 9, S. 354
111 BA/MA Freiburg, RW 21-36/18, Bl. 99
112 USSBS, Erla Maschinenwerke GmbH, a.a.O., S. 1
113 Davis, a.a.O., S. 382
114 BA, Abt.Potsdam, Bank der deutschen Luftfahrt, Nr. 261, Bl. 322
115 USSBS, ATG Maschinenbau GmbH, a.a.O., S. 3
116 BA/MA Freiburg, RW 21-36/18, Bl. 4
117 Ebd., Bl. 59
118 BA/MA Freiburg, RW 21-36/18, Bl. 100 f., und BA, Abt. Potsdam, Nr. 8241 P
119 Ebd.
120 PRO London, AIR 40/554
121 Ebd., AIR 20/3722
122 BA/MA Freiburg, RW 21-36/19, Bl. 61
123 PRO London, AIR 40/638
124 BA, Abt. Potsdam, Nr. 8241 P, sowie USSBS, Utilities Report, No. 206, o.O., 20.10.45, S. 16
125 PRO London, AIR 40/639
126 USSBS, Erla Maschinenwerke GmbH, a.a.O., S. 1
127 BA/MA Freiburg, RW 21-36/19, Bl. 97
128 BA, Abt. Potsdam, Nr. 8241 P
129 BA/MA Freiburg, RW 20-4/19, Bl. 14
130 BA, Abt. Potsdam, Nr. 8241 P
131 PRO London, AIR 20/3722
132 Ebd., AIR 40/668
133 USSBS, Erla Maschinenwerke GmbH, a.a.O., S. 1, und Mitteldeutsche Motorenwerke GmbH, a.a.O., S. 1
134 BA Koblenz, R 3/1011
135 Ebd.
136 Roger A. Freeman: Mighty Eighth War Diary, London – New York – Sydney 1981, S. 288
137 BA Koblenz, R 3/1011
138 USSBS, Mitteldeutsche Motorenwerke GmbH, a.a.O., S. 1
139 PRO London, AIR 40/688
140 BA Koblenz, R 3/1011
141 Ebd., R 2/484, Bl. 3 ff.
142 BA/MA Freiburg, RW 21-36/20, Bl. 6.
Der sogenannte „Teppich-Erlaß" war eine Verfügung des Reichsluftfahrtministeriums vom Frühjahr

1944, die kriegswichtigen Rüstungsbetrieben bei drohendem Großangriff auf ihr Werk die Möglichkeit einräumte, die Belegschaft frühzeitig aus dem Betrieb zu evakuieren, um hohe Menschenverluste zu vermeiden, wie sie nach den Großangriffen der amerikanischen Bombenfliegerkräfte im Februar 1944 auf einige Werke der Flugzeugindustrie eingetreten waren.

143 Max Hastings: Bomber Command, London 1981, S. 399

144 PRO London, AIR 37/1129

145 Webster, Frankland, a.a.O., Bd. III, S. 101

146 Ronald Schaffer: Wings of Judgement. American Bombing in World War II, New York – Oxford 1988, S. 95

147 Ministerium für Auswärtige Angelegenheiten der UdSSR: Die Sowjetunion auf internationalen Konferenzen während des Großen Vaterländischen Krieges 1941 bis 1945, Bd. 4, Die Krim(Jalta)konferenz der höchsten Repräsentanten der drei alliierten Mächte UdSSR, USA und Großbritannien (4.–11. Februar 1945), Moskau–Berlin 1986, S. 49

148 Ursula Moessner-Heckner: Pforzheim Code Yellowfin. Eine Analyse der Luftangriffe 1944–1945, Sigmaringen 1991, S. 83

149 Olaf Groehler: Berlin im Bombervisier – von London aus gesehen 1940-1945, Berlin 1982, S. 97

150 Schaffer, a.a.O., S. 103 ff.

151 Geheime Tagesberichte, a.a.O., Bd. 12, S. 67, 93, 117, 132, 153, 176 und 222

152 PRO London, AIR 40/814

153 BA Koblenz, R 19/341, Bl. 75

154 Geheime Tagesberichte, a.a.O., Bd. 12, S. 226

155 BA Koblenz, R 19/341, Bl. 75

156 Siehe Anmerkung 90

157 USSBS, ATG Maschinenbau GmbH, a.a.O., S. 10

158 PRO London, AIR 24/311

159 BA Koblenz, R 19/341, Bl. 83

160 Geheime Tagesberichte, a.a.O., Bd. 12, S. 255

161 Ebd., S. 283

162 PRO London, AIR 37/1129

163 Ebd., AIR 40/837

164 BA Koblenz, R 5/41, Anh. 1

165 BA/MA Freiburg, RL 4/409

166 Ebd.

167 PRO London, AIR 24/315

168 Ebd., AIR 25/154.
Mit „Oboe" bezeichnete das britische Bomber Command ein Zielleitverfahren, bei dem die Flugzeuge von zwei in England stationierten Stationen (in Walmers und in Trimingham) an ihr Ziel geführt wurden. Eine Station strahlte bei Einhaltung der vorgegebenen Route einen Dauerton aus, der akustisch an eine Oboe erinnerte.

169 Ebd., AIR 24/316

170 National Archives, Washington, RG 407, Entry 427, Box 3480–91

171 Ebd., Wilhelm v. Grolman, Genmj. der Polizei und Polizeipräsident Leipzig, The Collapse of the German Reich as seen from Leipzig, B 478, sowie Sächsisches Staatsarchiv Leipzig, Polizeipräsidium Leipzig, S, Nr. 7096

172 Die Schätzung von etwa 6 000 Toten orientiert sich an den Angaben, die in der Ausstellung „Erinnerung – Mahnung – Verpflichtung", Leipzig 1983, genannt wurden, und anderen Quellen. Sie sind – wie im Text ausgewiesen – vielfach unvollständig und widersprüchlich. Auf Grund der schlechten Quellenlage, besonders vom Sommer 1944 an bis Kriegsende, wird sich die Zahl de Toten wohl präzise nicht mehr ermitteln lassen. Die Tabelle unten enthält die wichtigsten Zahlenangaben. USSBS, Area Studies Division, No. 39 A brief Study of Area Bombing on Berlin, Augsburg, Bochum, Leipzig, Hagen, Dortmund, Oberhausen, Schweinfurt and Bremen, o.O., 26.10.1945, Exhibit F schätzte die Zahl der Luftkriegstoten in Leipzig auf 2 608, das Leipziger Stadtarchiv in einem Brief an Maximilian Czesany vom 4. September 1986 auf 6 600 (Maximilian Czesany: Alliierter Bombenterror. Der Luftkrieg gegen Europas Zivilbevölkerung, Leoni am Starnberger See 1987, S. 650)

173 Vgl. Walther Beyer: Plan und Weg zum Aufbau Leipzigs (Denkschrift), 31. März 1946, S. 6

Tabelle zu Anmerkung 172

	Ausstellung 1983	Rat der Stadt Leipzig, Personenstandswesen	Rüstungsinspektion Leipzig/ Dresden	Statistisches Reichsamt	Leipziger Ordnungspolizei	Zentrale Ordnungspolizei
20. 10. 43	38	26	36	36	–	–
4. 12. 43	1815	1717	1295	1408	–	1182
20. 2. 44	972	362	953	630	206	–
Mai 44	180	173	(1403)	16	40	–
Juni 44	42	42	–	13	–	–
Juli 44	220	199	–	138	38	–
Nov. 44	70	69	–	–	–	–
27. 2. 45	1044	677	–	–	67	414
4. 4. 45	367	367	–	–	116	287
10. 4. 45	337	337	–	–	–	–

Die Dezemberkatastrophe 1943 in Erlebnisberichten

Wir haben unsere Stadt lieb gehabt
Brief von Gerhard Röllig

Leipzig, den 18. Dezember 1943
Gudrunstraße 35

Ihr Lieben!

Heute sind schon zwei Wochen vergangen, daß das Schreckliche geschah und aus unserer lieben Stadt Leipzig eine Stadt der Ruinen und Trümmerhaufen wurde. Es wird inzwischen gar manches schon als Schreckenskunde zu Euch gedrungen sein, aber es kann sich niemand einen Begriff machen, wie ungeheuerlich sich dieser etwa halbstündige Angriff ausgewirkt hat. Selbst diejenigen, die aus den schon immer bedrohten Gebieten ihre Erfahrungen haben, bezeugen, daß hier in kürzester Frist vollbracht worden ist, was andernorts erst nach und nach geschah. Betroffen ist vor allem die Innenstadt, Wohnhäuser und Buchhändlerviertel im Osten, der Süden, Teile des Nordens und des Westens. Ein Gang durch die betroffenen Gebiete ist so niederschmetternd, daß einem der Herzschlag stockt. Man möchte alles für einen bösen Traum halten, und es ist doch furchtbare Gewißheit.

Es ist ein Jammer, die Stadt zu sehen, und wer nicht hineingehen muß, dem rate ich, fern zu bleiben. Die Eindrücke sind zu niederschmetternd und beklemmend. Es genügt schon, die ausgebrannten und zusammengestürzten kleinen und großen Wohnhäuser, die Schutt- und Trümmerhaufen, die verstreuten Dachziegel der in langen Straßenzügen Haus für Haus beschädigten Dächer, die Glasberge zerbrochener Fensterscheiben, heraushängende Fensterrahmen und Jalousien, aufgerissene Straßen, große Granattrichter in den Wohnvierteln der Vorstädte zu sehen – überall ein Bild schrecklichster Verwüstung ... Und das tut die Krone der Schöpfung, der Mensch, mit Verstand und Vernunft begabt, dem Menschen an ... Was Jahrzehnte und Jahrhunderte aufgebaut und gehütet haben, was uns freute, was uns stolz machte, vernichtete das Höllenfeuer einer halben Stunde. Abgesehen aber von alledem; wieviel Menschenopfer hat uns dieser Angriff gekostet? Was mag unter den Trümmern der zusammengestürzten Häuser noch begraben liegen? Werden wir es je erfahren? Der Schrecken aller Kriege, der Dreißigjährige, kann in seinen Auswirkungen aufs Volksganze nicht schlimmer gewesen sein.

Rings um unsere beiden schönsten und größten Plätze – Augustusplatz und Königsplatz – stehen nur noch ausgebrannte Gebäude, Ruinen oder Schutthalden. Museum, Universität, Paulinerkirche, Neues Theater, Reichspost sind ausgebrannt, teils eingestürzt – die beiden Hochhäuser, die die Einheit der Gesamtwirkung störten, stehen noch, ob sie viel gelitten haben, weiß ich nicht. Am Königsplatz steht das ausgebrannte alte Grassimuseum und die Fassade des ehemaligen Warenhauses Ury, die anderen Gebäude sind ganz zusammengestürzt oder es ragen gespenstische Ruinen in die Luft. Das allen Leipzigern ans Herz gewachsene Alte Theater ist ausgebrannt, das Schauspielhaus schwer beschädigt, auch scheint kein einziges großes Lichtspielhaus mehr zu existieren. Schmerzlich, daß zahlreiche Kirchen ausgebrannt oder beschädigt sind. Der Thomasturm hat seine Bekrönung verloren, Reformierte und katholische Kirche sind ausgebrannt, die Andreaskirche, in der Alfred und ich getauft und konfirmiert wurden, hat ihre Turmspitze verloren und ist auch sonst beschädigt. Starke Schäden hat die Michaeliskirche, ebenso die Friedenskirche, von der auch das Pfarramt wegbrannte. Der Hauptbahnhof ist ausgebrannt und das technische Wunder seines Stellwerks zertrümmert. Außer historischen Stätten (Meßamt, Alte Waage, Kochs Hof, wohl auch Thüringer Hof, Altes Rathaus, Neues Rathaus) sind zahlreiche Schulen vernichtet, wie, das ist mir an meiner jahrelangen Arbeitsstätte, der großen, erst 1936 umgebauten Handwerkerschule, schmerzlich bewußt geworden. Am Tage nach dem teuflischen Angriff war überhaupt nicht an sie heranzukommen, am Abend konnte ich nur einen Teil erspähen und hoffte, sie sei doch nicht ganz ausgebrannt, aber am Montag traute ich meinen Augen nicht. Wohl stand das große feste Gebäude, wenn auch ohne Dach und Fenster, äußerlich stattlich da, aber eben nur die Mauern, alles andere war in schwarzen Schutt und Staub zerfallen und verglüht. Ein Stück Lebensarbeit auch von mir – wenn auch nur in Papier gebannt – ist damit der Nutzlosigkeit verfallen. Das gibt innerlich einen mächtigen Stoß, wie alles, was um-

Markt mit Siegesdenkmal und Ruine der Alten Waage

sonst getan ist. Was hat neben so vielen anderen, allein dieser einzige Bau an wertvollen Lehrmittelsammlungen, Büchern, Werkstatteinrichtungen, Materialien und fertigen Arbeiten enthalten, und so weiter Bau um Bau ...

Die Segnungen der Technik, wie haben wir es doch herrlich weit gebracht, versagten zuerst: Wasser fehlte, läuft jetzt wieder normal, das elektrische Licht flimmerte nur, Gas fehlt noch heute, Straßenbahn und Telefon waren lahmgelegt. Die großartigst ausgeklügelte Auffangorganisation mußte stocken, wenn zahllose Lücken in das ganze Netz hineingerissen wurden. Der ganze Verkehr war aufs schwerste getroffen, da die eingesetzten Omnibusse und sonstigen Autos durch die Schutthalden in den Straßen, aufgerissene Straßendecken, herabhängende Oberleitungen usw. nicht so bald den nötigen Ausgleich schaffen konnten. Die ersten Tage mögen für die obdachlos Gewordenen furchtbar gewesen sein. Auch unser Krankenhaus- und Klinikviertel ist außerordentlich schwer getroffen. Ich erlebte es selbst am ersten Tag nach dem Angriff, daß aus dem Krankenhaus Entlassene im Krankenanzug in ihr Heim gewollt hatten und nur noch Trümmer vorfanden. Wir selbst haben viel Grund, dem HERRN zu danken, daß er uns bis jetzt noch gnädig bewahrt hat. Das Dach ist stark beschädigt und mehrere Fensterscheiben sind entzwei. Meine liebe Base Friedel aus Dessau hat leider ihre ganze schöne Wirtschaft eingebüßt. Mit viel Fleiß aufgespart, mit viel Liebe eingerichtet, nur kurze Zeit gemeinsam genossen, und nun ist alles dahin. Das ist ein schmerzlicher Verlust, und sie tut uns allen sehr leid. Tante Hannchen hat Vater, der zu einem Besuch fünfeinhalb Stunden für Hin- und Herweg brauchte, gesund und heil angetroffen, obwohl auch dort allerhand passiert ist.

Wir sind alle tief bekümmert und stark erschüttert. Wir haben unsere Stadt lieb gehabt, und in uns allen ist etwas zerbrochen. Noch mehr aber sorgen wir uns, daß das Unheil immer größeren Umfang annimmt und noch mehr schöne Städte unseres lieben Vaterlandes dieses traurige Schicksal mit uns teilen müssen. Wir wollen Gott bitten, daß er diesem schauervollen Treiben bald ein Ende setzt und Euch, Ihr Lieben all, behütet und bewahrt. Es war ein schreckliches Gefühl, bangenden Herzens im Keller zu stehen und dem Unheil so wehrlos preisgegeben zu sein. Und wenn es uns schon schlimm erschien, auch in unserer nächsten Nähe Brände waren, ein Haus ganz ausbrannte, rings der Himmel rot war, haben wir doch keine Ahnung gehabt, welches Ausmaß dieser Angriff hatte. Ich habe mich morgens nach 8 Uhr auf den Weg zu meiner Arbeitsstätte gemacht mit dem Gefühl, daß es wohl nicht überall so schlimm sein würde wie hier draußen bei uns, und mußte bald erleben, daß sich weit mehr ereignet hatte, als wir nur irgendwie zu denken wagten.

Staunenswert ist, wie in fieberhafter Absicht versucht wird, alles wieder in Ordnung und in Gang zu bringen. Mit echt deutscher Gründlichkeit und Zähigkeit ist man an die Beseitigung der Schäden gegangen: der kleine Mann am eigenen Heim, die großen Organisationen im Stadtgebiet – aber man kann sich nicht denken, wie die furchtbaren Verwüstungen wieder gutgemacht werden sollen. Die Bevölkerung zeigte sich außerordentlich standhaft und gefaßt. Man war, wie wohl immer bei solchen Katastrophen, geradezu erstarrt. Manche haben sich – auch wenn sie selbst keinen Schaden erlitten hatten, tagelang nicht zu Bett gelegt, die meisten nur halb ausgezogen geschlafen. Der Feind hat eine neue Überraschungstaktik angewandt, kam zu gänzlich ungewohnter Zeit, hatte den Anschein eines Fluges nach Berlin erweckt. Jedenfalls ist die Lehre daraus erwachsen, keinen Alarm leicht zu nehmen, und dann hat die Erfahrung gelehrt, sich von den Stabbrandbomben nicht verblüffen zu lassen. Sie sind mit Sand und Wasser, rechtzeitig bemerkt, leicht abzulöschen. Eine beherzte Frau in unserer Nähe hat nur mit Sand ihr Ziel erreicht und dadurch den schlimmen Wasserschaden im Haus vermieden. Phosphorbomben machen viel mehr Mühe, gegen Sprengbomben und andere Oberteufeleien läßt sich leider überhaupt nichts tun. Viel ließe sich noch sagen und berichten, doch will ich schließen. Behüte Euch der liebe Gott!

Möge er uns bald Sieg und Frieden schenken.

Mit guten Wünschen und herzlichen Grüßen

Eure Leipziger

Stadtgeschichtliches Museum im Alten Rathaus: Obergeschoß, Ausstellungsteil Völkerschlacht

Die Zerstörung des Alten Rathauses

Bericht von Johannes Hartenstein, Mitarbeiter am Stadtgeschichtlichen Museum Leipzig im Alten Rathaus

4. Dezember 1943! Gegen 3.40 Uhr morgens ertönen die Sirenen. Fliegeralarm! Er kam zu ungewohnter Stunde. In den Tagen vorher während der Angriffe auf Berlin war immer abends Alarm gewesen. „Ach, vielleicht sind die Engländer schon auf dem Rückfluge“, denkt der eine oder andere und nimmt den Alarm nicht ernst genug; denn es fällt schwer, zu dieser Zeit sich aus dem Bett zu finden. Aber da krachen und platzen auch schon die Bomben. Jetzt ist höchste Eile geboten. Die Hausbewohnerschaft von Kaiser-Wilhelm-Straße 54 stürzt eilends in den Keller. Unten stellen wir fest, was alles wir vergessen haben mit hinunter zu nehmen. Wir verharren in Anspannung. Draußen kracht es weiter. Dann wird es etwas ruhiger. Es riecht sengrig. Das treibt mich heraus aus dem Keller, hinauf in die Wohnung. Vor der Vorsaaltür, auf halber Treppe nach oben, brennt es bereits. Eine Bombe hat durchgeschlagen und in die Treppenstufen ein breites Loch gebrannt. Während ich mich noch bemühe, das Schloß der Vorsaaltür, das infolge eines Defektes eine Schließhemmung hatte, aufzubringen, hat ein beherzter Mitbewohner durch raschen Zugriff den Brand auf der Treppe mit Wasser gelöscht. Auch noch verschiedene andere Brandstellen sind so gelöscht worden im Hause, vor der Haustür, im Garten und auf der Straße. Glücklicherweise ist die Wohnung vom Feuer unversehrt geblieben.

Schräg gegenüber, Hardenbergstraße 17 brennt. Schon schlägt die Flamme oben aus einem der Fenster des dritten Stockwerks heraus. Da heißt es, Hilfe zu leisten. Es muß vor allem verhütet werden, daß das Feuer auf die Nachbarhäuser übergreift. Glücklicherweise sind viele Helfer da. Aber die Wasserleitung läuft längst nicht mehr.

Wasser muß an einer Pumpe auf der Straße geholt werden. Wir arbeiten einige Stunden hier mit. Doch als dann weitere Helfer noch hinzukommen, ziehe ich mich zurück.

Die kurze Gefechtspause benutze ich zu einem Imbiß in der Wohnung. Noch ist es dunkel. Der elektrische Strom hatte schon ausgesetzt, als noch Bomben fielen. So sitzen wir im Kerzenschein. Da erkenne ich, daß sich in unserer Wohnung außer uns auch Fremde befinden, denen meine Frau Unterschlupf gewährt hat.

Dann mache ich mich auf, nach der Stadt zu gehen. In der Kaiser-Wilhelm-Straße brennt es allenthalben, in Höhe der Arndtstraße/Schenkendorfstraße so stark, daß ich nicht weiterkommen kann und mich durch die Arndtstraße nach der Kochstraße wende. Aber auch in der Adolf-Hitler-Straße sind Brände über Brände. Mit Wehmut sehe ich das ehemalige väterliche Haus Nr. 35, in dem wir von 1902 bis zum Ersten Weltkrieg wohnten, in Flammen; es ist schon ziemlich ausgebrannt. – Am Königsplatz ringsum Brände. Auch das Neue Rathaus ist vom Feuer ergriffen. Die Flammen schlagen an der Stelle heraus, wo die Uhr steht, umrandet von dem Spruch „Mors certa, hora incerta"! Ja, die Uhr ist nun hin, denke ich, und uns ist der Tod gewiß. Das Gebäude der Deutschen Bank brennt im Obergeschoß. Durch die Petersstraße ist nicht durchzukommen. So wähle ich den Weg durch den Neumarkt. Im Laufschritt geht es an brennenden Fassaden vorbei. Endlich bin ich in der Grimmaischen Straße. Die Alte Handelsbörse steht in Flammen, die oben herausschlagen. Aber das Alte Rathaus ist noch verschont geblieben. Ich atme auf. Doch jubele ich zu früh; denn der Turm hat bereits Feuer gefangen.

Es ist gegen halb 9 Uhr und noch nicht hell. Es will nicht Tag werden. Im Durchgang des Alten Rathauses und in unseren Museumsräumen drängen sich die Flüchtlinge. Sie sind zum Teil nur notdürftig bekleidet. Ihre geringen Habseligkeiten haben sie unterm Arm. Glücklich sind diejenigen, die sie auf einem Handwagen verstauen konnten. Mütter tragen ihre Kinder oder führen sie an der Hand. Ich suche die Berufskameraden, die in der Nacht Luftschutzbereitschaft gehabt haben. Aufseher Klingner hat die Leitung gehabt. Aber auch der Betriebsluftschutzleiter Stadtarchitekt Ritter ist schon eingetroffen. Sie wissen wohl, daß der Turm brennt, haben aber das Löschen aufgegeben. Die Hydranten haben ja längst ausgesetzt, und so fehlt es an Wasser. Nur nicht auf das Dach übergreifen darf das Feuer. Das muß verhütet werden. Schon hat sich vom Turm aus nördlich im nächsten Giebel ein Herd gebildet. Man versucht zu löschen. Aber das Wasser fließt nur noch ganz schwach in der Leitung und muß tief unten im Keller geholt werden.

Betriebsluftschutzleiter Ritter gibt mir die Aufgabe, die östliche Fassade des Gebäudes auf Funkenflug hin zu überwachen. Ich erweitere meine Tätigkeit auch auf die westliche. Im Winkel am Turm nach Norden hin hat sich ein neuer Herd gebildet. Hier macht das Feuer schnell Fortschritte; denn die Stelle ist von dem rasenden Sturm, der mittlerweile eingesetzt hat, geschützt. Ein weiterer Herd entsteht am zweiten Giebelfeld vom Turm aus nach Süden. Die Löschmannschaften können es nicht schaffen. Zu spärlich rinnt das Wasser tief unten im Keller. Der Anmarschweg ist zu lang. Ich helfe schleppen. Dann werfe ich Sand in die Flammen. Aber alles ist vergebens. Die Flammen sind bereits zu groß. Wir werden ihrer nicht Herr.

Ein kleiner Vorfall sei beiläufig berichtet. Wir schickten die Flüchtlinge, die sich im Durchgang des Alten Rathauses gesammelt hatten, truppweise nach der Mädlerpassage, die, wie der Wirt von Auerbachs Keller gemeldet hatte, unbeschädigt geblieben war. Da sehe ich auf einmal im Flammenschein auf dem Pflaster des Naschmarktes einen Berg Lebkuchen, „Pflastersteine", liegen. Ein „Geschenk des Himmels", denke ich, „der Naschmarkt macht seinem Namen Ehre". Ich stopfe mir die Taschen voll; denn eine Ermittlung des rechtmäßigen Eigentümers ist völlig ausgeschlossen. Und nun verteile ich die Lebkuchen an Kinder, die sie freudig entgegennehmen, und an Erwachsene; natürlich esse ich auch selbst davon. Hinterher hat meine aufgeregte Phantasie in mir Bedenken aufkommen lassen. Hätten die Plastersteine nicht von den Engländern vergiftet mit abgeworfen sein können? Aber sie sind allen gut bekommen.

In den frühen Nachmittagsstunden hat auch noch die Ostseite des Alten Rathauses Feuer gefangen, und zwar dort, wo der Treppenaufgang nach dem Obergeschoß und dem Boden geht. Wir sind machtlos, am Verzweifeln. Über unseren Löschversuchen haben wir gar nicht gemerkt, wie die Zeit verronnen ist. Den ganzen Tag über war es zumeist stockdunkel vor Ruß. Nur wenn der Sturm einmal die Rauchschwaden aufriß, kam es uns zu Bewußtsein, daß Tag war.

Das Haus muß weiterbrennen. Wir müssen es dem Schicksal überlassen, dem Feuer Einhalt zu gebieten. Sollen wir bergen, den wertvollen Besitz des Museums aus dem Hause herausschleppen? Im Feuerregen draußen wäre er noch mehr gefährdet gewesen als im Hause. So nehmen wir von den Bergungsarbeiten Abstand. Es ist eine schreckliche Lage, in der wir uns befinden. Wir sind machtlos, können nichts tun, um die Katastrophe abzuwehren.

Blick von der Grimmaischen Straße
zum zerstörten Alten Rathaus

Aus meinem Zimmer habe ich die Chronik nach dem Keller gebracht. In den späten Nachmittagsstunden nehme ich einige Stücke meines Privateigentums und begebe mich auf den Heimweg. Wehmutsvoll werfe ich noch einen Blick auf das brennende Haus. Das einzige Schlupfloch, durch das man aus der Innenstadt herauskommen konnte, war das Barfußgäßchen. Diesen Weg wähle ich. Unterwegs stürze ich; denn der viele Ruß hatte mir die Augen geblendet. Es schmerzt. Die Augen sind entzündet. Am Flußufer bei der Tauchnitzbrücke stehen Löschzüge. Kommandos ertönen. Das gespenstische Treiben im Feuerschein der brennenden Häuser ringsum weckt in mir Erinnerungen an Erlebnisse im Ersten Weltkrieg. In der Dufourstraße stelle ich fest, daß der elektrische Strom hier bereits wieder eingesetzt hat. Zu Hause werde ich mit großer Freude empfangen. Man hatte sich doch recht gesorgt um mich. Wir haben Einquartierung. Schwager Martin mit den Seinen ist in der Bayrischen Straße total ausgebombt. Am nächsten Morgen, Sonntag, den 5. Dezember, gehe ich wieder in die Stadt. Am Alten Rathaus treffe ich Konservator Kloß. Er hatte, ebenso wie Ritter und Klingner, die Brandstätte nach mir schließlich auch verlassen und sich nun von neuem eingefunden.

Welche schöne Überraschung! Das erste Stockwerk steht noch, unsere Büroräume sind uns erhalten geblieben. Das im Keller geborgene Kunstgut ist gerettet. Wie froh ist man da in dem großen Schmerze, einen wertvollen Teil des Besitzes erhalten zu sehen!

Rettung der Thomaskirche
Bericht von Herbert Dost, Amt für Gemeindedienst

Was über die Rettung der Thomaskirche und meine Mitbeteiligung gesagt wird, das ist sicher ein bißchen stark aufgetragen. Ohne ein Kommando der Wehrmacht und Mithilfe der Feuerwehr und ohne die Tüchtigkeit von Kircheninspektor Bergner wäre das Unternehmen sicher erfolglos geblieben. Immerhin war es so, daß es für zwei Leute, einen Soldaten und mich, besondere Schwierigkeiten ergab.

Thomaskirchhof

Etwa zehn Meter vor Erreichung des Bodens unter der Kuppel platzte der Schlauch, und wir standen in Schmutz, Wasser und Kälte, allein auf uns angewiesen, ließen die Wasserzuleitung stoppen und brachten neue Anschlüsse zustande. Dann sind wir zu zweit dicht an die brennende Haube hinaufgeklettert und haben versucht, im Holzgebälk zu retten, was zu retten war. Dabei stellten wir fest, daß der Brandherd ganz offenbar bei der völligen Unübersichtlichkeit des Balkengesperrs trotz Kontrollgangs nach dem Luftangriff schwer bzw. gar nicht zu entdecken gewesen wäre. Denn eine Stabbrandbombe hatte sich offenbar dort oben verklemmt und das imprägnierte Holz angeglüht. Nach mehrstündiger Arbeit, immer zu zweit, begann es in der Haube zu sausen. Brandstücke fielen herab, und ich wurde beauftragt, zwei Stahlhelme nachzuholen. Der mitarbeitende Soldat ging die etwa vier bis acht Stufen vom Boden, an dem die Haube beginnt, mit hinunter, und im Augenblick, wo wir an der Treppenecke einschwenkten, brach das gesamte Haubengewölbe auseinander und stürzte nach der Burgstraße zu mitsamt der Glocke auf die Straße. Ein zweiter, kleinerer Teil des Holzes prasselte auf den Boden, auf dem wir noch vor einer halben Minute gestanden hatten. Unten hatte man angenommen, daß wir unter den Trümmern lägen. Aber es war alles wunderbar gut abgegangen, und der Soldat begriff mit im Schrecken weit aufgerissenen Augen, daß es gottgewollte Bewahrung gibt. Am Spätabend des 5. Dezember beobachteten Inspektor Bergner und ich erneut, daß hängengebliebenes restliches Gebälk wieder aufflammte. Zu zweit stiegen wir auf den Turm hinauf. Bergner hielt mich an einem Bein fest, und ich schwang mich auf den breiten, dicken Mauerabschluß. Dort haben wir dann, uns gegenseitig helfend, die brennenden Balken mit der Axt abgeschlagen. Das Ganze war nicht unbedingt ein Heldenstück, aber es war eine Kraft beanspruchende Arbeit. Professor Hans Besch hatte diesen Einsatz beobachtet. Er hatte bei uns Aufenthalt genommen, um sich von den Strapazen im Alumnat zu erholen. Mit nicht ganz gesundem Herzen war das für ihn nötig geworden. Als Zeuge der ganzen Unternehmung brachte er dann seinen Bericht in die Bach-Gedenkschrift.

Bach und die letzten Dinge

Auszüge aus einem Aufsatz von Pastor Lic. Hans Besch, Hamburg

Die Geschichte gibt uns nicht immer Gelegenheit, Augenzeugen bedeutungsvoller Ereignisse zu sein; aber sie tadelt uns oft, wenn wir den Augenblick verstreichen lassen, ohne ihn für die Nachwelt festzuhalten.

Leipzig ist die Bach-Stadt, sie ist die Bach-Stadt schlechthin. Dort lebte der Meister, dort starb er. Dort herrscht die große Tradition der Thomaskantoren. Dort singt der Thomanerchor. Sicherlich war es mehr als ein Zufall, daß am 2. Adventssonntag, dem 5. Dezember 1943, in der Thomaskirche zu Leipzig ein vierter Bach-Vortrag gehalten werden sollte über das Thema „Bach und die letzten Dinge" und daß in der Nacht vom Freitag zum Sonnabend, vom 3. zum 4. Dezember, früh um halb 4 Uhr die Geschichte selber ihren grausamen Beistand zu diesem Thema gab.

Es ging dieses Mal alles sehr schnell. In gut einer halben Stunde stand Leipzig in Flammen. Niemand war darauf vorbereitet gewesen, denn Berlin „war dran". Kurz vor Berlin aber hatten die Geschwader abgedreht, flogen Leipzig an und überließen die Stadt ihrem Schicksal. Zweihundert

Motette in der Thomaskirche. Der Thomanerchor mit Thomaskantor Karl Straube, der sein Amt am 31. Dezember 1939 niederlegen mußte

Jahre vorher hatte Bach in seiner Kantate „Ach wie flüchtig, ach wie nichtig" gesungen:

„An irdische Schätze das Herze zu hängen
ist eine Verführung der törichten Welt.
Wie leichtlich entstehen verzehrende Gluten,
wie rauschen und reißen die wallenden Fluten
bis alles zerschmettert in Trümmern zerfällt."

Noch nie waren diese Worte so gegenwartsnah gewesen wie in dieser Nacht. Es brannte alles. Rings um den Augustusplatz mit seinen stolzen öffentlichen Gebäuden stand Flamme an Flamme. Breitkopf & Härtel, die Deutsche Bücherei, ganze Straßenzüge waren in ein Häuflein Trümmer verwandelt. Was aber machten die Thomaner? Wie ging es dem Kantor, Professor Günther Ramin? Was machte der ehrwürdige Professor Dr. h. c. Karl Straube?

Das Interesse des Schreibers dieser Zeilen war nur auf diese Fragen gerichtet, und so eilte er, unbeschwert von der Last, die alle Bürger dieser Stadt an ihren bedrohten oder zerstörten Besitz band, von Stätte zu Stätte. St. Thomas stand, wie durch ein Wunder erhalten. Ein heimtückischer Funke, der erst im Laufe des Tages das hohe Kirchdach bedrohte, in welchem einst beim Bau ein ganzer Wald untergebracht worden war, wurde rechtzeitig entdeckt und unschädlich gemacht. Es ist das bleibende Verdienst von Herbert Dost, die Kirche und damit die kostbarste Erinnerungsstätte Bachschen Wirkens gerettet zu haben. Auch das Alumnat brannte, aber der Chor war gerettet, geflüchtet in den Keller einer gegenüberliegenden Schule. Professor Ramin löschte seine Wohnung. Er hatte viel, Professor Straube alles verloren. Mithin war, was in dieser Stadt im engsten Sinn zu Bach gehörte, am Leben erhalten worden. Aber es gab keine Besinnung. Die Bach-Stätten mußten geschützt oder gelöscht werden, soweit sie brannten. Auf dem Alumnat stand ein Häuflein der Thomaner und kämpfte gegen das Feuer. Die Sonne ging auf und schien nicht. Der Sturm jagte die Funken, Schneeflocken gleich, über die Brände. Mauern stürzten tosend zusammen. Da fiel das Wort, hoch oben auf dem Dach des brennenden Hauses, im Anblick der entfesselten Elemente: „Morgen ist 2. Advent. Und wir sollten einen Vortrag hören über das Thema 'Bach und die letzten Dinge'. Jetzt sind die letzten Dinge zu uns gekommen. Wir brauchen darüber nicht mehr zu reden. Wir stehen mitten drin. Wir haben nur noch eins zu tun: dieses alles nicht zu vergessen."

Als am Abend dieses Tages, der kein Tag war, sondern Nacht blieb, die Thomaner endlich in Autobussen saßen, um aus der Stadt gefahren zu werden, ertönten die Sirenen nochmals laut, just in diesem Augenblick. Alles stürzte in die Keller. Aber nur für kurze Zeit. Erleichtert atmete die gequälte Stadt auf, als nach wenigen Minuten die Sirenen das Ende des Alarms verkündigten. Dann fuhr der Chor aus der brennenden Stadt, mit seinem Kantor und dessen Gemahlin. Der Kantor von St. Thomas aber war nicht nur müde von der durchwachten Nacht, sondern mehr noch von der Schwermut der Gedanken im Blick auf das Werk Bachs, das in dieser Stadt zweihundert Jahre gepflegt worden war.

Draußen vor der Stadt umfing die Fliehenden das milde Licht des Mondes im stillen Glanz neblichter Wiesen, und während die Knaben schliefen, wurde in uns das Abendlied von Matthias Claudius wach: „Wir suchen viele Künste und kommen weiter von dem Ziel".

Die Fürstenschule zu Grimma nahm die Thomaner auf nach dieser denkwürdigen Nacht. Nach einer kurzen Ruhepause bereits trat der Chor unter Leitung des Präfekten zum erstenmal zusammen, unaufgefordert, und schickte sich an, seinem Erleben einen musikalischen Ausdruck zu verleihen. Man durfte gespannt sein, nach welchem Stück der Musikliteratur der weltberühmte Knabenchor jetzt greifen würde. Und dann ertönte, wahrhaft erschütternd und doch unendlich beruhigend diese eine Strophe:

„Hört, ihr Herr'n, und laßt euch sagen,
unsre Uhr hat zwölf geschlagen.
Zwölf, das ist das Ziel der Zeit.
Mensch bedenk die Ewigkeit!"

Einen stärkeren Beitrag zu dem Thema „Bach und die letzten Dinge" hätten die Thomaner in dieser mitternächtlichen Stunde nicht geben können. Schon am nächsten Nachmittag aber – der 2. Advent war herangekommen – veranstaltete der Professor Ramin eine Feier in der schönen alten Frauenkirche zu Grimma. Die Evangelientexte dieses Sonntags sprechen von Zeichen, die geschehen sollen, von Furcht und Erwartung der Dinge, die kommen werden, von dem Tage, da Lot aus Sodom ging, da es Feuer und Schwefel vom Himmel regnete.

Professor Dr. Hans Besch weilte auf Einladung des Gemeindedienstes in Leipzig, um über „Bach und letzten Dinge" zu sprechen. Er hat zusammen mit seinem Sohn Hans Eckart und dem Thomaner Zeiher das Thomas-Alumnat vor der Vernichtung bewahrt.
Der Aufsatz erschien in der Bach-Gedenkschrift 1950. Im Auftrag der Internationalen Bach-Gesellschaft hrsg. von Karl Matthaei, Zürich 1950

OPERNHAUS LEIPZIG

Freitag, den 3. Dezember 1943
13. Anrechts-Vorstellung (X. Folge rot)

DER RING DES NIBELUNGEN
Ein Bühnenfestspiel für drei Tage und einen Vorabend von Richard Wagner

1. Tag **Die Walküre** In drei Aufzügen

Musikalische Leitung: Paul Schmitz / Inszenierung: Wolfram Humperdinck
Bühnenbilder: Karl Jacobs † / Spielleitung: Alfred Bartolitius

Siegmund	. . . .	August Seider
Hunding	. . . .	Friedrich Dalberg
Wotan	. . . .	Willi Schwenkreis
Sieglinde	. . . .	Margarete Kubatzki
Brünnhilde	. . . .	Margarete Bäumer
Fricka	. . . .	Camilla Kallab
Gerhilde	Walküren	Maria Lenz
Ortlinde		Ellen Winter
Waltraute		Camilla Kallab
Schwertleite		Johanna Blatter
Helmwige		Lilly Trautmann
Siegrune		Ruth Schöbel
Grimgerde		Ann Schindler
Roßweiße		Edla Moskalenko

Schauplatz der Handlungen: 1. Aufzug: Das Innere der Wohnung Hundings; 2. Aufzug: Wildes Felsengebirge (Bergjoch); 3. Aufzug: Auf dem Gipfel eines Felsberges (des „Brünnhildensteines")

Änderungen vorbehalten / Rückgabe von Eintrittskarten wegen Umbesetzungen ausgeschlossen
Pause nach jedem Akt / Einlaß 14 / Anfang 14½ Uhr / Ende gegen 19 Uhr

Kurze Schilderung der Dichtung

Musikalische Einleitung: Frühlingssturm braust durch die Wälder. In hastiger Flucht, wund und waffenlos, irrt ein Mann durch den Forst, sucht Schutz vor Blitzschlag und Regen. Endlich erreicht er den einsamen Hof des Jägers Hunding . . .

1. Akt: Das Innere der Hütte Hundings. Erschöpft tritt Siegmund, der Sohn Wälses (Wotans) ein, sinkt ohnmächtig am schützenden Herd nieder. Sieglinde, Hundings ungeliebte Gattin, erquickt ihn mit Wasser und Meth. Als Siegmund aufbrechen will, hält sie ihn zurück, deutet ihm ihre eigene, unheilvolle Lage an. Hunding kommt in Waffen von der vergeblichen Verfolgung eines vermeintlichen, ihm jedoch unbekannten Übeltäters zurück; er ist erstaunt, einen Fremden bei seinem Weibe zu finden. Beim Nachtmahl berichtet Siegmund sein Schicksal. Vorsichtig verheimlicht er seinen wirklichen Namen, nennt sich Wehwalt. Sein Vater Wolfe-Wälse (von dessen

Waberlohe und Feuersturm
Bericht von Werner Hecht

Ich war 1943 siebzehn Jahre alt und hatte seit einem Jahr die Oper „entdeckt". Eine Art Begeisterung für dieses Genre hatte unser Musiklehrer in der Friedrich-List-Schule geweckt, der uns ganze Szenen von Opern nicht besonders schön, aber mit Inbrunst am Klavier vortrug. Natürlich war das nichts gegenüber der übermächtigen Stimmgewalt der Opernsänger und dem Zauber, den das Theater ausübte. Deshalb habe ich wohl kaum eine Aufführung versäumt, die damals im Opernhaus am Augustusplatz gespielt wurde, und nicht wenige sogar mehrmals gesehen. Da ich von den (gesungenen) Arien, Duetten und Chören wenig verstand, kaufte ich mir vor den Theaterbesuchen die Texte der preiswerten Reclam-Ausgaben.

1943 war ein abendlicher Gang ins Theater nicht ohne Risiko. Es hatte schon mehrfach Fliegeralarm und mehrere Bombenabwürfe auf Leipzig gegeben, Anfang Dezember aber noch nicht vergleichbar mit den Angriffen auf westdeutsche Städte und auf Berlin. Auf den Theaterzetteln stand allabendlich die Mahnung: „Verdunkle sorgfältig! Ein Lichtschein kann die ganze Stadt gefährden!" So auch auf dem Programm am Freitag, dem 3. Dezember 1943, für die denkwürdige Aufführung des „1. Tags" des Rings des Nibelungen, der Oper Die Walküre von Richard Wagner.

Dieser Theaterabend wird mir aus einem entsetzlichen und unheimlichen Grund immer im Gedächtnis bleiben.

Wegen der Möglichkeit nächtlicher Fliegeralarme begann diese lange Vorstellung bereits am Nachmittag, und ich ging direkt von der Schule ins Theater. Die Geschichte Wotans und seiner Kinder zog mich voll in ihren unheilvollen Bann. Die beeindruckenden Sängerinnen Margarete Kubatzki (Sieglinde), die stimmlich und körperlich mächtige Margarete Bäumer (Brünnhilde) und die unvergeßlichen Sänger August Seider (Siegmund), Friedrich Dalberg (Hunding) sowie Willi Schwenkreis (Wotan), um nur einige zu nennen, bereiteten den Zuschauern einen außerordentlichen Theaterabend.

Ich habe keine weitere Aufführung dieser Oper in Leipzig gesehen, aber an diesem Abend, das spürte ich, war ich Zeuge eines ganz und gar unge-

Ruine des Neuen Theaters

wöhnlichen, auf eine unerklärbare Weise feierlichen Theaterereignisses. In meinem Reclam-Textbuch aus dem Jahre 1942 hatte ich gelesen, daß nach Wagners Meinung in der Dichtung „ein solcher Superlativ von Leid, Schmerz und Verzweiflung" ausgedrückt sei, daß für ihn, komponierend, die „reine Verzweiflung schöpferisch war". Davon war in dieser Aufführung etwas zu spüren. Mir kam es vor, als wollten die Sänger und Sängerinnen ihr Letztes geben, und das Flair einer unheimlichen Bedrängnis und Erhabenheit, eines Schmerzes und einer tragischen Größe verbreitete sich im Zuschauerraum. Die Beifallsbekundungen waren damals nach jeder Oper herzlich und anhaltend, an diesem Abend aber war der Applaus geradezu frenetisch. Das Publikum zwang die Darsteller immer wieder vor den eisernen Vorhang, hinter dem soeben in beeindruckender Weise eine bühnentechnische Meisterleistung den letzten Akt beendet hatte. Wotan schläfert seine Tochter Brünnhilde ein und umgibt sie mit der Waberlohe, einem gewaltigen Feuer, damit niemand zu ihr gelangen kann. Auf der Bühne war natürlich jeder Gebrauch von Feuer (wie etwa das Anzünden einer Zigarette mit einem Streichholz) nur unter allerstrengster Aufsicht der Feuerwehr gestattet. Die Leipziger Bühnentechniker hatten sich für die Waberlohe ein außergewöhnliches künstliches Feuer ausgedacht: nach oben züngelnde Stoff-Fetzen, effektvoll rot und grellweiß beleuchtet, mit starken dunklen Rauchschwaden im oberen Bühnenbereich: ein unvergeßlicher Eindruck. Es schien, als ob die ganze Bühne in Flammen stünde. Und was für eine Musik!

Ganz unter dem Eindruck einer fast vollkommenen Theaterillusion, wie sie Wagner wohl beabsichtigt hat, standen die Zuschauer nach der Vorstellung vor dem Opernhaus und versuchten sich in der Wirklichkeit zurechtzufinden.

Es war ein unfreundlicher, kalter und sehr dunkler Dezemberabend. Die abgeblendeten Straßenbahnen sammelten die Leute schnell auf. Ich wollte nach diesem Erlebnis allein sein und ging bis zu unserer Wohnung nach Möckern zu Fuß. Die Läden hatten längst geschlossen. Auf den Straßen begegnete ich nur selten einem Menschen. Es war sehr still, wie in einer Geisterstadt. Mir war unheimlich zumute. Nach einiger Zeit fing ich an zu frieren. Erst da löste sich der seltsam bedrückende Zauber, den diese Aufführung der Walküre auf mich ausgeübt hatte: Ich dachte an die Schulaufgaben für den nächsten Tag und lief schneller.

Schlafen konnte ich in dieser Nacht nicht lange. Kurz nach Mitternacht gaben die Sirenen Fliegeralarm. „Feindliche Flugzeuge im Anflug auf Leipzig", meldete das Radio. Es muß zwischen 2 und 3 Uhr am Morgen des 4. Dezember gewesen sein, als die Detonationen der Bomben zu hören waren. Das Ausmaß der Zerstörungen war uns nicht bekannt, und ich fuhr morgens mit dem Fahrrad in die Schule zur Nordstraße. Das Gebäude war nicht mehr betretbar, die Turnhalle ausgebrannt, und in dem Dachgeschoß züngelten die Flammen. Von der Silhouette der Innenstadt war durch den Rauch brennender Häuser nichts zu sehen. Es sei der bisher schlimmste Angriff auf die Stadt gewesen, sagte ein Lehrer, und im Zentrum brenne es in jeder Straße.

Die Waberlohe, dachte ich mit Entsetzen, die Waberlohe! Ich drängte mich an brennenden Häusern vorbei und kam durch verrauchte stinkende Straßen zum Augustusplatz. Die Oper, was ist mit der Oper? Das Theater, auf dessen Bühne ich wenige Stunden zuvor dieses unvergeßliche Feuer gesehen hatte – es stand in hellen Flammen. Die Holztüren und Fensterrahmen waren längst niedergebrannt, durch die hohlen Öffnungen sah man Kronleuchter wie Eiszapfen herabschmelzen. Ein Anblick des Grauens!

Die letzte Oper in Leipzig: „ein Superlativ von Leid, Schmerz und Verzweiflung". Wenige Stunden danach: Leid, Schmerz und Verzweiflung.

Kampf um das Schletterhaus

Auszug aus einem Schreiben des Betriebsluftschutzleiters Gustav Schmeil

Ich will Ihrem Wunsche gern entsprechen und über meine Erfahrungen auf meinem Leipziger Posten berichten. Der Bericht erstreckt sich nicht auf das Hauptgebäude des Polizeipräsidiums, sondern auf das Schletterhaus, in dem die Abteilungen III und IV, das Fundamt, zwei Kommissariate der Staatlichen Kriminalpolizei und der Gewerbeaußendienst untergebracht sind.

Das Schletterhaus ist ein Inflationsbau, es hat zwei Kellergeschosse, ein Erdgeschoß, ist sechs Stockwerke hoch und wird von einem kleinen Turm gekrönt. Geschlossene Bauweise an der dicht belebten Petersstraße, mit der kleinen Front nach der Petersstraße und der großen Front nach dem schmalen Sporergäßchen. Äußerst feuergefährdete Nachbarschaft durch die am Sporergäßchen angebauten althistorischen Gebäude des Thüringer Hofes, eine Anhäufung von jahrhundertealten Fachwerkbauten. Gegenüber meinem Dienstgebäude, nur getrennt durch die etwa drei Meter breite Sporergasse, steht der jahrhundertealte Barockbau des Haushaltgeschäftes Kühn, daneben standen bis zur Katastrophe zwei alte Häuser, die in den Grundstücksakten bereits im Jahre 1876 als überaltert und baufällig bezeichnet wurden. In diesen beiden Grundstücken befanden sich bis zuletzt noch Wohnungen, außerdem aber die Schneeschuhwerkstatt des Geschäftes Kühn mit großen Holzvorräten und Tausenden von Büchsen Schneeschuhwachs. In dem unteren Keller haben wir zwei Befehlsstellen, einen Sanitätsraum, drei getrennte Luftschutzräume, die Keller des Fundamtes usw.

Mauerdurchbrüche konnten nur in einem einzigen Fall angebracht werden, und zwar von der Hauptkellertreppe nach dem Nachbargrundstück der Petersstraße. Ich lege auf Durchbrüche großen Wert und habe dafür Sorge getragen, daß die Truppführer nicht nur den Mauerdurchbruch zum Nachbargrundstück kennen, sondern darüber hinaus auch zu den weiteren Grundstücken. Es ist bei der Katastrophe vorgekommen, daß Hausgemeinschaften ganze Häuserblocks durch die Mauerdurchbrüche passiert haben, um in weniger gefährdeten Straßenteilen ins Freie zu gelangen.

Die Kellerräume sind mit elektrischem Licht ausgestattet, jedoch halte ich eine Anzahl von Sturmlaternen, wie sie bei Straßensperrungen verwendet werden, mit Petroleumfüllung bereit.

Als am 4. Dezember gegen 4 Uhr früh die Sirenen heulten, glaubten wohl manche noch an den Rückflug verspäteter Flieger. Wir wurden eines anderen belehrt. Welle auf Welle feindlicher Flieger dröhnte heran, und plötzlich war die Hölle los. Wachhabender in jener Nacht war Amtsgehilfe Fischer in Vertretung des beurlaubten Angestellten Erfurth. Wachleute waren zwei Vollzugsbeamte, ferner Fräulein Schulpig vom Fundamt, ein Angestellter Schäfer von Abteilung III, ein 16jähriger Lehrling Alexander und der 64jährige Inspektor Siebert, im großen und ganzen eine schwache Besatzung. Außerdem hatte sich am Abend vorher ein Kellner des Kaffeehauses Centra zum Dienst gemeldet, der aber beim Alarm verschwunden war. Zum Dachposten waren Hauptwachtmeister Tabbert vom Gewerbeaußendienst und der Lehrling Alexander eingeteilt. Gleich beim ersten Angriff

Thüringer Hof, Burgstraße

fiel eine Stabbrandbombe auf das Grundstück. Ringsum fielen Tausende von Brandbomben, Hunderte von Phosphorbomben und Sprengbomben. Die Posten hatten den Einschlag bemerkt. Der beherzte Tabbert und der Hw. Burgold sind während des Angriffs auf das Dach hinausgeklettert und haben die unter dem Dach schwelende Brandbombe herausgehackt. Das im Obergeschoß bereitliegende Material – Axt und Spitzhacke – hat sich also bewährt. Der glimmende Rest wurde mit einem Eimer Wasser und einigen Sandtüten abgelöscht. Die Sache sieht einfach aus, wenn nicht das Toben ringsum gewesen wäre. Im Grundstück des Friseurs Balke, dem übernächsten Grundstück nördlich von uns, sowie dem Kaffeehaus Drei Könige, dem übernächsten Grundstück südlich von uns, waren Phosphorbomben niedergegangen, in anderen Grundstücken wohl auch. Etwa fünf Grundstücke südlich von uns in Richtung nach dem Königsplatz zu fiel eine Sprengbombe in ein Geschäftsgrundstück, die das Gebäude zum Einsturz brachte. Die dortigen Einsatzkräfte mögen teilweise genauso eifrig gewesen sein und gelöscht haben, in vielen Fällen waren sie machtlos, wenn es an allen Ecken und Enden zugleich brannte und das Abwehrgerät zu schwach war. Gleich in der ersten Minute fiel die Wasserleitung aus. Ich habe es auf der Straße gesehen, daß auf eine Fläche von etwa 16 Quadratmetern vier Brandbomben gefallen waren, gleich daneben eine Sprengbombe und Phosphorbomben. In solchen Fällen ist m. E. wenig zu machen, wenn die Bomben in Wohngrundstücke fallen.

Der erste Angriff war abgewehrt, jedoch trat die eigentliche Gefahr erst noch auf, weil es überall in der Nachbarschaft brannte und die Feuer sich zu Flächenbränden entwickelten. Ich bin sofort nach dem Nachlassen des Angriffs von meinem Wohnort Knautkleeberg nach der Dienststelle gefahren, mußte wegen Sprengtrichtern, herabgerissenen Oberleitungen und brennenden Häusern einige Umwege machen, traf aber trotzdem noch während der Dunkelheit in der Dienststelle ein. Ich konnte noch durch die Burgstraße und das Sporergäßchen bis an das Grundstück heranfahren, kurz darauf waren beide Straßen wegen des Feuers unpassierbar geworden. Sie wissen, daß dem Schletterhaus gegenüber das große Warenhaus Althoff, das Kaffeehaus Gnant und anschließend große Geschäftshäuser, z.B. die Wollwarenhandlung Herold und Wilhelm, standen. Gegenüber an der Sporergasse liegt das Haushaltgeschäft von Kühn, Wand an Wand das Geschäftshaus Woolworth mit dicht bewohnten Hintergebäuden im Fachwerkbau. In der Sporergasse wohnen wir unmittelbar Wand an Wand mit dem Hinterbau des Grundstückes Woolworth und dem Thüringer Hof. Bei meinem Eintreffen brannte Althoff in dem alten Anbau am Neumarkt, ferner die Bäckerei Kämpfe in der Petersstraße und das Textilhaus Ebert südlich des Kaffeehauses Drei Könige. Weiter brannten verschiedene Grundstücke in der Burgstraße. Das Neue Rathaus brannte im Dachstuhl, das bekannte Hufeisen und die katholische Kirche am Martin-Luther-Ring brannten. Das große Eckhaus am Reichsgerichtswehr stand in hellen Flammen. Im übrigen brannte Leipzig an tausend Stellen.

Durch das Feuer entstand der berüchtigte Feuersturm. Der Sauerstoff wurde durch das Feuer angerissen, es entstand schärfster Luftzug, der sich zu einem heftigen Sturm entwickelte. Im Schletterhaus trafen nach und nach mein Stellvertreter, zwei weitere Vollzugsbeamte, der Schwerkriegsbeschädigte Groth, der 67 Jahre alte Inspektor Nötzold und sogar eine weibliche Angestellte, Fräulein Pampel, ein. Der Kellner des Kaffeehauses Centra hatte sich verdrückt, ich habe inzwischen Strafanzeige gegen ihn erstattet. Ein Kriminalbeamter von dem im Schletterhaus arbeitenden Kommissariat stand untätig an der Haustür. Er rückte ab, als die Gefahr größer wurde, „um Vermißte zu suchen". Auf meiner Fahrt zur Dienststelle hatte ich die Größe der Gefahr erkannt. Es dauerte auch gar nicht lange, bis die Feuer, die an sich schon über Entstehungsbrände hinaus gediehen waren, sich zu Großfeuern entwickelt hatten und näher auf das Schletterhaus zukamen. Ich hatte inzwischen die Männer daraufhin überprüft, daß jeder ausreichendes Abwehrgerät bei sich trug, mit Stahlhelm und Gasmaske ausgerüstet war (einige hatten die Gasmaske in der Hitze des Gefechts nicht bei sich gehabt) und daß das Abwehrgerät von den zentral gelegenen Treppenabsätzen an die Einsatzstellen geschafft wurde. Gegen 9 Uhr, also mehr als vier Stunden nach dem Angriff, fing Althoff in vollem Umfang an zu brennen. Gegen 11 Uhr sprang das Feuer auf das Kaffeehaus Gnant über, von da etwa 12.30 Uhr auf das Wollwarengeschäft von Herold und Wilhelm und lief dann weiter nach dem Markte zu. Das vierstöckige Haus von Herold und Wilhelm war in knapp dreiviertel Stunden vollkommen niedergebrannt und zusammengestürzt. Die Heftigkeit des Feuers nahm immer mehr zu. Ich setzte in jedem Stockwerk einen Mann, im zweiten Stockwerk die weibliche Angestellte Fräulein Pampel ein, die die Fenstervorhänge herabrissen, die Schreibtische und Aktenständer in den Hintergrund der Zimmer rückten und die Fenster unter Kontrolle hielten. Im Erdgeschoß stand ein Vollzugsbeamter. Als die Schaufenster mit Donnerschlag barsten, flogen die Gardinen wie Sturmfahnen in den Funkenregen hinaus. Ich habe mit dem Vollzugsbeamten unter Zuhilfenahme von Einreißhaken sofort die Gardinen heruntergerissen, die Schaufensterauslagen (Fahnen und Papier) beseitigt und die Polstermöbel in den Hintergrund des Raumes geschoben. Fortlaufend mußte dann mit Feuerpatschen gearbeitet werden, daß der Fußbodenbelag nicht in Flammen geriet. Die Fenster der oberen Stockwerke mußten laufend kontrolliert werden. Sie waren glühend heiß. Verschiedentlich haben wir die Scheiben naß gemacht. Es sind keine allzugroßen Fensterschäden eingetreten. Daß im Grundstück schätzungsweise 150 Fensterscheiben in die Binsen gegangen sind, ist nicht so schlimm. Ob das Kühlen der Fensterscheiben unbedingt notwendig war, will ich nicht entscheiden. Die Hitze war teilweise so groß, daß sich der Kitt aus den Rahmen löste und die Scheiben einfach herausfielen. In den Stockwerken über uns hatten verschiedene Privatbetriebe uns keine Schlüssel überlassen. Ich habe die Türen der Büros mit Axt und Brechstange einfach zerschlagen, um die Räume unter Kontrolle zu bekommen. Vorwürfe sind mir von den Geschäftsinhabern in keinem Falle gemacht worden. Inzwischen brannte auch das Meßhaus Petershof, in dem sich das Kino Capitol befindet, lichterloh. Auch der Thüringer Hof und die Hintergebäude des Woolworthschen Grundstückes brannten an allen Ecken. Wir waren also ringsum vom Feuer eingekreist. Äußerst kritisch wurde es, als die alten Fachwerkhäuser an unserer Rückfront brannten und der Funkenregen durch die vollkommen zerbrochenen Scheiben in das im sechsten Stockwerk gelegene Fotoatelier des Lichtbildners Stenzel schlug. Wir haben die Fenster durch herausgehobene Türen und durch Luftschutzschilde teilweise versetzt, das Atelier ausgeräumt und ständig Posten gestellt, die die hereingeschlagenen Funken ablöschten. Von einem Balkon im vierten Stockwerk aus konnten wir den Dachstuhl des Woolworthschen Grundstückes, der 50 Zentimeter unter dem Balkon endete und in hellen Flammen stand, mit Einreißhaken bearbeiten und so die Ziegel schneller zum Fallen bringen, dadurch verminderten wir die Gefahr. Im fünften Stockwerk hielt unser alter Kamerad Siebert viele Stunden lang allein die Wohnung des Hausmeisters Funke, während vor den Fenstern die Flammen lohten. Auf dieser Grundstücksseite war schwerste Gefährdung. Stundenlang mußten die Männer in Rauch und Hitze aushalten. Die Gasmaske mußte schätzungsweise fünf Stunden lang getragen werden.

Als das Feuer vom Meßhaus Petershof auf zwei alte ehemalige Bordelle in der Sporergasse, etwa drei Meter unserer Dienststelle gegenüber, übersprang, wurde die Lage für die nach der Sporergasse zu gelegenen Räume ungemütlich. Ich setzte die inzwischen matt gewordenen schwächeren Kräfte zu zweien ein, ließ die einzelnen Zimmer auf die Korridore ausräumen und die Zimmer unter Beobachtung halten. Noch immer sehe ich unseren alten Kameraden Siebert vor mir, wie er – es war inzwischen wieder Nacht geworden – in der Zimmertür saß, das Strahlrohr der Spritze in der Hand, neben ihm Fräulein Pampel, bereit, beim ersten Hereinschlagen der Flammen mit dem Löschen zu beginnen. In drei Meter Entfernung vor den Fenstern brannte noch die Schneeschuhwerkstätte Kühn mit Tausenden von Büchsen Schneeschuhwachs! Wir haben von uns aus das Hauptgebäude von Kühn unter Wasser gehalten und haben es tatsächlich erreicht, daß sich die Gewalt des Feuers an zwei eisernen Verbindungstüren zum Hauptgebäude brach. Besonders wichtig war, daß wir die Verdunklungseinrichtungen, die aus den zerbrochenen Fenstern des Hauptgebäudes Kühn wehten und die im Funkenregen eine besondere Gefahr bildeten, mit Einreißhaken herabrissen und die Fensterscheiben naß hielten. Ich war mir klar darüber, daß wir uns in großer Gefahr befanden. Gegen 13 Uhr waren die letzten Leute aus der

Nachbarschaft – Haushaltgeschäft Kühn – geflohen. Wir waren die letzten Menschen in der brennenden Petersstraße. Trotzdem war ich zuversichtlich. Gegen 11 Uhr hatte ich den alten Inspektor Nötzold mit Meldung nach dem Präsidialgebäude geschickt. Er war durch die Flammen zurückgekommen. Später schickte ich den Hw. Tabbert nochmals mit Hilfeersuchen nach dem Präsidium. Auch er kam zurück. Gegen 13 Uhr bin ich selbst durch die Preußergasse nach dem Neumarkt zu gegangen, um die Feuerwehr herzuholen. Die Feuerwehr kam nicht. Die Schläuche, die im Neumarkt herumlagen und die ich der Feuerwehr klaute, stammten von einer auswärtigen Wehr und schlossen an dem Hydranten gegenüber unserem Hause nicht. Außerdem war auch kein Wasser mehr in der Leitung. Gegen 15 Uhr bin ich nochmals losgezogen nach der Nikolaiwache, um Hilfe zu erbitten – vergebens. Wir waren also vollkommen auf uns allein gestellt. Ich wußte aber, daß uns, wenn auch unter Gefahr, ein Fluchtweg nach dem Königsplatz zu offen stand. Der Weg nach dem Markte zu war von mir gegen 15 Uhr noch passiert worden, er wurde unpassierbar durch Feuer und einstürzende Gebäude. Gegen 18 Uhr fingen die alten Gebäude in der Preußergasse an zu brennen, so daß auch dieser Weg nicht mehr begangen werden konnte, weil die Trümmer auf die Straße fielen. Die Sporergasse war schon in den Morgenstunden unpassierbar geworden. Wir mußten also warten und aushalten, bis an einem Punkte das Feuer nachließ. Diese Verantwortung gegenüber dem Leben meiner Kameraden war mir an diesem Tage wohl das Schwerste. Ich wußte aber, daß wir bei einiger Beherztheit doch herauskommen würden, auch wenn es ganz schlimm werden würde.

Bemerken muß ich noch, daß bei unserer Arbeit kein Wasser in die Leitung der oberen Stockwerke mehr lief. Lediglich im untersten Keller kam noch Wasser aus der Leitung. Wir mußten das Wasser bis zu drei Stockwerken (zwei Kellergeschossen und sechs Obergeschossen) hochtragen. Zunächst hatten wir noch elektrisches Licht, wir hätten den Fahrstuhl zum Transport benutzen können. Ich habe jedoch die Benutzung des Fahrstuhls verboten, da ich jeden Augenblick mit dem Wegfall des elektrischen Stromes rechnen mußte. Dieser Fall trat dann auch gegen Mittag ein. Wir wären gegebenenfalls im Fahrstuhlschacht eingeschlossen gewesen und hätten große Gefahr ausstehen müssen, weil sich die Türen nicht öffnen lassen, wenn der Fahrkorb nicht genau an einem Stockwerk hält. Obwohl es Mittag war, mußten wir in den Zimmern, die nicht direkt durch das Feuer erhellt wurden, Licht brennen, weil die ungeheuren schwarzen Rauchwolken den Himmel vollkommen verdunkelten.

Am Abend brannten die Grundstücke Althoff, Gnant und Herold und Wilhelm nicht mehr so stark, sie waren entweder ausgebrannt oder eingestürzt. Der Thüringer Hof war vollkommen niedergebrannt, die Häuser in den Grundstücken der Sporergasse niedergebrannt und eingestürzt. Wir haben in der Sporergasse noch die Trümmer, die gegen unser Haus gestürzt waren und bei uns Fenster einschlugen, beseitigt.

Gegen 20 Uhr wurde die Lage unerträglich. Wir hatten keinen Sauerstoff mehr. Wohl tranken wir das verrußte und schmutzige Wasser aus den Kübeln und Eimern, teilten uns den letzten Apfel, es half nichts. Die Männer erbrachen sich, schwarzer und grüner Schleim kam aus dem Munde. Die Augen brannten. Verschiedene Männer hatten Schwindelanfälle, doch keiner meckerte, obwohl der eine oder andere erklärte, daß wir uns auf verlorenem Posten befänden. Dann kam mein Stellvertreter und stellte mir vor, daß die Lage unhaltbar geworden sei und daß alle Einsatzkräfte am Ende ihrer Kraft seien. Ich weiß, daß mein Stellvertreter Kamerad Thaßler ein Mann ist, der bis zum letzten aushält.

Ich habe gehofft, daß das Grundstück nicht mehr vom Feuer erfaßt werden würde, mußte aber befürchten, daß irgendwelche unglücklichen Umstände vielleicht doch noch auf das Grundstück einwirken würden, um es zu vernichten. In dieser entscheidenden Stunde mußte ich mich fragen, was wichtiger war, das Gebäude oder die Menschen. Für das Grundstück hatten wir das Menschenmögliche getan. Die Menschen waren nicht mehr abwehrfähig. Hilfe von auswärts war trotz dringenden Ersuchens nicht herangekommen. So mußte ich denn den Räumungsbefehl geben, indem ich selbst jeden einzelnen Mann von seinem Posten abholte. Wir hatten teilweise die Gasmasken auf, verschiedene Gefolgschaftsmitglieder hatten sich Decken über den Kopf gezogen.

Im Präsidium meldete ich mich bei unserem General und bei Herrn Regierungsdirektor Dr. Ebbeke. Ich mußte ihnen melden, daß wir das Schletterhaus aufgegeben hatten. Mir wurde deshalb kein Vorwurf gemacht.

Am nächsten Morgen war ich noch in der Dunkelheit wieder an der Petersstraße, kletterte über die Trümmer in meine Dienststelle und fand sie unversehrt!

Draußen ging das Inferno weiter

Brief von Willy Hartung an seinen Sohn Werner

Lieber Werner!

Deinen Brief vom 5. Dezember brachte uns Mutter, und ich nehme an, daß Du inzwischen auch von uns Nachricht erhalten hast. Ich will Dir nun nochmal schildern, wie es uns ergangen ist.

Früh gegen halb 4 Uhr ertönte plötzlich die Sirene. Wir dachten schon, was kann wohl um diese Zeit noch groß kommen, zogen uns aber schnell an und gingen in den Keller. Da ging es auch schon los. Die Mutti war gerade im Keller unten, als schon in unserer Nähe die ersten Sprengbomben hinter der Überführung an der Ecke der Petzscher Straße fielen. Die Detonationen waren sehr stark. Wir machten im Keller alles fertig. Plötzlich ging nach einer starken Detonation das Licht aus. Sofort die Kerzen an. Draußen kleine dumpfe Schläge der Brandbomben. Ein Knall im Hausflur. Wir warteten noch einige Minuten. Es war kurz nach 4 Uhr, da gingen Hermerschmidt und ich ins Haus hoch. Auf der Straße und gegenüber ein Flammenmeer. Örtel und Uhlmann brannte lichterloh. Dadurch war es im Hause sehr hell. Als wir die Treppe hochkamen, brannte es auf dem obersten Treppenpodest. Ich schnell eine Sandtüte darüber, Hermerschmidt einen halben Eimer Wasser drauf, und dann bin ich schnell in den Keller und habe die Schaufel geholt, weil der Herd wieder aufflackerte. Nochmals Sand drauf und Wasser, durcheinandergeschaufelt. Da war es aus. Jetzt gingen Claus und ich auf den Boden. Da brannte hinten über Steigers nach der Straße zu ein Dachbalken und außerdem ein Stück Diele. Das haben wir auch gelöscht. Gegenüber lag eine Brandbombe auf dem Dach, hatte ein Stückchen vom Dach und aus der Hausmauer herausgerissen und brannte auf dem Dach aus. Dann rief Claus plötzlich, daß auf der Seite von Hermerschmidts ein Loch im Dachboden wäre. Da war eine Brandbombe durch und glücklicherweise in dem blauen Ofen bei Hermerschmidts gelandet und darin ausgebrannt. Dann sind wir durch alle Wohnungen gegangen und haben kontrolliert, ob etwas brennen würde. Draußen ging unterdessen das Inferno weiter. Die Hitze war so groß, daß die Türfenster sprangen und die Außenfenster rissen, denn die Flammen schlugen bis an das Haus heran. Auf dem Boden war starker Funkenflug. Öfter mußte das Gebälk abgespritzt werden. Claus ging zu Pörsch, und wir sahen mal hinaus. Da brannte

Gebäude der ADCA, Ecke Brühl/Goethestraße

es bei Hills oben im Haus, dann noch ein Haus. Steigers Druckerei, bei Stadelmanns im Hause, unten in der Kanalstraße, die Villa von Örtel, Bleichert, der gesamte Freiladebahnhof. In der Blochmannstraße waren überall Brandbomben in die Böden und oberen Wohnungen gefallen und haben kleine Brände verursacht. Ich war dann noch in der 17, wo oben der Dachboden brannte. Claus bei Doktors im Hause, wo oben eine Wohnung brannte. Konnte auch gelöscht werden. Als es ruhig geworden war, gingen Hermerschmidt und ich mal an die Ecke Delitzscher Straße bis zum Chausseehaus die halbe Straße und durch die Kanalstraße zurück. Überall brannten Häuser. Auch waren eingestürzte da. Über der ganzen Stadt lag ein großer roter Schein. Wir haben in der Blochmannstraße tüchtig zugegriffen und sind so der Brände Herr geworden. Leider sind in unserer Nähe viele Häuser ausgebrannt. Es sind aber auch viele Brandbomben gelöscht worden. Bei unserem Haus lagen verschiedene ausgebrannte Stabbrandbomben auf der Straße und hinten im Hof. Aber nicht bloß bei uns, sondern die ganze Straße entlang.

Am Morgen ging ich nach der Großmarkthalle. Nur durch Brandruinen. Der Qualm und der Funkenregen waren so stark, daß man keine 50 Meter weit sehen konnte. Die ADCA brannte lichterloh. Das ganze Zentrum bis auf einige kleine Reste ist nur Ruinen. Große Sprengtrichter überall. Aber nicht nur im Zentrum, sondern überall war schwerer Brandschaden und viele Ruinen. Naumanns Haus hatte einen halben Volltreffer, nur noch Ruine. Sind nach Marienberg. Die Kliniken sind zerstört. Die Tierkliniken nur noch Ruinen. Die Kuppeln der Großmarkthalle stehen noch. Wenn ich jetzt jeden Morgen gehe, dann führt mich mein Weg nur noch zwischen Brandruinen nach der Großmarkthalle. Wir haben dort in einer Bude einen kleinen Raum organisiert. Die Hotels am Bahnhof, der Brühl, Grimmaische Straße, Uferstraße, Universität usw. alles Ruinen. Ich kann Dir nicht alles beschreiben. Es ist so, als ob im Weltkriege eine große Stadt zerschossen wäre. Der Süden hat vor allen Dingen schwer gelitten, und bei uns im Norden ist es fast genauso.

Johanniskirche, Matthäikirche, Reformierte Kirche und alles (Listschule), was in der Nähe und weiteren Entfernung davon liegt: alles zerstört. Die Züge fahren nur von Leutzsch, Wahren, Wiederitzsch, Lindenau, also von den Vorortrandbahnhöfen. Seit gestern auch vom Hauptbahnhof nach Dresden und Chemnitz. Alles strömte natürlich aus der Stadt heraus. Auf dem Augustusplatz steht bei den Ruinen der Hilfszug Fuchs und gibt Essen aus. Ein Postauto verkauft dort auch Marken. Die Straßenbahn fährt mit einigen Wagen von den Vororten, soweit es geht. Die 14 und 16 bis Roscherstraße von Wiederitzsch. Überall ertönen nun die Sprengschüsse, da man die Ruinen wegen Einsturzgefahr sprengt. Da sind dann öfter ganze Straßenzeilen und Viertel gesperrt. Vorhin ging in der Nähe noch ein Blindgänger hoch. Es liegen noch viele herum. Viele Feuerwehren waren hier eingesetzt. Es war aber fast gar kein Wasser da. Elektrisches Licht brannte bei uns bald wieder. Wasser nur im Waschhaus – einen Tag bei Dr. Schönekeß – jetzt läuft es wieder überall. Gas gibt es noch nicht. Die Mutti kocht auf dem Herd.

Auf den Straßen liegen überall die Reste abgebrannter Brandbomben und Phosphorbomben. Jetzt liegt etwas Schnee darüber. So, das mag Dir vorläufig genügen. Es wird einige Zeit dauern, ehe man sich an den Anblick der Stadt gewöhnen wird. Hoffentlich dauert Euer Aufenthalt nicht mehr so lange.

Viele Grüße Dein Vater

Da waren die Tommys schon über uns

Bericht von Renate Löhr, Schülerin, 10 Jahre

Am frühen Morgen des 4. Dezember heulten die Sirenen durch die Stadt. Notdürftig zogen wir alles an und liefen, wie wir es schon immer taten, zu meiner Oma, die in unserer Anwesenheit immer beruhigter ist. Die meisten Leute standen rasch auf, viele aber dachten: „Ach, viel wird um diese Zeit nicht werden." Aber es blieb nicht beim bloßen Alarm, der Gegner setzte zum Großangriff auf Leipzig an. Wir waren gerade angekommen, da fielen schon weiter von uns entfernt die ersten Bomben. Schnell rafften wir unseren Rucksack, unsere Tasche mit Essigflasche, Tüchern und Lebensmittel zusammen und sausten in den Keller. Aber da waren die Tommys auch schon über uns. Sie warfen eine Bombe nach der anderen und alle saßen sie. Fritzsche-Haker-Siege, Spamer A.G., das Elektrizitätswerk und mehrere Wohnhäuser bekamen Volltreffer. Schräg über von uns, in der Nostitzstraße fiel eine Luftmine nieder. Die die Grundstücke 19 und 21 mit Hinterhäusern in Trümmer legte. Dabei mußte eine unserer Klassenkameradin ihr junges Leben lassen. Auch unser Haus bekam sechs Stabbrandbomben aufs Dach. Vier wurden durch unsere tapferen zwei Männer am Dach gelöscht. Eine fiel durch das Dach durch, durch meiner Oma's Küche, in die darunter liegente. Der Sohn des Wohnungsinhabers sah die Bombe, die nun angefangen hatte zu brennen, liegen, schob sie auf die Kehrichtschaufel und warf sie zum Fenster hinaus und löschte die Brandstelle mit Wasser und Sand. Die sechste Brandbombe schlug fast zwei Stockwerke tief, blieb auf dem Potest liegen und fing dort an zu brennen. Mein Opa entdeckte sie, und da er keine Schaufel hatte, mit der er sie hätte zum Fenster hinauswerfen können, so nahm er Sand und schüttelte ihn auf die Brandbombe, und löschte weiter mit Wasser. Derweil die Männer und die jungen Frauen oben löschten, hielten wir es im Keller nicht mehr aus. Der Rauch wurde stärker und Feuerfunken hüpften durch die offenen Kellerfenster bis in den Kellergang. Wir machten die Taschentücher naß und hielten sie vor Mund und Nase. Der Durchbruch wurde aufgeschlagen, meine Mutti kroch durch und wollte sehen ob es nebenan besser wäre. Aber dort war es noch schlimmer, denn bei denen brannte der ganze Dachstuhl, den sie dann mit großer Mühe löschten. Nachdem der Angriff vorbei war, liefen wir zu unserer Wohnung hinüber um zu sehen was dort los

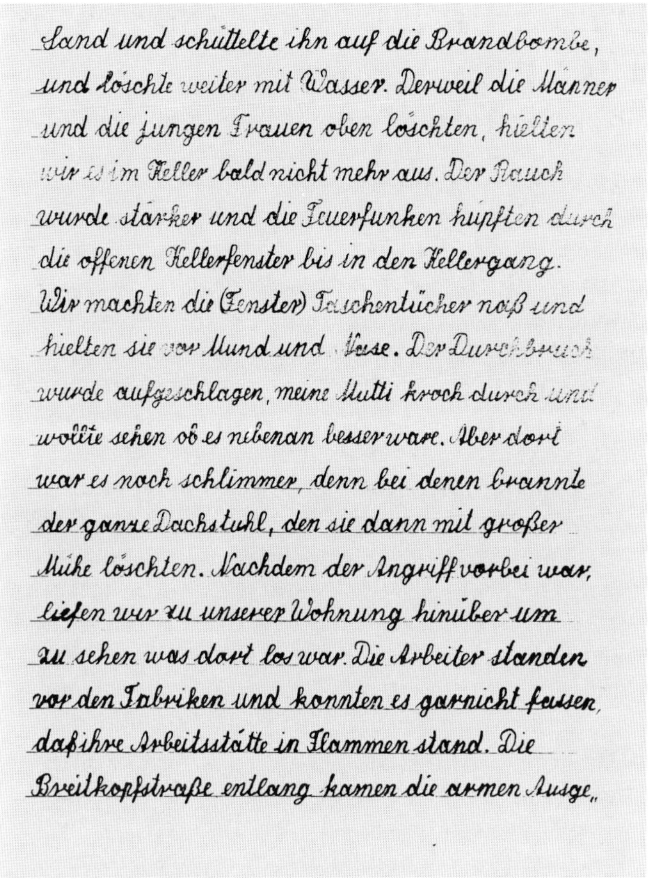
Sand und schüttelte ihn auf die Brandbombe,
und löschte weiter mit Wasser. Derweil die Männer
und die jungen Frauen oben löschten, hielten
wir es im Keller bald nicht mehr aus. Der Rauch
wurde stärker und die Feuerfunken hüpften durch
die offenen Kellerfenster bis in den Kellergang.
Wir machten die (Fenster) Taschentücher naß und
hielten sie vor Mund und Nase. Der Durchbruch
wurde aufgeschlagen, meine Mutti kroch durch und
wollte sehen ob es nebenan besser wäre. Aber dort
war es noch schlimmer, denn bei denen brannte
der ganze Dachstuhl, den sie dann mit großer
Mühe löschten. Nachdem der Angriff vorbei war,
liefen wir zu unserer Wohnung hinüber um
zu sehen was dort los war. Die Arbeiter standen
vor den Fabriken und konnten es garnicht fassen,
daß ihre Arbeitsstätte in Flammen stand. Die
Breitkopfstraße entlang kamen die armen Ausge-

Seite aus dem Bericht von Renate Löhr

war. Die Arbeiter standen vor den Fabriken und konnten es garnicht fassen, daß ihre Arbeitsstätte in Flammen stand. Die Breitkopfstraße entlang kamen die armen Ausgebomten mit ihren wenig geretteten Hab u. Gut. Viele Kinder kamen barfuß, im Schlafanzug nur eine Decke umgehangen. Unsere Wohnung selber war von Brandbomben verschont geblieben. Nur der Luftdruck hatte Mauerrisse verursacht. Als wir wieder bei meiner Oma waren, sahen wir was die vielen Bomben angerichtet hatten. Die lange Wand welche die Wohnung vom Boden trennt drohte einzustürzen. Lampe, Spiegel, Tassen u. Fenster mit Rahmen waren entzwei. Meine Tante war auf Umwegen von der Reitzenhainerstraße hergekommen um nach uns zu sehen. Deren Haus war auch wie durch ein Wunder stehen geblieben.

Gegen Mittag wollten meine Mutti und ich in die Klinik in der Nürnbergerstraße, wo Mutti gearbeitet hatte. Als wir durch den Tunnel wollten, sahen wir großes Elend. Viele Ausgebomte saßen darin, den Schrecken der vergangenen Stunden noch auf den Gesichtern.

Am Kinderkrankenhaus kamen die Eltern mit ihren halbangekleideten kranken Kindern. Zwei, drei Kinder im Wagen und hüben und drüben noch eins an der Hand. Bis zum Ostplatz kamen wir, doch da konnten wir nicht weiter. Das Sperrkomando kam und wir mußten wieder umkehren. Die Schreckensnacht am 4. Dezember 1943 wird uns unvergeßlich bleiben.

Unser Haus steht noch

Tagebucheintragung von Luftwaffenhelfer Hans-Peter Hammer, abends nach dem Bombenangriff am 4. Dezember 1943

Wir Luftwaffenhelfer der Flak-Batterie in Lindenthal bekamen nach dem Angriff in der Nacht Tagesurlaub, um nach unserem Zuhause in Leipzig zu schauen.

Es ist grauenvoll!

Als ich heute mittag in die Stadt fuhr, lag schon in der Planitzstraße der Turm und Giebel eines Hauses quer über der Fahrbahn. Ununterbrochen knirscht Glas unter den Fahrradreifen.

Viel zerstört in Gohlis. Hauptstraßen nicht befahrbar. Quer durchs Rosental.

Schlimm sah es in der Gegend Westplatz aus. Öd und leergebrannt. Unheimlich gähnen schwarze Fenster, qualmende Balken hängen drohend herab, oder das Haus glüht innen rot und stiebt Funken, oder es qualmt aus allen Fenstern schwarz heraus.

Als ich in unsere liebe alte Schule (Thomasschule) gehe, ist die Turnhalle nur eine schwarze Ruine, im Toreingang ein Schatten, rote, verquollene Augen, wie mit wildem Fleisch überwuchert, schwarzgebrannte Haut, verbrannte Bartstoppeln: Dr. Dittrich. Daneben quecksilbrig, jemand im Fliegerdress, um den Kopf, ein Auge zugebunden, ein dunkler Verband. Der Pü?

Alle Leute sehen um vieles gealtert aus.

Karl-Heine-Straße. Hier wohnen viele Klassenkameraden. Luftwaffenhelfer Teufel steht auf dem Flachdach und schippt Schutt vom Dach. Ich fahre weiter. An einem Baum hängt eine verbrannte Frau. Ich muß mein Rad über einen zwei Meter hohen Trümmerhaufen tragen, der den Weg zur Stadt versperrt. Obwohl aus den Nebengebäuden aus allen Fenstern spitze, rote Flammen züngeln, höre ich aus einem Fenster ohne Scheiben Geigenmusik.

Wie doch die Menschen an ihrem Liebsten hängen, leise schluchzend die Geige, noch nie klang Musik so schön. Dort auf einem Leiterwagen eine hämisch grinsende Buddhafigur, das rechte Gipsohr abgeschlagen.

Tierklinik, Zwickauer Straße

Die verschiedenen Mitglieder der Organisationen bilden Räumketten. Und Eimerketten. Militär wirft brennende Möbel auf die Straße. Am Johannapark eine Verpflegungsstelle, ein Zelt, mehrere Wagen mit Gulaschkanonen. Eine Frau im Pelzmantel löffelt aus einem verrosteten Topf dampfende Suppe. Weiter.

Eine Familie geht engumschlungen durch die Straßen. Das, was sie noch haben: ihre Angehörigen. Ein etwa 10jähriges Mädchen kniet vor den Trümmern eines Hauses, eine zerbrochene Vase umschlungen, weint. Am schlimmsten getroffen ist die Gegend Andreaskirche, vom Königsplatz bis Bayrischem Bahnhof, Liebigstraße. Kein Weiterkommen.

Wenn auch andere Viertel wie Westplatz usw. Bomben abbekommen haben, hier war doch kaum ein Durchkommen. Linnéstraße, Liebigstraße, rechts und links eine Flammenreihe. Menschen mit Handwagen holen ihre Kranken ab.

Das Zentrum ist vollkommen gesperrt.

Getroffen sollen sein Hauptbahnhof, (Café) Felsche, Neues Theater, Königsplatz schwer, Altes Theater eingestürzt. Die Universität in Trümmern. Es stinkt nach Qualm.

Am grauenvollsten sehen die Menschen aus. In zerrissene Lumpen gewickelt. Viele tragen eine Sturmbrille. Frauen mit Männerhosen, hier jemand im Schlafanzug. Kopftücher. Auf der Adolf-Hitler-Straße fahren Löschzüge, Dreiradautos mit roten Betten bepackt, Feuerwehr trillert widerlich. Sanitätsautos, grau mit einem großen roten Kreuz. Hier kann nur die eine Seite befahren werden.

Auf der freien Strecke der Kaiserin-Augusta-Straße, mitten zwischen den Schienen, kurz vor der Brücke, ein großer Trichter. Eine Bombe oder Luftmine. Je näher ich komme, um so schneller fahre ich. Der Kohlrabizirkus kaputt. Um die Bücherei, Tierklinik brennt es rot. Wie sieht es bei uns zu Hause aus?

Das Völkerschlachtdenkmal steht noch.

An der Tankstelle gegenüber dem Denkmal wird Benzin an alle ausgegeben. Sie haben das Wasserwerk offensichtlich wieder nicht getroffen. Dort ein Trümmerhaufen – das Haus von Ackerknechts; das neue Haus der „armen Leute", beim Wasserturm ist die Spitze beschädigt. Das Dreieck Gletschersteinstraße/Wasserwerk/Störmthaler Straße wie weggeblasen; eine Luftmine, die den Wasserturm treffen sollte!

Das gibt den Blick frei: Die 1 steht! Unser Haus, die Nummer 3, steht! Leere, schwarze Fenster. Alles raus? Ich komme hoch, Gott sei Dank!

Mutti und Jutta räumen gerade den Vorsaal auf.

Die Türrahmen sind rausgesprengt, alle Scheiben kaputt, Schränke angekratzt.

Aber sonst geht es.

Die anderen Häuser ...

Leergebrannt ist die Stätte,
Wüsten Sturmes wildes Bette.
Aus den leeren Fensterhöhlen
Schaut das Grauen.
Und des Himmels Wolken
schauen tief hinein.

Es wird schon dunkel. Zurück in die Batterie!

Ob sie heute nacht wiederkommen?

Mama weinte und betete
Auszüge aus dem Tagebuch von Charlotte Wittmar, verheiratete Angermann

21. Oktober 1943
Vergangene Nacht erlebten wir den ersten Luftangriff. Um 20 Uhr war schon Fliegeralarm. Dann schoß die Flak wie wahnsinnig. Draußen krachte es. Die Flugzeuge griffen im Tiefflug an. Bei uns klirrten die Scheiben. Dann ging das Feuerhorn: Es brannte. Bei Hellers und Vollstädts (unsere Nachbarn) brannten zwei Brandbomben (Stabbrandbomben). Herr Mothes und Manfred kamen. Wir löschten mit Sand. Bei uns sind die Fensterscheiben der Westseite zertrümmert, die Haustüren aus den Schlössern gedrückt. Das Dach ist auf der Südseite völlig beschädigt. Ich machte heute früh Bestandsaufnahme und fuhr erst mittags ins Geschäft. Auf dem Felde ging eine Sprengbombe nieder. Der Kra-

ter war drei Meter tief und zehn Meter breit. Phosphorbomben lagen wie gesät. Wir hatten auch eine im Garten. Die Hochspannung war gerissen. Bei uns war es mit am schlimmsten vom ganzen Ort. Mehrere Firmen waren betroffen. In den Randgemeinden Baalsdorf/ Paunsdorf sah es sehr böse aus. Der Himmel über Leipzig war rot. Die Zeppelinbrücke wurde getroffen.

Beim Angriff wimmerte, weinte und betete Mama. Ich konnte das einfach nicht. „Hilf dir selbst, dann hilft dir Gott", war meine Ansicht. Raus wollte ich, sehen, was los ist. Bin jetzt völlig breit. –

3./4. Dezember 1943
Meine Finger sind klamm, ich kann kaum schreiben. Wir haben heute nacht den ersten Terrorangriff auf Leipzig erlebt. Ich weiß nicht, was ich zuerst schreiben soll. Morgens gegen 3.45 Uhr gingen die Sirenen. Nach 15 Minuten begann der Angriff, ungefähr eine halbe Stunde Dauer. Unser Haus blieb unversehrt. Ringsherum brannten Brandbomben ab. Bei Wurzlers (gegenüber) traf eine Brandbombe die Schlaf- und Dachkammer. Alles vernichtet. In die umliegenden Häuser trafen Brandbomben, die schnell gelöscht werden konnten.

Um 7 Uhr wollte ich ins Geschäft. In der Siedlung sind hier noch zwei Häuser abgebrannt. Es gab auch Verletzte. In der Stadt brannte es überall: gegenüber der Anstalt, an der Flakstellung, Straßenbahndepot, Kaffee, Geschäfte Probstheidas, Junkerswerke, rechts und links an der Ausstellung, Frauenklinik, Lazarett usw. Wir fuhren mit dem Autobus durch Flammen immer im Kreis herum. Dann mußte alles in Rauch, Funken und Flammen aussteigen. Ein Weiterkommen war unmöglich. Wir fuhren zurück, hörten unterwegs, daß die Hauptpost getroffen sei. Es war furchtbar. Man kann alles kaum fassen, nicht schildern. Ins Geschäft kam ich nicht, weiß nicht, was weiter wird.

Am Abend des gleichen Tages:
Nachdem ich heute morgen zu Fuß aus der Stadt kam, half ich mit Inge Lehmann löschen und Wasser tragen bei Goldstein im Morgenblick, dessen Haus aber völlig ausgebombt war. Dann holte mich meine Mutter aus übertriebener Angst, mir könnte etwas geschehen.

Zu Hause ging dann die Arbeit weiter. Auf unserem Grundstück zählten wir zwölf Stabbrandbomben. Zwei davon am Stall. Ich räumte dann den Boden des alten Hauses völlig aus, brachte wertlose Dinge in den Garten. Dann packten wir noch alle halbwegs gebrauchsfähigen Kleidungsstücke und Mäntel in Körbe und Kisten und brachten diese in den Keller. Außerdem räumten wir zwei Betten in die Stube. Der Boden ist somit völlig frei, die Schlafzimmer bis auf unsere drei Betten ebenfalls von allem Wertvollen geräumt.

Auf der Straße ziehen Bombengeschädigte. Ein trauriger Anblick. Frau Bahndorf war hier. Sie selbst haben keinen Bombenschaden, aber in einiger Entfernung in Magdeborn ist ein Blindgänger niedergegangen, der für die Umgegend eine große Gefahr bildet.

Der Wehrmachtsbericht „Terrorangriff auf Leipzig, 28 Flugzeuge abgeschossen". Das erstemal, daß Leipzig erwähnt wird.

Dienstag 7. Dezember
Gestern unternahm ich nochmals den Versuch, ins Geschäft zu kommen. Der Autobus fuhr aber nicht. Ich fuhr mit dem Rad (von Auenhain, d. R.) über Markkleeberg nach dem Forsthaus Raschwitz. Von meinem Chef, der dort wohnte, erfuhr ich, daß zu meinem Leidwesen die Victoria noch stand. So fuhr ich dann in die Stadt. Durch die Linie ging es. Die Kaiser-Wilhelm-Straße war auch sehr beschädigt. Überhaupt: Unbeschädigte Häuser sind in Leipzig selten geworden. Mein Betrieb steht. Ich brauchte zwei Stunden, um dahin zu gelangen. Die Gottschedstraße ist verschüttet, von der Thomaskirche der Turm abgebrannt, die Innenstadt unpassierbar. In den Räumen unseres Betriebes fehlt Licht, Heizung, Wasser.

Drei Kollegen sind ausgebombt.

Mein Chef begann eine Tyrannenherrschaft zu errichten. Arbeiten war unmöglich. Viele hatten Fenster- und sonstigen Schaden. Keiner durfte die Ruinen verlassen. Trotz völliger Nutzlosigkeit mußten die bombengeschädigten Frauen im Betrieb Nachtwache machen, wovon sich natürlich die maßgeblichen unbetroffenen Herren zurückzogen. Auch mir wurde zugemutet, in den Betrieb zur Arbeit zu kommen. Ich sehe aber nicht ein, warum ich mir dort den sicheren Tod holen soll. Ich halte schon das Radfahren nicht aus, geschweige denn ein Arbeiten in ungeheizten Räumen.

Es ist nicht so, daß wir etwa nicht arbeiten wollten, im Gegenteil. Wir wollen dort helfen, wo wir dringend gebraucht werden. Das ist in der Victoria nicht der Fall.

Der Chef hat nur einen unbändigen Haß gegen sich heraufbeschworen. Fräulein Knauth tut mir leid, daß sie es wieder treffen mußte, ebenso die anderen.

9. Dezember
Heute war ich beim Arzt. Ins Geschäft brauche ich nicht zu gehen, solange der Autobus nicht fährt. Wäre ja auch! Heute schneits draußen. Ich stellte

heute noch fest, daß eine Brandbombe unser Dach getroffen hat, aber abgeprallt und neben das Kellerfenster gefallen ist. Eine nette Feststellung! Bei dem Angriff und danach habe ich mich wiedermals erkältet.

10. Dezember
Ich war heute wieder in Leipzig. Was ich da sah, hat mir ungefähr den Rest gegeben. Straßen bestehen teilweise nur aus Ruinen. Ich schrieb an Herrn Tränkner. Jetzt konnte ich nicht mehr. Jetzt war noch Alarm. Ich habe heute wirklich genug. Muß mich aber daran gewöhnen, die Nerven zu behalten.

14. Dezember
Heute ging ich nun wieder auf Achse. Der Autobus kam früh ewig nicht, so hielten wir ein Militärauto an. Im Geschäft sind zwar keine gemütlichen Zustände, aber man gewöhnt sich daran. Herrn Schumann und Stratmann hat es doch sehr erwischt beim Angriff.

Es wird jetzt in Leipzig so wie im Westen: Ein ausgestorbenes, aus Trümmern bestehendes Stadtbild, ohne Menschen.

17. Dezember
Ich arbeite wieder im Geschäft. Ich muß die Arbeit von Fräulein Knauth übernehmen. Alles hat sie verloren, was im Keller war, ist verbrannt. Verschüttet war sie auch. Es war grauenhaft. Sie ist jetzt in ihrem künftigen Anwesen in Eilenburg. Vor Arbeit kommt sie nicht zum Nachdenken, was sie alles verloren hat.

Heute schien zum erstenmal seit dem Angriff wieder die Sonne. Es sieht eigenartig aus, wie sie die Trümmer bescheint.

24. Dezember
Nachdem ich vorhin zwei Stunden geschlafen habe, ertönten die Sirenen. Ich war nicht überrascht, hatte es erwartet. Ich sprang sofort aus dem Bett. Zwei Stunden Alarm. Wir hörten, wie die Flieger über uns hinwegflogen, eine grauenvolle Gewißheit. Welche Stadt mag zum Weihnachtsfest wohl nun derartig heimgesucht werden?

Ausgebombt
Bericht von Dorothea Schmalz

Am 3. Dezember bin ich mit meinem vierjährigen Sohn in unsere Wohnung nach Leipzig, Große Fleischergasse 7, zurückgefahren. Wegen der vielen Bombenangriffe auf andere Städte sind wir längere Zeit bei meinen Eltern auf dem Lande bei Dresden gewesen. Am 4. Dezember mußte ich auch meinen Familienunterhalt holen. Mein Mann war eingezogen. Außerdem kursierte das Gerücht, daß, wenn der Wohnungsinhaber längere Zeit abwesend war, die Wohnung von Ausgebombten aus anderen Städten belegt würde.

Am 3. Dezember abends gegen 20.30 Uhr war schon mal Vorwarnung, und ich ließ den Koffer mit den nötigen Kindersachen im Keller. Dann brach um 3.30 Uhr am 4. Dezember die Hölle los. Nachdem ich meinen Sohn in den Keller gebracht hatte und schnell noch was aus der Wohnung holen wollte, kam mir auf halber Treppe meine Nachbarin entgegen und sagte, ich nehme Horst mit in den Bunker. Inzwischen kam auch schon der Hauptalarm. Mein einziger Gedanke, schnell hinter deinem Kind her. In Hast den Hauptlichtschalter der Wohnung ausgeschaltet und aufgeregt hinter den beiden her. Nur eine Tasche und die Gasmasken als Habe. Am Restaurant Bürgerhof habe ich sie eingeholt. Im Eilschritt auf den Bunker zu, der auf dem Richard- Wagner-Platz vor dem Kaufhaus Knoop war. Als wir die Bunkertreppe erreicht hatten, kam eine Bekannte von gegenüber (Große Fleischergasse 14) hinter uns her. Außer Atem, bleich, verängstigt stammelte sie zitternd: „Sie haben uns Christbäume gesetzt, wir sind heute dran." Und wie ich mich auf der Treppe umschaue, war draußen alles taghell. Die Leuchtraketen markierten die Angriffsziele für die Bomber. Und dann brach es über uns herein, das Inferno. Der Bunker erschütterte und dröhnte. Alle saßen wie versteinert und betäubt da. Ich war heilfroh, mit in den Bunker geflüchtet zu sein. Die engen Gassen und die viele Holzstruktur an und in den Häusern hat wie Zunder gebrannt. Das Haus, in dem mein Kaufmann Teichert wohnte, hatte hölzerne Treppenaufgänge vom Hof zu den Wohnungen. Das war das Gebäude Große Fleischergasse/Ecke Matthäikirchhof. Ebenso war das Gebäude beschaffen Große/Ecke Kleine Fleischergasse. Die Trägerbalken waren noch mit Verzierungen aus Holz versehen, an manchen solcher Balken rankte Klematis hoch.

Als die Bombardierung vorbei war, kamen Bewohner aus der Umgebung in den Bunker geflüchtet. Ich erinnere mich noch an eine Frau, die Phosphor an den Händen hatte. Sie kam aus dem Ranstädter Steinweg. Vor Schmerzen wollte sie die Hände mit Speichel bedecken, aber alles schrie, nicht lecken! So stand sie vor uns mit schmerzverzerrtem Gesicht, und keiner war da, der helfen konnte. Es ging alles durcheinander. Dann wurde ein Freiwilliger gesucht, der zu dem Bunker am Rabensteinplatz gehen sollte, weil von da kein

Große Fleischergasse

Lebenszeichen kam. Vier- oder fünfmal ging der Bunkerwart durch auf der Suche nach einem Freiwilligen, aber es meldete sich keiner. Wer wollte schon von einem Blindgänger getroffen werden, davon lagen genug herum. Dann kam auch mein Kaufmann Teichert und noch andere Bewohner aus der Großen Fleischergasse in den Bunker. Wortlos, wie versteinerte Figuren, mit Tränen in den Augen, setzten sie sich erschöpft hin. Nur brockenweise teilten sie uns mit, daß kein Stein mehr auf dem anderen stand. Sie hatten mit aller Gewalt versucht, ihr Haus zu retten. Was bereits gerettet war, wurde vom Funkenflug im Freien vernichtet. So erging es auch meinem Friseur Wähler. Die hatten Polstermöbel und andere Sachen in die Anlagen vor der Töpferstraße gerettet. Sowie sie sie aus dem brennenden Haus in die Anlagen brachten, verbrannten sie. Brennende Fetzen flogen durch die Luft, sogar die Bäume brannten.

Der Ranstädter Steinweg hatte gleich hinter der Brücke am Fleischerplatz noch altes Holzpflaster auf der Straße, so wie Parkett gelegt. Vereinzelt war solches Holzpflaster in einigen Stadtteilen vorhanden. Durch die Phosphorbomben wurde manchen das Pflaster zum Verhängnis, die in den Bunker flüchten wollten. Aus dem Kaufhaus Knoop trugen Männer Stoffballen in den Bunker. Da wußten wir, was draußen los war. Gegen 8 oder 9 Uhr haben wir den Bunker verlassen. Frischluft funktionierte nicht mehr, und es gab auch keine Anzeichen, daß irgendwas Eßbares rankommen würde. Es war jeder auf sich gestellt.

Die Amtswalter, so nannten sich die Parteileute, gaben die irrsinnige Weisung, erst die Auffangstelle anzulaufen. Diese lag in der Lessingstraße, in der Annenschule. Dort gab man die Bombenkarten aus. Warum an die Auffangstellen verwiesen wurde? In manchen Städten hatten sich Bewohner, die nicht ausgebombt waren, unrechtmäßig so eine Karte beschafft, um Textilien für Lebensmittel einzutauschen. Denn ab 1943 wurde es mit der Versorgung zunehmend schlechter.

Als wir aus dem Bunker kamen, war alles schwarz und grau um uns. Im Kaufhaus Knoop zuckte keine Flamme mehr, es war alles schon niedergebrannt. Ich wollte mich vergewissern, ob unser Haus vielleicht doch noch stünde. Als ich bei Butternossing war, rief mich ein Soldat an, hier ist alles abgesperrt, kein Zugang. So haben wir uns durch die Lessingstraße einen Weg gesucht zur Auffangstelle Annenschule. In der Lessingstraße waren fast keine Häuser getroffen. Nachdem wir unsere Bombenkarte hatten, sind wir die Lessingstraße wieder zurück. Ich mußte mir einen Weg suchen, Richtung Osten, Technische Messe. Dort wohnten meine Schwiegereltern und noch einige Verwandte. Mein einziger Gedanke war, mit dem Kind erstmal aus der brennenden Stadt raus. Meine Nachbarin, Frau Bauer, war für mich eine zusätzliche Belastung, sie war vollständig fertig. Sie wollte auch nach dem Osten raus, in den Täubchenweg zu ihrer Schwester.

Meinen Jungen im Huckepack, Tasche am Arm, bin ich den Tröndlinring lang Richtung Neues Rathaus an der Alten Leipziger Versicherung vorbei. Es war nur die linke Seite begehbar. Das Centraltheater stand noch in hellen Flammen. Durch den Feuersog schlugen diese vom C. T. über die Bosestraße hinweg an den Mauern der Dresdner Bank hoch. Das war so fürchterlich, als läge ein feuerspeiendes Tier in den Trümmern.

Mit Müh und Not waren wir bis zum Neuen Rathaus gekommen. Dort machte meine Nachbarin wieder mal schlapp. Am Neuen Rathaus bin ich dann energisch geworden und habe ihr gesagt, sie kann machen, was sie will, ich muß versuchen, nach der Technischen Messe durchzukommen. Das hörte zufällig eine Frau, die aus dem Rathaus kam. Spontan sagte sie zu mir: „Kommen Sie mit mir, ich weiß, wo wir durchkommen!" So sind wir auf der linken Seite weiter um das Neue Rathaus herum in Richtung Europahaus gegangen. Auf der rechten Seite, dem Königsplatz zu, brannte und qualmte alles, Panorama, Markthalle und die großen Kauf- und Geschäftshäuser, alles in Trümmern.

Am Europahaus sind wir in die Königstraße gebogen. Dort brannten noch obere Stockwerke. Männer und Frauen waren dabei, brennende Balken und Dachreste runterzureißen und zu löschen.

Ich war heilfroh, die fremde Frau bei mir zu haben, denn sie wußte genau, wie wir weiterkamen. Endlich hatten wir die Reitzenhainer Straße erreicht. Aber da sah es genauso grauenvoll aus wie in der Innenstadt. Bis zum Ostplatz fast alle Gebäude zerbombt. Nur in der Straßenmitte kamen wir weiter. Endlich ein Lichtblick für mich vorm Ostplatz. Das Haus von meinen Verwandten in der Teubnerstraße stand zum Glück noch. Die gegenüberliegenden Häuser waren wie wegrasiert. Es war ein betroffenes Wiedersehen in solch einer Situation. Die fremde Frau hat mich bis vor die Haustür meiner Schwiegereltern begleitet. Vom Ostplatz stadtauswärts waren in der Reitzenhainer Straße fast keine Häuser getroffen. Auch mit den Schwiegereltern betroffenes Wiedersehen, keiner konnte es fassen, was alles in einer halben Stunde in Schutt und Asche gesunken war. Im Radio gab man bekannt, von wo Züge abfuhren. Wir mußten nach Engelsdorf raus an die Züge in Richtung Dresden. Gegen 14 Uhr sind wir los. Mein 15jähriger Neffe hat meinen Sohn auf den Gepäckträger genommen. Der Bahnhof war voll von Flüchtlingen. Jeder wollte so schnell wie möglich weg. Es wurde schon langsam dämmrig, der Zug war wie eine Sardinenbüchse vollgestopft. Nur mit Hilfe meines Neffen und eines jungen Mannes sind wir in den Zug gekommen. Gegen 19 Uhr waren wir dann in Priestewitz. Die Bahnangestellten waren sehr hilfsbereit.

Vom Bahnhof aus (Diensttelefon) konnte ich meine Eltern anrufen, und mein Vater war auch bald da, um uns abzuholen. Meine Mutter hatte Betten, Decken und Wärmflasche in den Fahrradanhänger gepackt, denn das Wetter war schon winterlich. Es gab ein bedrückendes Wiedersehen. Am 3. Dezember waren wir nichtsahnend nach Leipzig in unsere Wohnung gefahren, und am 4. Dezember standen wir am Abfahrtspunkt ohne alles, nur mit dem Leben davongekommen. Das erste, was mein Sohn in seiner kindlichen Art aufgeregt erzählte, war: „Opa, in Leipzig brennt alles!" Einige Tage bin ich in Baßlitz geblieben und habe einige Sachen genäht. Ich hatte meinen Sohn nicht vollständig anziehen können, so wenig Zeit war vom Vor- bis zum Hauptalarm.

Mein Vater und einige Einwohner aus dem Ort sind auf den Schmuhl gegangen. Von da aus haben sie die Detonation der Bomben auf Leipzig gehört und auch den Feuerschein in der Nacht gesehen. Das ist ungefähr eine Entfernung von 90 Kilometern. Nach paar Tagen bin ich von Baßlitz nach Leipzig reingefahren, um meinen Familienunterhalt zu holen. Auch brauchte ich eine Bescheinigung für ein Telegramm an meinen Mann, daß wir total ausgebombt sind. Die gab es nur in Leipzig. Inzwischen fuhren die Züge auch wieder bis zum Hauptbahnhof.

Dann bin ich bei meiner Bekannten vorbeigegangen. Die wohnte in dem Gebäude Riebeckbräu/ Durchgang zur Fleischergasse (Kino). Als wir beide durch den Hof gehen, sehe ich bei einem Betriebsluftschutzwart ein Schild hängen mit der Aufschrift: „Hier sind aus den umliegenden Grundstücken Koffer sichergestellt worden".

Am Abend des 3. Dezember bei dem Alarm um 20.30 Uhr hatte ich den Koffer gleich im Keller gelassen. Nur Kindersachen und ein Stück Fleisch (Ziegenrücken) waren drin. Aus Neugierde bin ich zu den Luftschutzleuten hin und habe meinen Koffer beschrieben. Er war mit dabei. Meine Freundin und ich waren so neugierig, ob das Fleisch noch einwandfrei sei. An Ort und Stelle haben wir ihn geöffnet. Es muß eine furchtbare Hitze in dem Keller gewesen sein, ehe die Männer die Koffer rausgeholt haben. Die Kindersachen waren von der Hitze alle morsch. Nur das Fleisch hatte es überstanden und war so weich, daß man es essen konnte.

Verschüttet
Bericht von Margarete Bayer

Mit meinem Vater, dem Steinmetzmeister Josef Bayer, 80 Jahre alt, war ich alleine in unserem Grundstück. Ich machte Weihnachtsarbeiten für unsere Kinder und ging erst nach 1 Uhr zu Bett.

Ich wache auf, springe aus dem Bett und sehe nach Osten zu, es bewegte sich alles. Alarm haben wir keinen gehört. Rufe meinen Vater. Barfuß, in der Unterwäsche, sprang er aus dem Haus. Ich hole ihn wieder zurück. Unser Haus bebt weiter, ich finde nichts zum Anziehen. Kommt vom Süden her ein Flugzeug, vorn eine rote Kugel Feuer, etwas größer als der Mond, hinten am Schwanz links und rechts floß Phosphor brennend wie Fahnen, so weit man sehen konnte. Das Flugzeug war tief über den Dächern.

Bereits als ich meinen Vater zurückholte, standen in der Meusdorfer Straße überall die brennenden Christbäume.

Der Phosphor muß auf die Rudolf-Hildebrand-Oberschule geflossen sein, denn diese war weggebrannt. Wohnhaus scheint er keines mehr erreicht zu haben, denn die Häuser stehen ja heute alle noch. Nach diesem ersten Flugzeug, Wegemacher oder so ähnlich wurden diese genannt, setzte das Ausklinken der Bomben ein, grausam, grausam wie diese heulten, dann stürzte auf die Lößnigerstraße eine Zehn-Zentner-Bombe, unser Haus wurde nach hinten geschoben, dann stürzte es zusammen. Mich hats mitgewirbelt. Ich war weg. Die Nachbarn kamen und riefen, Bayers, lebt ihr, ich hörte dies wohl, war aber gleich wieder weg. Dies ging so einige Male, ich hörte wohl das Rufen, aber war gleich wieder weg. Die Stimmen erkannte ich, aber rühren, die Augen bewegen, dies ging schon nicht mehr. Mein Vater gelangte inzwischen in das Nebenhaus, dort war mein Schwager mit seinen vier Kindern, diese fragten, wo ist Tante Gretel. Die schläft, sagte mein Vater, er konnte ja nicht wissen, daß ich wirklich am Einschlafen war. Ihn hatte der Sog aus dem Haus gehoben, und so konnte er ins Nachbarhaus springen; dieses steht heute nicht mehr.

Ein Neffe von mir, 14 Jahre alt, ging mich suchen. Er rief nach mir, auch dies hörte ich. Mich hatte es unter mein Bett geschoben, und auf dieses war der Haussims gestürzt. Mein Neffe konnte mich vorziehen und auf die Beine stellen, dann erst kam ich wieder zu mir.

Am 20. Februar 1944 war mein Lebensretter bei seiner Oma mit seiner Schwester Christa, 15 Jahre alt, auf Besuch übers Wochenende. Am Sonntagmorgen kommt auch ein Angriff, und die beiden Kinder wurden mit noch zwölf Hausbewohnern erschlagen. Ich war einige Tage in Bayern und habe den Angriff nicht mit erlebt, sicher hat mein Neffe Dieter nach mir gerufen. Ich konnte nicht mehr einschlafen und sah den Buben immer mit zerschlagenem Kopf. Dies wurde mir dann auch gesagt, als man ihn und seine Schwester mit der Oma geborgen hatte.

Das Leben geht weiter
Bericht von Hildegard Kühnen

4. Dezember 1943, 3.45 Uhr, Fliegeralarm! Mit einem Sprung bin ich aus dem Bett und ziehe mich rasch an. Papa meint, das sind nur paar abgetriebene Flugzeuge, doch da hören wir es schon schießen. Nun aber schnell das Nötigste angepackt und in den Keller. Es schießt ganz toll, ängstlich sitzen alle im Kellergang. – Jetzt, ein fürchterlicher Krach, das Licht ist aus, die Wände erzittern. Im Augenblick meinten wir, unser Haus sei getroffen. Die Bomben fallen hintereinander, die Straße ist von den Brandbomben hell erleuchtet, gräßlich klingt das Gebrumme der Flugzeuge dazwischen. Als es etwas ruhiger geworden ist, machen die Männer des Hauses einen Kontrollgang. Wir haben nochmal großes Glück gehabt, zwar sind sämtliche Scheiben entzwei, verschiedentlich auch die Türen und Pfosten aus der Wand getrieben, doch das Haus steht. – Auf Entwarnung warten wir vergebens, so verlassen wir zaghaft den Keller. Der Himmel ist schwefelgelb, ringsum brennt es lichterloh. Die Fabrik Preuße braucht Hilfe! Wassereimerketten werden gebildet, Ölfässer werden weggerollt, alles arbeitet fieberhaft, so geht es bis zum Morgengrauen. Nun will ich zu meiner Dienststelle gehen, komme aber nur bis zum Täubchenweg bzw. Dresdner Straße, nirgends ein Durchkommen, alles steht in Flammen, der Qualm und Wind hindert einen am Fortkommen. Wo ich gehe und stehe Glasscherben, es ist ein furchtbarer

Essenausgabe auf dem Augustusplatz, 6. Dezember 1943

Anblick. Die armen Menschen, mancher hat nur das nackte Leben gerettet und wandert so, vom Ruß geschwärzt, in die Auffangstelle. – Noch dreimal versuche ich an diesem Tage zu meiner Dienststelle zu kommen, leider immer vergebens.

Die Augen sind von dem Rauch angeschwollen und schmerzen. – So vergeht der Tag. – Der Abend bricht an, Licht, Gas und Wasser gibt es vorläufig nicht. Nur gut, daß man sich mit Kerzen behelfen kann. An Schlaf denkt keiner; denn die Sirene geht nicht und man muß auf der Hut sein, daß man die drei Flakschüsse, welche als Warnsignal gegeben werden sollen, nicht überhört. – Mutti und ich liegen auf dem Sofa, unsere Nachbarin hat sichs auf dem Fußboden bequem gemacht. Bei jedem Geräusch zuckt man zusammen, besonders dann, wenn irgendwo ein Blindgänger explodiert. -

Sonntagfrüh versuche ich nochmal zur Dienststelle durchzukommen. Es ist furchtbar, die Sonne kommt vor Qualm überhaupt nicht durch. Manche Straßen sind ganz gesperrt, in anderen brennt es noch, hier und da stürzen die Häuser zusammen. Mit Mühe kann ich mich über Steine, Schutt und Asche bis zum Neuen Rathaus durcharbeiten. Weiter geht es nicht. Zum Glück treffe ich hier Fräulein Rühlemann, und sie sagt mir, daß unsere schöne Dienststelle vollständig vernichtet sei. Traurig trete ich den Heimweg an. –

Montagfrüh treffen wir uns alle im Haus der Frau. Einige Kameradinnen fehlen noch, sie sind daheim noch tüchtig am Löschen, zum Teil auch nach auswärts gefahren, weil sie ihr Heim verloren haben. –

Inzwischen sind einige Hilfszüge in Leipzig eingetroffen. Elfriede Lange und ich werden zum Hilfszug Fuchs, nach dem Augustusplatz, geschickt.

Eine fabelhafte Einrichtung! Täglich können von diesem Wagen zehn bis 15 000 Portionen warmes Essen ausgegeben werden. – Die Leute stehen schon an, 11 Uhr beginnt die Ausgabe. Das Essen ist gut, kräftig und reichlich. Nudeln und Gänsefleisch ist auch nicht zu verachten. – Eine eisige Kälte, trotzdem wir sehr warm angezogen sind, frieren wir. Uns tut vom vielen Reden, besser gesagt Schreien, der Mund richtig weh, oftmals sind die Leute so unvernünftig, sie drängeln und drängeln, dabei verschütten sie die Hälfte des guten Essens; denn die Pappschüsselchen halten ja keinen so starken Stoß aus. Ab 15 Uhr gibt es Glühwein, auch der findet reißend Abnehmer, jeder wärmt die steifen Glieder gern. Bei Eintritt der Dunkelheit machen wir uns auf den Heimweg, jetzt ist man auf seine Füße angewiesen, denn an eine Straßenbahnverbindung ist vorläufig überhaupt nicht zu denken. So marschiere ich denn eine gute Stunde, dabei werde ich wenigstens etwas warm. Trotz allem falle ich todmüde ins Bett, im Traum beschäftige ich mich nur mit Trümmern, Menschen und Essenausgeben. -

Für uns war dieser Einsatz nicht leicht, aber schön, den Menschen, die alles verloren haben, ein wenig zu helfen. Trotz dieses Schicksalsschlages geht das Leben weiter. Überall wird tüchtig gearbeitet und aufgeräumt. Viele Soldaten helfen uns, die Straßen wieder befahrbar zu machen.

Stadtplanung und Wiederaufbau nach 1945

Thomas Topfstedt

Leipzig war die erste Großstadt Sachsens, die vom Luftkrieg heimgesucht wurde. Wiederholt war sie das Ziel englischer und amerikanischer Flieger.[1] Die größten Schäden richtete der Angriff am 4. Dezember 1943 an, bei dem die Altstadt, der Augustusplatz und beträchtliche Teile der inneren Vorstädte besonders hart betroffen wurden. Weitere Bombardements erfolgten 1944 und 1945. Auf einer Inspektionsreise, die Rudolf Hillebrecht und Konstanty Gutschow im Februar 1944 nach Leipzig führte, stuften sie die Zerstörungen ein.[2] Offenbar rückte daraufhin Leipzig auf die im November 1944 beratene Speersche Vorschlagsliste für die „Wiederaufbaustädte" des Führererlaß-Entwurfes.[3] Eine systematische Wiederaufbauplanung begann in Leipzig jedoch erst nach dem Kriege mit einem erfahrenen, ortsansässigen Planerkollektiv, das auf die Konzeptionen der zwanziger und dreißiger Jahre zurückgreifen konnte und damit über einen sehr guten Vorlauf verfügte.

Bereits am 7. Juli 1945 erschien in der Leipziger Tagespresse ein von Stadtbaurat Walther Beyer verfaßtes Positionspapier zur Wiederinstandsetzung Leipzigs. Am 31. März 1946 legte er dem Rat der Stadt eine umfängliche Denkschrift vor, die eine nüchterne Einschätzung aller in den nächsten Jahren anstehenden Probleme und Aufgaben des Wiederaufbaus enthielt.[4] Zum Grad der Zerstörung wurde festgestellt, Leipzig sei „relativ am günstigsten von allen Großstädten weggekommen... Ein entschlossener Wille der Bevölkerung, der keiner besonderen Anfachung bedarf, ist vorhanden, das Trümmerfeld aufzuräumen, sowie die Stadt bald wieder raschest instandzusetzen und voranzubringen... Leipzig darf daher hoffen, mit dem Aufbau seiner zerstörten Teile schneller fertig zu werden."[5]

Die Gesamtbilanz der Zerstörungen betrug in den innerstädtischen Bereichen etwa 60 Prozent der Bausubstanz. Verwüstet war auch das Gelände der Technischen Messe, deren Ausstellungshallen im Krieg zu Rüstungsbetrieben umgenutzt worden waren, des weiteren die Industriegebiete in Mockau, Portitz, Thekla und Großzschocher. Von den rund 1 800 öffentlichen Gebäuden der Stadt waren etwa 200 total zerstört, 150 schwer, 190 mittelschwer und 290 leicht beschädigt worden. „Gegen 790 öffentliche Gebäude sind unbeschädigt geblieben. Von den über 225 000 Wohnungen müssen etwa 80 000 Wohnungen als leicht bis total beschädigt betrachtet werden. Davon sind rund 60 Prozent wieder bewohnbar gemacht worden... Leipzig war bei seinem Niederbruch wirtschaftlich und verwaltungsmäßig zum völligen Stillstand gekommen. Die Stadt stellte einen zerfetzten, aus tausend Wunden blutenden Körper dar. Der gesamte Eisenbahn- und Straßenbahnverkehr war ebenso völlig stillgelegt wie die Wasser-, Licht- und Gasversorgung. Die Straßen der Innenstadt und der anderen schwer beschädigten Stadtteile waren durch Trümmer verschüttet oder durch mehr als 1 200 Bombentrichter aufgewühlt. Die Kanalisationen und Versorgungsleitungen waren an vielen Stellen zerstört."[6]

Zur zukünftigen Stadtplanung äußerte sich Walther Beyer: „Daß der für Leipzig eigentümliche Promenadenring erhalten bleibt, ist wohl für jeden Leipziger eine Selbstverständlichkeit. Ebenso ist beabsichtigt, das Straßensystem der Altstadt im Prinzip zu erhalten. Es ist aber jetzt die Gelegenheit wahrzunehmen, für die Zukunft eine Verbreiterung und Ausrichtung einer Anzahl Straßen anzubahnen. Wertvolle, erhalten gebliebene Gebäude, die für unsere Stadt charakteristisch sind, werden selbstverständlich die notwendige Schonung erfahren. In welcher Form und zu welchem Zweck einmal die neuen Gebäude unserer Stadt erstehen werden, bleibt allein der hoffentlich hierfür nahen Zukunft vorbehalten. Augenblicklich kann es sich nur darum handeln, aller Planung das Prinzip der Notwendigkeit zugrunde zu legen... Von jetzt ab muß selbstverständlich das Allgemeininteresse nun wirklich einmal und in fortschrittlicher Weise zur Geltung gebracht werden. Nur so läßt sich in ästhetischer, sanitärer und verkehrstechnischer Hinsicht möglichst einwandfrei planen und schaffen. Wohl auf keinem Gebiet gedeihen die hellseherischen Illusionen, Plattheiten und Phrasen so munter wie auf dem der Stadtplanung bzw. des Städtebaues. Und gerade hier und heute kommt es darauf an, daß man mit beiden Füßen auf dem Boden einer gesunden, realistischen Auffassung steht und daß man fähig ist, die Bedürfnisse und Fähigkeiten einer zwar arg amputierten, aber lebenswilligen Wirtschaft und eines verworrenen, nach Lösungen drängenden Wohnungswesens richtig zu erkennen und städtebaulich zu gestalten. Das ist die neue Lage, der sich heute die Stadtplanung gegenüber gestellt sieht."[7]

Das erste wirklich neue planerische Instrumentarium waren die sogenannten „Enttrümmerungskarten", die übrigens auch bei der Ausarbeitung des Bebauungsplanes eine wichtige Rolle spielten. Systematisch

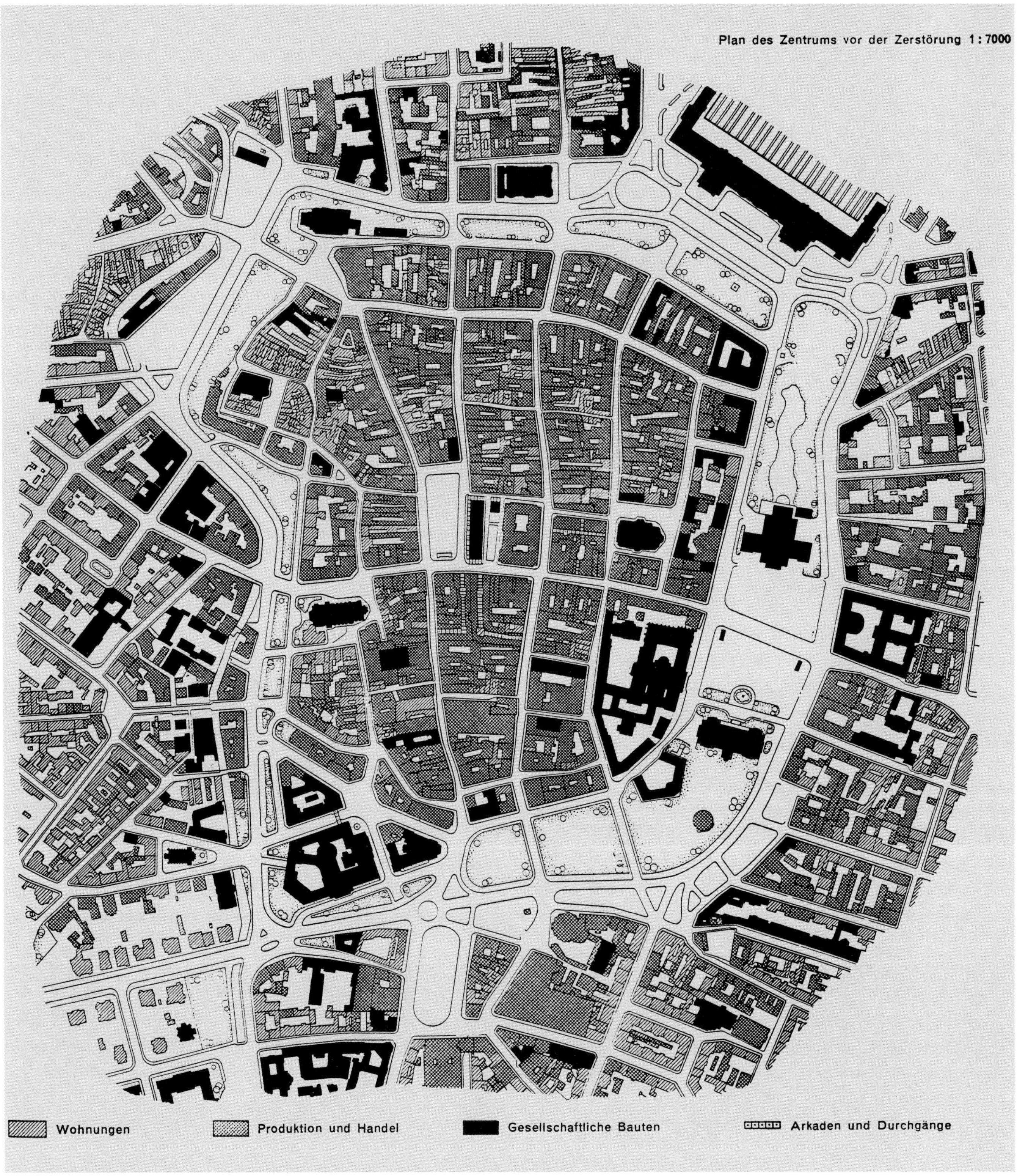

Plan der Innenstadt vor der Zerstörung. Umzeichnung nach dem Planwerk des Aufbauplans von 1949

wurde die Trümmerberäumung vom Stadtkern nach den Außenbezirken hin organisiert und so energisch in Angriff genommen, daß von den rund 4,6 Millionen Quadratmetern Gesamttrümmermasse schon Ende 1948 etwa ein Drittel bewältigt war.

In diesem Zusammenhang wurde ein kühner Plan verwirklicht, den heute wohl nur noch die älteren Leipziger Bürger als eine der aufsehenerregendsten Aufbauleistungen der Nachkriegszeit erinnern werden: die Anlage des 100 000 Zuschauer fassenden Zentralstadions. Bereits in den 1920er und 1930er Jahren war der Bau eines Leipziger Großstadions auf den Frankfurter Wiesen erwogen worden. Das Vorhaben wurde realisiert durch Aufschüttung eines großen Teils

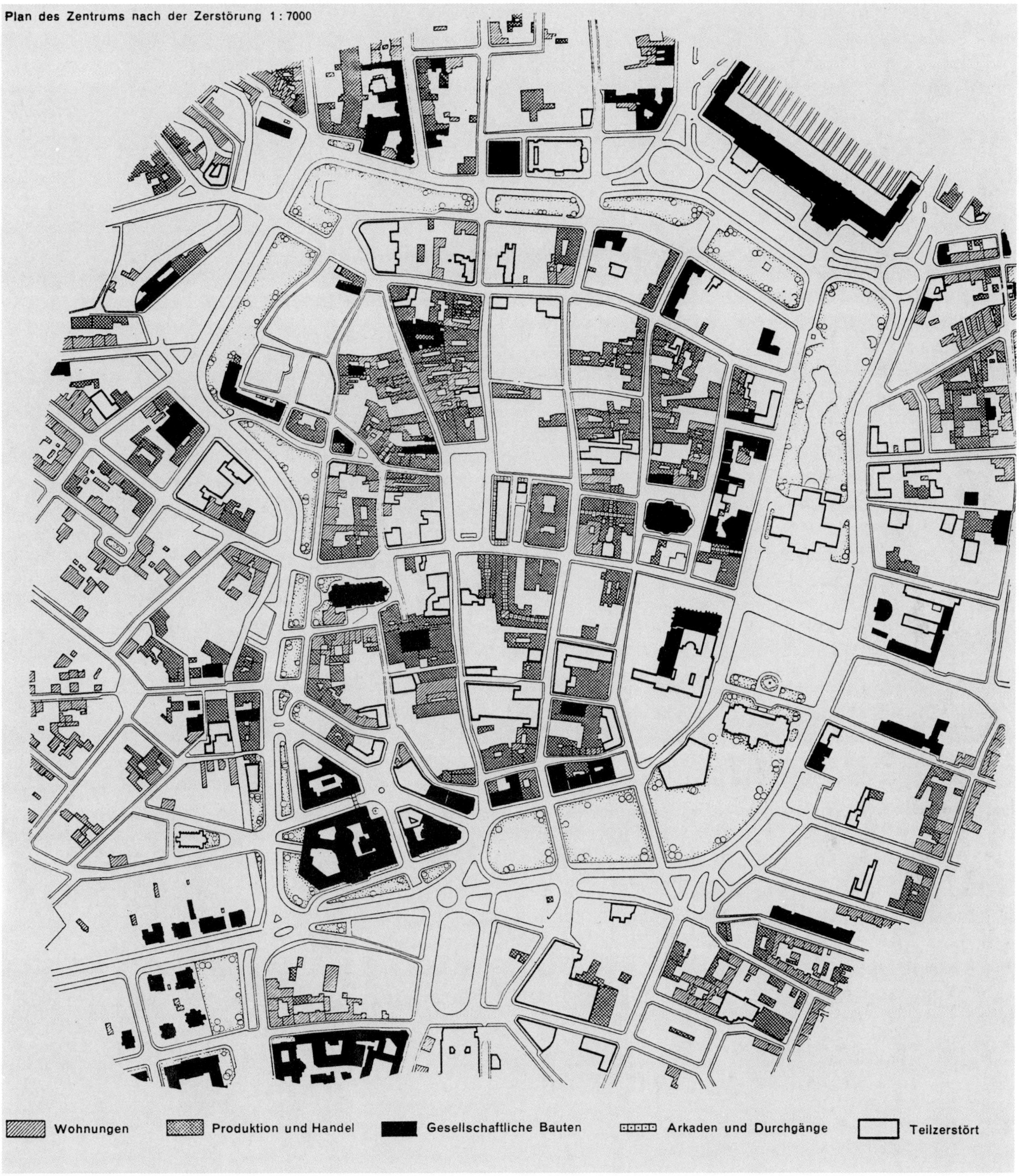

Schadenplan der Innenstadt. Umzeichnung nach dem Planwerk des Aufbauplans von 1949

der Trümmermassen aus der Leipziger Innenstadt zu einem riesigen ovalen Wall mit einer Dammkrone von 23 Metern Höhe und acht Metern Breite (Hochbauarbeiten 1954 bis 1956; Entwurf der Gesamtanlage: Karl Souradny).

Die Stadt Leipzig galt damals als „die bestaufgeräumte Deutschlands",[8] denn es war vonnöten, den Messebetrieb möglichst bald wieder in Gang zu bringen, um den Anschluß an das internationale Messegeschehen nicht zu verlieren. Vor allem mußten die innerstädtischen Mustermessehäuser und die Ausstellungshallen der Technischen Messe wieder instandgesetzt werden. Obwohl 75 Prozent der Ausstellungsflächen vernichtet worden waren, fand die erste Leipziger Nachkriegsmesse bereits im Mai 1946 statt. Im gleichen Jahr begann ein umfangreiches Sonderbauprogramm zur Wiederherstellung der Messebauten. Auf diese Weise erlebte Leipzig schon während der Nachkriegsjahre als einzige Großstadt in der Sowjetischen Besatzungszone einen regelrechten „Bauboom". Freilich war an ehrgeizige Neubauten vorerst nicht zu denken, jedoch wurden relativ schnell die großen Messehäuser wie das Ringmessehaus, der Zentralmessepalast, der Handelshof und das Städtische Kaufhaus wieder betriebsfähig gemacht.

Weitere bauliche Zeugnisse dieser ersten Instandsetzungs- und Gebäudesicherungskampagne sind im Leipziger Stadtzentrum und in den inneren Vorstädten noch heute zu entdecken. So tragen nicht wenige Häuser noch immer die Notdächer der Nachkriegszeit, weil es in den vier Jahrzehnten realsozialistischer Mangelwirtschaft nicht gelang, sie durch solide neue Dachkonstruktionen zu ersetzen. Hinzuweisen wäre in diesem Zusammenhang auch auf die „Dauerprovisorien" der Pultdächer über den Eckrisaliten der Hochschule für Grafik und Buchkunst und auf das sechsgeschossige Mietshaus Käthe-Kollwitz-Straße 93, das 1948 bis 1951 am Standort und aus dem Material des kriegszerstörten Vorgängerbaus von den Hausbewohnern in zahllosen Feierabendschichten errichtet wurde und dessen Trümmerziegelfassade nie einen Verputz erhalten hat.

Gesichert, weil für einen späteren Wiederaufbau bestimmt, wurden die Ruinen vieler historischer Gebäude, u. a. das Neue Gewandhaus im Musikviertel, das Fürstenhaus und das Lotterhaus. Leider wurden sie in den sechziger Jahren doch abgerissen. 1946 begann auch schon der Wiederaufbau des Alten Rathauses als des unverzichtbaren historischen Wahrzeichens der Messestadt sowie die Wiederinstandsetzung des schwer beschädigten Neuen Rathauses. Am Hauptgebäudekomplex der im Februar 1946 wiedereröffneten Universität wurden umfangreiche Reparaturen eingeleitet, des weiteren an vielen anderen Universitätsbauten.[9] Es ist in erster Linie den damaligen Bemühungen um Sicherung und Instandsetzung der Bausubstanz zu verdanken, daß die Leipziger Innenstadt trotz der Kriegszerstörungen und der rigiden Kahlschlagpraktiken der sechziger Jahre ihre unverwechselbare, aus der Tradition des Ortes zu definierende urbane Atmosphäre bis heute bewahrt hat.

Die Ziele der Leipziger Stadtentwicklungsplanung waren während der Nachkriegsjahre klar umrissen.[10] Sie mündeten, wie es schon Hubert Ritter im Leipziger Generalbebauungsplan 1929[11] in großen Zügen vorgezeichnet hatte, in eine komplexe Raumplanung mit dem Kerngedanken, den industriellen Ballungsraum Leipzig – Halle – Merseburg zusammenzuschließen durch eine effektive Neustrukturierung der Verkehrswege, Industrie- und Wohnstandorte entlang des Elster-Saale-Kanals. Die Elster-Luppenaue wurde als Grüngürtel und Erholungslandschaft in das Konzept einbezogen.[12] Städtebauliches Fernziel war die bandstadtartige Verbindung der drei Städte an den Eckpunkten des Industrieraumes. Das Projekt scheiterte am alten, leidigen Kompetenzstreit zwischen Sachsen und Sachsen-Anhalt. 1952 wurde es mit der Auflösung der Länder endgültig ad acta gelegt.

Die Leipziger Aufbauplanung der Nachkriegsjahre erfuhr ihren abschließenden Höhepunkt mit der Bestätigung der Satzung und des Bebauungsplanes der inneren Altstadt durch das Leipziger Stadtparlament am 26. Januar 1949. Vorgelegt und publiziert wurden außer der Satzung der Plan der Innenstadt vor der Zerstörung, der Schadenplan, der Bebauungsplan der inneren Altstadt und der Sanierungsplan.[13] Die Grundsatzentscheidung, die Innenstadt auf dem überkommenen Straßen- und Platzgefüge wiederaufzubauen und sich am Maßstab der Vorkriegsbebauung zu orientieren, war vor allem von den pragmatischen Forderungen des innerstädtischen Messebetriebes bestimmt, wobei denkmalpflegerische Gesichtspunkte durchaus berücksichtigt wurden:

„1. Im Hinblick auf die vorhandenen, wenig beschädigten, aber sehr wertvollen Straßendecken, Kanalisationen und Versorgungsanlagen ist das bisherige Straßensystem im Prinzip beizubehalten. Es ist jedoch auf eine Ausrichtung und Verbreiterung der Straßen, wo dies notwendig und durchführbar ist, zuzukommen.
2. Die für Leipzigs innere Altstadt so bezeichnenden und sehr bewährten, ja fast unentbehrlich gewordenen Durchgangshöfe sollen auch für die Zukunft beibehalten werden.
3. Die die innere Altstadt umschließende Ringpromenade ist entschieden zu erhalten und wenn möglich noch zu vervollkommnen.
4. Die Erhaltung noch verbliebener, kunsthistorisch wertvoller Gebäude ist unerläßlich. In der Fluchtlinienplanung ist die entsprechende Rücksicht zu nehmen.
5. Mit erhalten gebliebenen oder instandsetzungsfähigen wichtigen Gebäuden ist nach Möglichkeit schonend zu verfahren, um nicht auch diese noch der Werteszerstörung bzw. Niederlegung unnötig zuzuführen.
6. Aus sanitären Gründen ist die bisherige dichte Hofbebauung nicht mehr zugelassen. Die Luft- und Lichtverhältnisse müssen den modernen baubehördlichen Vorschriften ausreichend entsprechen.
7. Die Breiten der Fahrbahnen und Fußwege sind den Bedürfnissen eines normalen, aber nach Möglichkeit auch denen des Messeverkehrs anzupassen.
8. Arkaden-Anlagen sind dort vorzusehen, wo sie durch vorhandene Gebäude und durch die Verkehrsbedürfnisse bedingt werden."[14]

Um diese Aufbaukonzeption publik zu machen, veran-

dg M309/Z49

Bebauungsplan Innere Altstadt, 1949

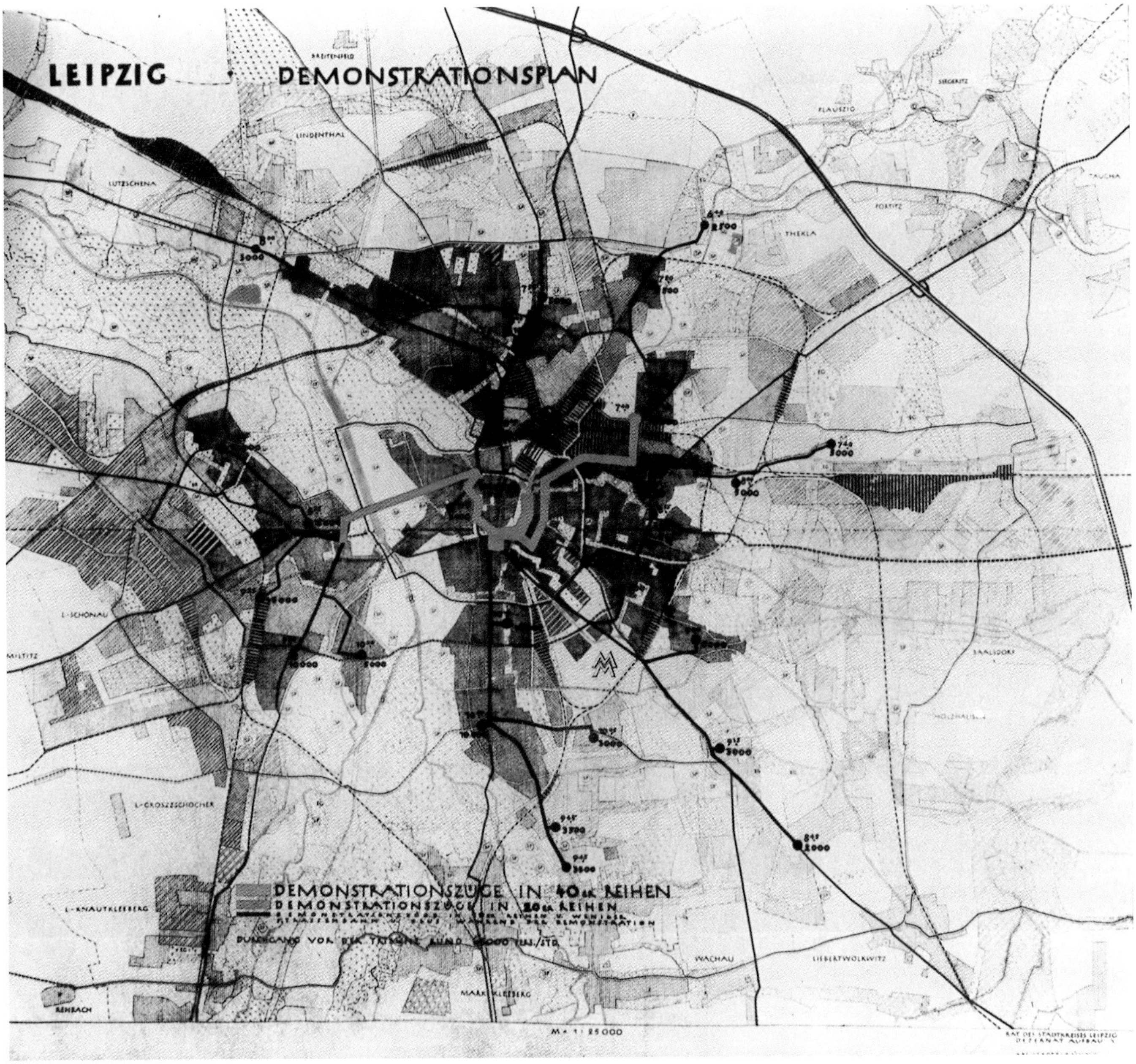

Demonstrationsplan, Grundakte 1952

staltete das Dezernat Bauwesen vom 15. November bis zum 11. Dezember 1949 im Neuen Rathaus eine sämtliche Bereiche der Stadtentwicklung umfassende Ausstellung zum Thema „Planung und Wiederaufbau“,[15] die auf große Resonanz in der Leipziger Bevölkerung stieß. Weitere planungsgeschichtlich bedeutende Ereignisse jenes Jahres waren die Auswertung des 1948 ausgeschriebenen Wettbewerbes für ein neues Verwaltungsgebäude des Leipziger Messeamtes, das am Standort der kriegszerstörten Alten Waage an der Ecke Marktplatz/Katharinenstraße errichtet werden sollte,[16] und der gesamtdeutsche Wettbewerb zur Gestaltung des Geländes der Technischen Messe.

1949/50 wurde nach Plänen des Leipziger Baurates Eberhard Werner der Messehof auf einem tiefen Grundstück zwischen Petersstraße und Neumarkt als erster Mustermessehaus-Neubau errichtet.[17] Der siebengeschossige Stahlbetonskelettbau erhielt massiv und streng wirkende Natursteinfassaden, deren Gestaltung die Tradition der Leipziger Messehausarchitektur der zwanziger und dreißiger Jahre aufgreift. Andererseits entsprechen manche Details wie z. B. die „Pilzsäule“ im Foyer der Messehofpassage dem damals noch durchaus gesamtdeutschen Duktus einer Architektur „um 1950“. Der Messehof ist die bedeutendste Leipziger Bauleistung der Nachkriegszeit. Er veranschaulicht die ursprünglichen städtebaulichen und baugestalterischen Intentionen des Wiederaufbaus der inneren Altstadt. Zugleich bezeichnet er das Ende dieser ersten Aufbauphase, denn um die Mitte des Jahres 1950 begann in der gerade erst gegründe-

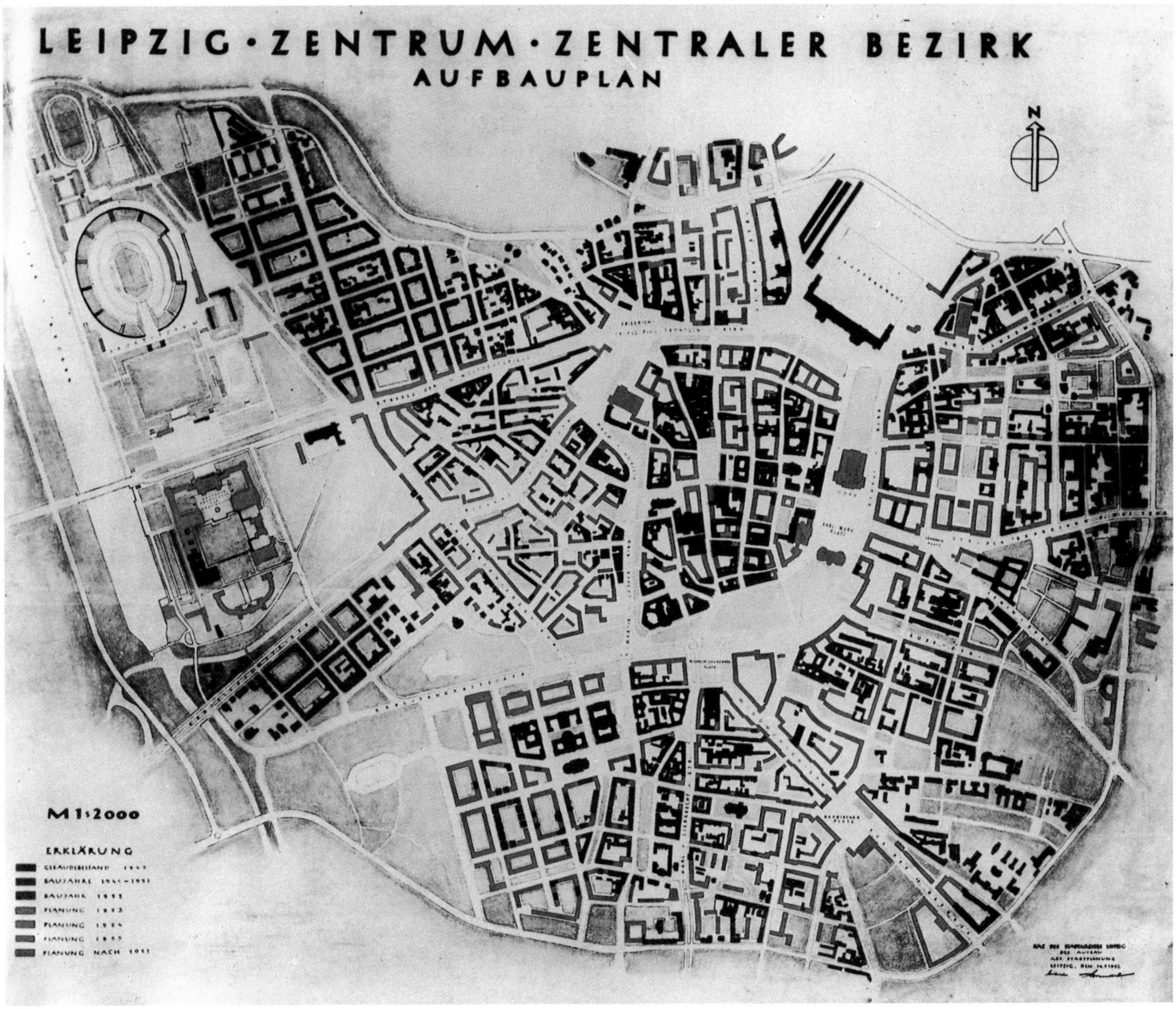

Aufbauplan des Zentrums und des Zentralen Bezirks, Grundakte 1952

ten DDR die zentral gesteuerte Ausrichtung von Städtebau und Architektur auf ein neues Leitbild. Seine Eckpfeiler waren die „16 Grundsätze des Städtebaus“[18] und das Aufbaugesetz.[19]

Unter den 53 als besonders förderungswürdig ausgewiesenen Aufbaustädten rangierte Leipzig in der Kategorie I an zweiter Stelle hinter Dresden. Durch die umfangreichen und intensiven Vorarbeiten und den ausgereiften Aufbauplan von 1949 konnte das Leipziger Dezernat für Bauwesen rascher als andere Städte auf die neuen Planungsrichtlinien reagieren und schon im Dezember 1950 die komplette städtebauliche Grundakte der Stadt Leipzig an das Ministerium für Industrie, Arbeit und Aufbau des Landes Sachsen zur Bestätigung senden.[20] Das Planwerk umfaßte den Flächennutzungsplan, den Verkehrsplan, den Plan des Zentrums und des Zentralen Bezirks, einen gesonderten Zentrumsplan und – als neue Anforderung – den Demonstrationsplan.

Dahinter stand eine den Aufbauplänen der Nachkriegszeit völlig entgegengesetzte Intention von einer zentral gelenkten und kontrollierten „Stadtbaukunst“, die ihre höchste Erfüllung wieder in der Schaffung monumentaler baulicher Rahmen für große Massenaufmärsche suchte.

Ein kompletter Stadtbebauungsplan lag 1950 noch nicht vor, lediglich die oben angeführten Pläne des Zentrums und des Zentralen Bezirks, die zwar auf Leipziger Arbeitsergebnissen und Planungsideen basierten, aber bereits mit den Richtlinien des Ministeriums für Aufbau in Berlin abgestimmt waren. Durch dieses Verfahren schränkte sich der Spielraum der örtlichen Planer zunehmend ein, zumal das Aufbauministerium und die Deutsche Bauakademie ein straffes, landesweites Konsultations- und Kontrollsystem installierten.[21] Verglichen mit den administrativen Entmündigungspraktiken der folgenden Jahrzehnte erscheinen jedoch die frühen fünfziger Jahre in der Optik der Leip-

Messehof, Petersstraßenfront, erbaut 1949/50

ziger Stadtplanungsgeschichte noch immer als eine durchaus fruchtbare, vom Gefühl eines allgemeinen Aufschwungs erfüllte Zeit mit erheblichen Entwicklungschancen für die Messestadt. Damals wurde der wichtigste Ansatz der Nachkriegsplanungen, die historische Identität der inneren Altstadt beim Wiederaufbau zu bewahren und diesen vom Zentrum zur Peripherie hin planmäßig voranzutreiben, noch nicht grundsätzlich in Frage gestellt.

Die neuen Städtebaudoktrinen machten sich zunächst nur in den Leitvorstellungen über die Funktion und die Gestaltung des Karl-Marx-Platzes als des zentralen Platzes und des Promenadenringes als der dazugehörigen Magistrale geltend. Mit diesem Konzept blieb Leipzig die Anlage eines großen neuen Aufmarschplatzes erspart, doch wurde die ursprüngliche Absicht, das Neue Theater an der Nordseite des Platzes wiederaufzubauen, per Ministerratsbeschluß zugunsten eines repräsentativen Opernhaus-Neubaus aufgegeben und 1950 ein erster Wettbewerb durchgeführt.[22] Da auch Leipzig eine neue „sozialistische" Stadtdominante erhalten sollte und diese nur in Gestalt eines monumentalen Turmbaus denkbar war, wurde vis à vis der Oper die Errichtung eines Kulturhochhauses vorgeschlagen.[23] Das Opernhaus wurde 1956 bis 1960 errichtet und städtebaulich hervorragend am Standort des ehemaligen Neuen Theaters plaziert.[24] Der abstruse Plan des Kulturhochhauses aber verschwand zum Glück bald wieder aus der Diskussion.

Mit der Bestätigung der städtebaulichen Planung Leipzigs durch das Ministerium für Aufbau am 28. August 1952[25] wurden die grundsätzlichen Kriterien für den weiteren Aufbau der Stadt festgelegt. Abgesehen von dem seit 1953 seine eigene Dynamik entfaltenden Wohnungsbau, galten sie bis zum Ende der fünfziger Jahre als verbindlich.

Leipzig wurde auf eine Gesamtplanungsgröße von 750 000 Einwohnern ausgelegt und nach seinen spezifischen „städtebildenden Faktoren" als Messe-, Industrie- und Kulturstadt charakterisiert.[26] Wie der Stadtbebauungsplan für das Zentrum und den Zentralen Bezirk unschwer erkennen lassen, hatte sich die Leitvorstellung zur Struktur der inneren Altstadt gegenüber dem Aufbauplan von 1949 kaum verändert: „Das Zentrum Leipzigs bildet der alte Stadtkern einschließlich des Ringes... Das Zentrum enthält die Gebäude für die Mustermesse. Da der Altstadt-Charakter eine starke Konzentration von Gebäudemassen nicht zuläßt, werden die repräsentativen Bauten an der Ring-Magistrale errichtet. Der Karl-Marx-Platz – im Zuge des Ringes gelegen – ist der Zentrale Platz der Stadt. An ihm liegen die Oper, das Museum der bildenden Künste, die Alte Universität mit der Universitätskirche, das Gebäude für die Oberpostdirektion und ein Gebäude für die Verwaltung... Für die Bauten der Universität wird ausgewiesen das Gelände vom Roßplatz in Rich-

Nachkriegsreparatur am Dach der Hochschule für Grafik und Buchkunst, Zustand August 1993

Lückenschließungsbau aus Trümmerziegeln, Käthe-Kollwitz-Straße 93, Zustand August 1993

tung nach Südosten zwischen Bayrischem Bahnhof und Sigismundstraße (vorbehaltlich der noch aufzustellenden Perspektivplanung). Der Standort der Technischen Messe wird nicht verändert... Von den noch wiederherzustellenden Bauten wird der Rat des Stadtkreises dem Ministerium für Aufbau eine Aufstellung zur Bestätigung vorlegen. Bei der Gestaltung der Bauwerke Leipzigs ist an die nationalen Traditionen der Stadt anzuknüpfen und das künstlerisch wertvolle Erbe in der Architektur schöpferisch weiterzuentwickeln."[27]

Die geforderte Umstellung der Architektursprache auf nationale und lokale Bautraditionen kündigte sich in Leipzig schon relativ früh, in den 1950/51 errichteten Wohnungsneubauten der heutigen Jahnallee an. 1952/53 wurden mehrere städtebauliche Ideenwettbewerbe zum Ausbau des Promenadenringes und zur Bebauung des Teilabschnittes Roßplatz durchgeführt, mit denen die zentral verordnete Architekturkonzeption der nationalen Bautraditionen endgültig durchgesetzt wurde.[28] Den 1. Preis erhielt das Kollektiv Rudolf Rohrer, nach dessen Entwürfen die Roßplatz-Bebauung als südöstlicher Teilabschnitt der Ringmagistrale in den Jahren 1953 bis 1955 ausgeführt wurde.[29] Sie ist ein einheitlich gestaltetes Ensemble aus insgesamt 14 sieben- bis neungeschossigen Wohnhäusern. Ihre hohen, weit von der Straße zurückgesetzten Baukörper bilden eine symmetrisch gegliederte, blockhaft geschlossene Front, die in großzügig konkavem Schwung dem Bo-

Blick vom Europahaus auf den Augustusplatz mit Kroch-Hochhaus, Oper und Hauptpost, August 1993

Blick vom Europahaus auf die Ringbebauung am Roßplatz, August 1993

gen des Promenadenringes folgt. Diese städtebaulich eindrucksvolle Großform ist eine unverkennbare Nachwirkung der Ringcity-Konzeption Hubert Ritters. Darüber hinaus könnten auch andere Leipziger Großbauprojekte der zwanziger Jahre anregend gewirkt haben, ohne daß dies freilich je ausgesprochen wurde.[30]

Durchaus imposant in der Hauptansicht vom Promenadenring, erscheint die Roßplatz-Bebauung von anderen Standorten aus betrachtet jedoch recht dürftig und erweist sich als insulares Bauvorhaben, dem die strukturell befriedigende Einbindung ins städtebauliche Umfeld fehlt. Daß das Roßplatz-Ensemble wie ein monumentales Versatzstück wirkt, weil sein kühner Baumassenschwung jäh am Wilhelm-Leuschner-Platz abbricht, ist allerdings nicht den städtebaulichen Konzepten jener Jahre, sondern der Zeit nach 1956 zuzuschreiben, als die Energien der Leipziger Stadtplanung zunehmend vom industriellen Wohnungsbau in den

Außenbezirken absorbiert wurden und der weitere Aufbau des Stadtzentrums in den folgenden Jahren nahezu stagnierte. 1959 lag ein neuer Bebauungsplan vor.[31] Er besiegelte den Bruch mit einer Leipziger Planungstradition, die, ungeachtet vieler Einschränkungen, noch bis zur Mitte der fünfziger Jahre die Stadtplanung prägte und von dem Willen getragen wurde, die überkommenen baulich-räumlichen Grundstrukturen des Stadtkerns weitgehend zu erhalten. Das Baugeschehen der sechziger Jahre war von einem neuen Städtebau-Leitbild bestimmt, das auf Schaffung einer räumlich aufgelockerten „modernen" Stadtmitte abzielte und den Einsatz industrieller Bauverfahren zum Dogma erhob. Politische Großmannssucht, ideologische Animosität und technokratische Ignoranz gegenüber der Geschichte kennzeichnen die Planungsrichtlinien jenes Jahrzehnts. Sie lösten eine nicht anders als barbarisch zu bezeichnende Abrißaktion aus, der viele zum Wiederaufbau bestimmte Baudenkmale zum Opfer fielen und die 1968 in der Sprengung der völlig intakten Paulinerkirche und des teilruinösen Universitätskomplexes am damaligen Karl-Marx-Platz kulminierte.[32]

In den siebziger und achtziger Jahren führten der einseitige extensive Wohnungsbau an der Stadtperipherie und der fortschreitende Verfall der Altbauwohngebiete zum materiellen und moralischen Bankrott des DDR-Bauwesens. Leipzig war von den Auswirkungen dieser Baupolitik besonders hart betroffen.[33] Neben den unwiederbringlichen Verlusten, welche die Kahlschlagstrategien der sechziger Jahre und eine unsensible, fragmentarische Neubebauung dem historischen Stadtkörper zugefügt hatten, sind es vor allem die zahlreichen unbebauten Grundstücke im Stadtkern und in den inneren Vorstädten, die vom strukturellen Scheitern des planwirtschaftlich gelenkten Städtebaus ein beredtes Zeugnis ablegen. Es gab 1989 keine Straße im Leipziger Stadtzentrum ohne mindestens eine vom Krieg gerissene Baulücke, ganz zu schweigen von den großen Leerflächen Am Hallischen Tor, in den Bereichen Burgplatz/Petersstraße, Thomaskirchhof/Klostergasse, Neumarkt/Grimmaische Straße/Universitätsstraße und Sachsenplatz, mit dessen Anlage die Wunden des Krieges nicht geheilt, sondern lediglich offen gehalten wurden.[34]

Heute sind diese Defizite eine außerordentliche Chance, vorausgesetzt, es gelingt, die spezifischen urbanen Qualitäten des Leipziger Stadtzentrums im Rahmen des endgültigen Wiederaufbaus zu bewahren und mit Respekt vor der Geschichte weiterzuentwickeln.

Anmerkungen

Der Beitrag ist die bearbeitete und gekürzte Fassung eines Aufsatzes, den der Autor bereits an anderer Stelle veröffentlicht hat:
Thomas Topfstedt: Leipzig – Messestadt im Ring. In: Neue Städte aus Ruinen. Deutscher Städtebau der Nachkriegszeit (Hrsg.: Klaus v. Beyme, Werner Durth, Niels Gutschow, Winfried Nerdinger und Thomas Topfstedt), München 1992, S. 182 ff.

1 Götz Eckardt (Hrsg.): Schicksale deutscher Baudenkmale im zweiten Weltkrieg. Eine Dokumentation der Schäden und Totalverluste auf dem Gebiet der Deutschen Demokratischen Republik, 2 Bde., Berlin 1978 (Zur Stadt Leipzig, Bd. 2, S. 340 ff.)
2 Werner Durth, Niels Gutschow: Träume in Trümmern. Planungen zum Wiederaufbau zerstörter Städte im Westen Deutschlands 1940–1950, Bd. 1, Braunschweig/Wiesbaden 1988, S. 116
3 Position 27: Gau Sachsen. Berater: Giesler, Planer: Mänicke (Durth/Gutschow: S. 116, Anm. 2)
4 Beide Dokumente sind als Manuskriptdruck veröffentlicht worden unter dem Titel: Denkschrift des Dezernenten für das Bauwesen der Stadt Leipzig über die Maßnahmen und Absichten zur Beräumung des Trümmerfeldes, zur Instandsetzung der beschädigten Gebäude, zum Aufbau der zerstörten Häuser und Stadtteile, sowie zur Herstellung der Existenzgrundlage der Stadt Leipzig. 31. März 1946. Eine andere wichtige Publikation, die neben vielem statistischen Material eine maßstabsgerechte und detaillierte Kartierung des gesamten Leipziger Stadtgebietes mit Hervorhebung der Zerstörungen enthält, also auch als eine Art gesamtstädtischer Schadenplan angesehen werden kann, ist die in hervorragender Qualität gedruckte Broschüre Leipzig, Gestern – Heute – Morgen (Hrsg.: SED-Stadtleitung Leipzig), Leipzig 1946
5 Denkschrift, S. 6, Anm. 4
6 Ebd. Ein exaktes Schadensbild des Leipziger Wohnungsbestandes hat Uta Hohn in ihrer 1989 an der Universität-Gesamthochschule Duisburg fertiggestellten Dissertation verifiziert: Die Zerstörung deutscher Städte im Zweiten Weltkrieg, Duisburger Geographische Arbeiten 8, Dortmund 1991, S. 142 f.:
Wohnungsbestand 1942: 225 389
total zerstört: 37 522 (16,6%)
schwer beschädigt: 5 175 (2,3%)
mittelschwer beschädigt: 8 308 (3,7%)
leicht beschädigt: 38 930 (17,3%)
7 Denkschrift, S. 11, Anm. 4
8 Hans Bauer: Leipzig heute und morgen, Leipzig o. J. (1948), S. 26
9 Fast alle der über die Stadt verteilten Universitätsgebäude waren beschädigt, manche völlig zerstört. Zu dem umfangreichen Wiederaufbau- und Neubauprogramm der Leipziger Karl-Marx-Universität siehe Heinz Füßler: Leipziger Universitätsbauten, Leipzig 1961
10 Walther Beyer: Messestadt Leipzig im Jahre 1948. Städtbauliche Aufgaben und Absichten. In: Der Bauhelfer 1948, Heft 5, S. 120 ff.
11 Der Generalbebauungsplan der Stadt Leipzig, Hrsg. Rat der Stadt Leipzig, Stadterweiterungsamt, Leipzig 1929
12 „Von Leipzig ging die Anregung aus zu einer mitteldeutschen Planungsgemeinschaft, die außer Leipzig, Halle und Merseburg die Kreise Delitzsch, Altenburg und Borna einbeziehen soll in eine zielbewußte Entfaltung aller Kräfte innerhalb eines Raumes, den sinnlos bewahrte Grenzen jahrzehntelang in seiner Entwicklung gehemmt haben. Leipzig will, nein, muß sich nach Westen entwickeln, heraus aus der Umklammerung der Braunkohlenfelder. Eine Entwurfsskizze

des Stadtplanungsamtes zeigt die Elsteraue in Richtung Halle und Ammendorf, beiderseits gesäumt von Industrieanlagen. Leipzigs Hafen, Kopfstation des Mittellandkanal-Südflügels, verknüpft die industrielle Potenz der Stadt über das Netz der deutschen und europäischen Wasserstraßen mit den Rohstoff- und Verbraucherzentren. Nicht für sich allein beansprucht Leipzig die baldige Einlösung der Zusagen, die schon in den Staatsverträgen von 1926 gegeben und seither oft genug erneuert wurden." (Bauer, S. 78 f., Anm. 8)

13 Leipzig. Neuordnung und Gestaltung der inneren Altstadt, o. O. (Leipzig) 1949

14 Ebd. (aus dem Vorwort von Walther Beyer), S. 3

15 Planung und Wiederaufbau. Das Dezernat Bauwesen stellt zur Kritik und Diskussion. Ein Bericht über die gleichnamige Ausstellung vom 15. November bis 11. Dezember 1949 (Hrsg. Rat der Stadt Leipzig, Dezernat Bauwesen), o. O., o. J. (Leipzig 1950)

16 Wolfgang Rauda: Ideenwettbewerb Verwaltungsgebäude des Leipziger Messeamts. In: Der Bauhelfer 1949, Nr. 10, S. 259 ff.; ders.: Der neue Verwaltungsbau des Leipziger Messeamtes. In: Neue Bauwelt 1949, Heft 16, S. 247 ff.

17 Eberhard Werner: Der neue Messehof in Leipzig. In: Der Bauhelfer 1950, Nr. 12, S. 327 ff.; ders.: Der Messehof in Leipzig. In: Baumeister 1951, Heft 12, S. 808 ff.

18 Im April/Mai 1950 bereiste eine Regierungsdelegation unter Leitung des Ministers für Aufbau Dr. Lothar Bolz die Städte Moskau, Stalingrad, Leningrad und Kiew, um sich über den Entwicklungsstand, die organisatorischen und die theoretischen Grundlagen des sowjetischen Bauschaffens zu informieren und Schlußfolgerungen für eine analoge Entwicklung von Städtebau und Architektur in der DDR zu ziehen. Noch während der Reise wurde die Rohfassung eines Positionspapiers konzipiert, das dann in Gestalt der „16 Grundsätze des Städtebaus" am 27. Juli 1950 als Gesetz von der DDR-Regierung verabschiedet wurde. Wortlaut und ausführlicher Kommentar bei Lothar Bolz: Die sechzehn Grundsätze des Städtebaus. In: Lothar Bolz: Von Deutschem Bauen (Reden und Aufsätze), Berlin 1951, S. 32 ff.

19 Das Aufbaugesetz (Gesetz über den Aufbau der Städte in der Deutschen Demokratischen Republik und der Hauptstadt Deutschlands, Berlin) wurde am 6. September 1950 verabschiedet. Wortlaut in: Bauzeitung 1950, Heft 11, S. 218 ff.

20 Leider ist die Städtebauliche Grundakte der Stadt Leipzig 1950 mit vielen anderen Dokumenten zu Beginn der siebziger Jahre vernichtet worden, weil für das Büro des Chefarchitekten (BCA) keine ausdrückliche Archivierungspflicht galt. Es ist einem glücklichen Zufall zu verdanken, daß wenigstens die im November 1950 unter der Leitung des Leipziger Stadtbaurates Kurt Brendel und des Amtsleiters Hans Gibbisch verfaßten Erläuterungsberichte erhalten blieben. Leipzig – Demonstrationsplan. Erläuterungsbericht, Rat der Stadt Leipzig, Stadtplanungsamt, 3. November 1950, (maschschr., Archiv des Stadtbauamtes Leipzig)

21 Die Deutsche Bauakademie übte ihre Kontrollfunktion mittels eines alle Aufbaustädte und Sonderbauvorhaben umfassenden Netzes von „Patenbeauftragten" aus. Für Leipzig waren als „Paten" Hanns Hopp (Architektur) und Kurt W. Leucht (Städtebau) zuständig.

22 An diesem Wettbewerb, der keine Folgen zeitigte, beteiligten sich u. a. Hans Scharoun, Franz Ehrlich und Hanns Hopp. Zur Planungs- und Baugeschichte des Opernhaus-Neubaues siehe Thomas Topfstedt: Oper Leipzig. Das Gebäude. Leipzig 1993

23 Die nachfolgend zitierten Auszüge aus einem Artikel Kurt Brendels belegen den Wandel im Denken der Stadtplaner. An die Stelle sachlich begründbarer Planungsansätze trat ein utopisches Schwelgen in monumentalen Architekturprojekten. Riesige Turmhäuser wurden nach sowjetischem Vorbild als die „Siegesarchitekturen" einer neuen Gesellschaftsordnung auch für die Stadtzentren von Ostberlin, Dresden und Magdeburg entworfen. Ihre Notwendigkeit wurde vornehmlich mit ideologischen und städtebaukünstlerischen Argumenten begründet: „Die Vorstellung, daß das Opernhaus als beherrschendes Gebäude des Karl-Marx-Platzes gestaltet werden könne, muß fallen gelassen werden, da hierzu die Baumasse nicht hoch genug entwickelt werden kann. Wenn nun aber das Opernhaus nicht die Aufgabe als beherrschendes Gebäude des Platzes übernehmen kann, so wird diese Aufgabe notwendigerweise ein anderes Gebäude übernehmen müssen. Der Ministerrat beschloß daher, daß gegenüber der Oper ein Kulturhochhaus errichtet werden soll. Unter diesem Gesichtspunkt macht es sich notwendig, die Oper auf die Südseite des Karl-Marx-Platzes zu verlegen, da andernfalls das neue Kulturhochhaus neben dem Karl-Marx-Hochhaus (dem Europa-Hochhaus von 1929, d. V.) zu stehen kommen würde, was städtebaulich nicht vertreten werden kann ... Das Zusammenspiel: Oper – Universität – Paulinerkirche ergibt günstigere architektonische Voraussetzungen als der alte Standort." (Kurt Brendel: Zur Neugestaltung des Karl-Marx-Platzes und des Opernhauses. In: Leipziger Volkszeitung vom 11. Mai 1951)

24 Den ersten Vorentwurf, einen schwerfällig klassizistischen Theaterkoloß, schuf 1953/54 das Kollektiv Friedrich Skujin. Er wurde jedoch nicht bestätigt, da er in keiner Weise den wirtschaftlichen Richtwerten und funktionellen Parametern entsprach. 1954 wurde Kunz Nierade mit der Ausarbeitung eines neuen Entwurfs beauftragt. Nach diesem ist dann die Oper während der zweiten Hälfte der fünfziger Jahre gebaut worden, allerdings mit erheblicher Reduzierung des Außenbauschmucks.

25 Die auch als „Grundakte 1952" bezeichnete, am 28. August 1952 bestätigte Städtebauliche Planung der Stadt Leipzig hat sich als Planwerk vollständig erhalten (Archiv des Stadtbauamtes Leipzig). Sie besteht aus: 1. Flächennutzungsplan; 2. Stadtbezirke (Karte der Verwaltungsgrenzen); 3. Demonstrationsplan; 4. Verkehrsplan; 5. Karte des Eigentums; 6. Versorgungsplan – Elektrizität; 7. Versorgungsplan – Gas; 8. Versorgungsplan – Wasser; 9. Versorgungsplan – Entwässerung; 10. Boden- und Baugrundakte; 11. Geologischer Plan; 12. Aufbauplan – Zentrum und Zentraler Bezirk; 13. Beschluß und Erläuterungsbericht

26 „Städtebildende Faktoren: Leipzig besitzt Metallindustrie, Maschinenbau, Graphisches Gewerbe, Textil- und Rauchwarenindustrie, Elektrotechnik, Feinmechanik und Optik. Leipzig ist Sitz des Rates des Bezirkes Leipzig sowie einer Anzahl Kopforganisationen von Industrie, Handel und Handwerk. Die Messe als Leistungsschau der deutschen Wirtschaft ist ein Hauptmerkmal der Stadt. Die Universität, die Hochschule für Körperkultur, die Deutsche Bücherei, die Institute für Lehrer- und Berufsschullehrerausbildung sowie die Fachschulen verschiedener Art sind besondere städtebildende Faktoren der Stadt. Außerdem hat Leip-

zig ein reges Theater- und Musikleben, insbesondere das Gewandhausorchester und den Thomanerchor." (Erläuterungsbericht zur städtebaulichen Planung von Leipzig, Ministerium für Aufbau, Hauptabteilung Städtebau. Berlin, den 14. August 1952. Maschschr. Kopie im Archiv des Stadtbauamtes Leipzig)

27 Ebd.

28 Entscheid über städtebauliche Wettbewerbe zur Neugestaltung Leipzigs. In: Deutsche Architektur 1953, Heft 1, S. 44; Kunz Nierade: Der Wettbewerb für die Städtebauliche Gestaltung des Promenadenringes in Leipzig. In: Deutsche Architektur 1953, Heft 6, S. 278 ff.

29 Rudolf Rohrer: Wohngebäude auf dem Roßplatz. In: Deutsche Architektur 1953, Heft 6, S. 300; ders.: Die Neubauten am Roßplatz in Leipzig. In: Deutsche Architektur 1955, Heft 3, S. 100 ff.

30 So sollte am gleichen Standort eine „Messe- und Handelszentrale Leipzig" errichtet werden. Ein Entwurf von Wilhelm Krüger und Otto Agsten, der frappierende strukturelle Analogien zum Roßplatz-Ensemble aufweist, wurde 1924 in einer Denkschrift an den Rat der Stadt Leipzig veröffentlicht (Wilhelm Krüger, Otto Agsten: Messe- und Handelszentrale Leipzig. Ein Projekt, o. O. 1924)

31 Probleme des Städtebaus und der Architektur im Siebenjahrplan. Erste Theoretische Konferenz, XXV. Plenartagung der Deutschen Bauakademie in Berlin, Oktober 1960, Berlin 1960, S. 45. Zum Leipziger Baugeschehen ab der Mitte der fünfziger Jahre bis zum Ende der sechziger Jahre siehe Thomas Topfstedt: Städtebau in der DDR 1955 – 1971, Leipzig 1988, S. 80 ff.

32 Wolfgang Hocquél: Die wichtigsten nach 1945 abgebrochenen Baudenkmale in Leipzig / Gefährdete Leipziger Bau- und Kunstdenkmale, die dringend gesichert, rekonstruiert, restauriert werden müssen. In: Bauwelt 1990, Heft 12, S. 556 f.; Katrin Löffler: Die Zerstörung. Dokumente und Erinnerungen zum Fall der Universitätskirche Leipzig. Leipzig 1993

33 Eine erste umfassende öffentliche Bestandsaufnahme der Schäden, verbunden mit einem aufrüttelnden Appell zur Rettung der Bausubstanz der Stadt, wurde im Januar 1990 auf der Volksbaukonferenz Leipzig vorgenommen (Materialien veröffentlicht in: 1. Volksbaukonferenz Leipzig 1990)

34 Thomas Topfstedt: „Gründerzeiten" im Leipziger Stadtzentrum. In: Die Stadt als Gabentisch (Hrsg. Hans G Helms). Leipzig 1992, S. 325 ff.

Die Innenstadt mit der charakteristischen Bebauung.
Im Vordergrund der Markt
mit der Alten Waage und dem Siegesdenkmal
Luftbild, 1934

Der Hauptbahnhof, der größte Kopfbahnhof Europas
Luftbild

Der Augustusplatz, einer der größten Stadtplätze Europas. Im Vordergrund das Museum der bildenden Künste mit dem Mendebrunnen, links die Universität und die Universitätskirche, im Norden das Neue Theater
Luftbild, um 1930

Augustusplatz mit Universitätskirche, Café Felsche, Kaufhaus Bamberger & Hertz, Kroch-Hochhaus und Gebäude der Dresdner Bank (von links)

Augustusplatz: Blick zur Hauptpost

Augustusplatz: Das Neue Theater, vom Museum der bildenden Künste aus gesehen. Im Vordergrund der Mendebrunnen

Museum der bildenden Künste, Ansicht Georgiring/ Augustusplatz, 1937

Der Markt zur Herbstmesse 1933

Petersstraße zur Frühjahrsmesse 1934

Karl-Tauchnitz-Straße: Wagen der Leipziger Wäschereien zum 1. Mai 1934

Ausstellung des Reichsnährstandes auf dem Markt, Frühjahrsmesse 1934

Siegesdenkmal auf dem Markt, 1941

Das Alte Rathaus zur Frühjahrsmesse 1936

Festsaal des Alten Rathauses, Sitz des Stadtgeschichtlichen Museums, vor dem Zweiten Weltkrieg

Das Gelände der Technischen Messe zur Frühjahrsmesse 1938, Ansicht von Süden, Luftbild

Der Königsplatz mit dem alten Grassimuseum zur Frühjahrsmesse 1936, Luftbild

Augustusplatz: Vergnügungsfahrten für Kinder, organisiert vom Winterhilfswerk

Messehaus National am Markt zur Frühjahrsmesse 1937

Gespräch an der Litfaßsäule, 1932

Universitätsbibliothek in der
Beethovenstraße, um 1940

Blick von der Richard-Wagner-Straße in Richtung Norden. Im Vordergrund Ringmessehaus, Hotel Fürstenhof und Reformierte Kirche. Im Hintergrund der Zoo mit Gesellschaftshaus

Blick vom Ranstädter Steinweg auf Reformierte Kirche und Altes Theater, um 1940

Kaufhaus Knoop am Brühl, links das Alte Theater, Postkarte

Blick in die Windmühlenstraße in Richtung Neues Rathaus, Postkarte

Blick in das Goldhahngäßchen, Postkarte

Badevergnügen am Elsterflutbecken zwischen Hindenburg(Landauer)- und Zeppelinbrücke, um 1930

Der Umladebahnhof Wahren, einer der größten seiner Art in Deutschland

Das Hotel Fürstenhof am Tröndlinring

Walter Dönicke, Oberbürgermeister von 1937 bis 1938 (vorn Mitte), mit Bürgermeister Rudolf Haake (links), Stadtkämmerer Köhler, Stadträten und Ratsmitgliedern im Neuen Rathaus

Carl Goerdeler (vorn Mitte), Oberbürgermeister von 1930 bis 1936, mit finnischen und schwedischen Gästen anläßlich der Erinnerungsfeier der Schlacht bei Breitenfeld 1631, 6. September 1931. Wegen seiner Zugehörigkeit zur Bewegung des 20. Juli 1944 um Graf Stauffenberg am 20. Februar 1945 in Berlin-Plötzensee hingerichtet

Volkswagenpräsentation zur Herbstmesse 1937 auf dem Augustusplatz

Vorstellung eines Luftschutzraumes zur Frühjahrsmesse 1936

Der Augustusplatz zu Hitlers 50. Geburtstag 1939

Adolf Hitler, Gauleiter Martin Mutschmann und Oberbürgermeister Walter Dönicke am Modell des Richard-Wagner-Nationaldenkmals, das zwischen Frankfurter Straße (Jahnallee) und Elsterflutbecken entstehen sollte

Die in der Reichspogromnacht vom 9./10. November 1938 durch Brandstiftung zerstörte Synagoge in der Gottschedstraße mußte laut Anweisung des Sächsischen Innenministeriums vom 11. November binnen vier Tagen von der Israelitischen Religionsgemeinde abgetragen werden

Aufruf zum Boykott jüdischer Geschäfte am Kaufhaus Joske in der Karl-Heine-Straße, April 1933

Geschäftshaus Nikolaistraße 39–45 (Blauer Hecht) nach der Reichspogromnacht. Hier waren 34 jüdische Pelzfirmen ansässig

Zum Einschmelzen für die Rüstungsindustrie bestimmte Denkmale auf dem Lagerplatz an der Dauthestraße, 1942

Bericht
über die Abnahme der Denkmäler für das
Stadtgeschichtliche Museum (Stadtchronik)

Im Rahmen der Metallspende des Deutschen Volkes an den Führer ist im Frühjahr 1940 beschlossen worden, auch die öffentlichen Denkmäler aus Bronze oder Kupfer für die Rohstoffversorgung zur Durchführung des Krieges zur Verfügung zu stellen. Da der Führer bestimmt hat, daß die Ablieferung durch die Gemeinden selbst erfolgen soll, wurde zunächst der Bestand an Bronzedenkmälern überprüft und das Ergebnis dann der Landesregierung und des Landeskulturwalters vorgelegt. Gemäß Gutachten des Landesdenkmalpflegers wurden folgende Stücke vom Oberbürgermeister zur Einschmelzung abgegeben:

1. Die Pro-Patria-Gruppe an der Ehrensteinstraße von Matthieu Molitor, 1916
2. Die Figur der Manon Lescaut im Palmengarten von Mercié, 1900
3. Die beiden Vasen am Wasserbecken im König-Albert-Park, 1897
4. Die Erinnerungstafel an Selliers Hof am Handelshof an der Grimmaischen Straße,
5. Die Gedenktafel an Prof. Dr. Gregory an der 28. Volksschule an der Naunhofer Straße
6. Das Kriegerehrenmal am Buchhändlerhaus an der Hospitalstraße von Kolbe, 1925
7. Die beiden Reliefs vom List-Harkort-Denkmal in den Schwanenteichanlagen von Lehnert, 1915
8. Die Figur "Der Wächter" in den Anlagen hinter dem Museum von Molitor, 1908
9. Die Figur "Die Reifenwerferin" am Augustusplatz von Kraus-Berlin, 1908
10. Die Theodor-Körner-Plakette am Neuen Theater von Zalisz, 1936
11. Die Erinnerungstafel an hervorragende Schüler der ehemaligen Nikolaischule am Nikolaikirchhof von Reiß, 1936
12. Der Sockel des mittleren Fahnenmastes vor dem Neuen Theater von Wollstädter, 1911
13. Der Froschbrunnen am Rabensteinplatz von W. Stein, 1906

Bericht des Hochbauamtes über die Abnahme von zur Einschmelzung vorgesehener Denkmale (Seite 1)

Der Deutsche
grüßt:
Heil
Hitler!
Emailplakate
Gesetzlich geschützt
Behördl. genehmigt

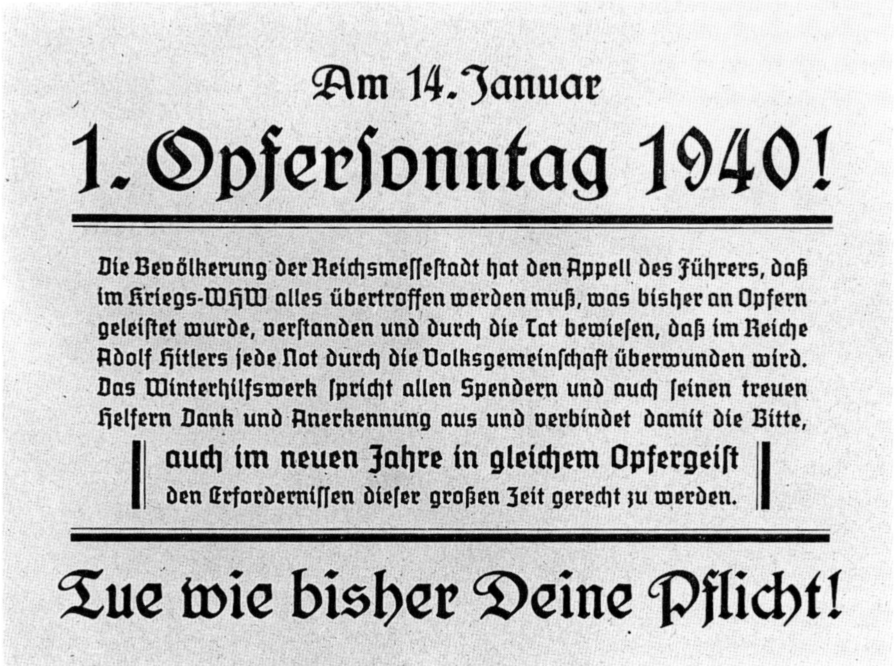
Am 14. Januar

1. Opfersonntag 1940!

Die Bevölkerung der Reichsmessestadt hat den Appell des Führers, daß im Kriegs-WHW alles übertroffen werden muß, was bisher an Opfern geleistet wurde, verstanden und durch die Tat bewiesen, daß im Reiche Adolf Hitlers jede Not durch die Volksgemeinschaft überwunden wird. Das Winterhilfswerk spricht allen Spendern und auch seinen treuen Helfern Dank und Anerkennung aus und verbindet damit die Bitte,

auch im neuen Jahre in gleichem Opfergeist den Erfordernissen dieser großen Zeit gerecht zu werden.

Tue wie bisher Deine Pflicht!

Zurschaustellung französischer und englischer Beutewaffen auf dem Augustusplatz, 1940

Aufruf des Winterhilfswerks

Emailplakat

Ausstellung der Wehrmacht auf dem Augustusplatz, 1941

ANGRIFF auf LEIPZIG in der NACHT vom 20.zum 21.X.43

MELDUNGEN des WARNDIENSTES.

19.35 Einflüge über Holland
19.38 Spitze über Bremen.
19.40 Spitze über Hannoversch-Münden.-Kurs OST.
19.46 Spitze über Braunschweig.-2.Welle a.d.Schelde.
19.47 Einflüge über Stendal.
19.50 Luftgefahr 15.
19.55 Spitze über Magdeburg.Richtung Berlin.
20.10 ALARM.-Abgetrennte Flugzeuge im Raume Aschersleben.
20.37 Gemeldete Flugzeuge um Wittenberg-bis Torgau vorgedrungen.
20.46 Starke Fliegertätigkeit über Torgau.
20.52 Feindliche Flugzeuge nähern sich Leipzig.
21.10 Einige Flugzeuge im Rückflug-Richtung WEST.
21.18 Leuchtbomben über Probsthaida
Brände beobachtet bei Hauptbahnhof,Bayrischer Bahnhof,Ortskrankenkasse,Mitteldeutsche Motorenwerke.Dresdner Bahnhof.Freiladebahnhof. Eisenbahnstr.Metallgusswerke.Hafengelände. Bhf.Wahren.Hbf.Güterbahnhof.Köhler & Volkmar. Hohestr.-Bayrische Str.-Metzger & Wittig.König--Ecke Stephanstr.Nikolai-Schule,Brockdorff-Rantzaustr.Elisenstr.31-35.VERSCHÜTTETE,Rückmarsdorferstr.-Ecke Merseburgerstr.Fa.Holzmüller Mariettastr:I.G.Farben-Lager.-Tuch-HEYNE.Reudnitzerstr:1-7,15-19.Grossbrände.Apollo-Theater.
22.20 Über Leipzig keine Flugzeuge mehr.
22.21 Luftgefahr vorbei.

Aufzeichnungen eines Angehörigen der Feuerschutzpolizei zum Bombenangriff vom 20. Oktober 1943

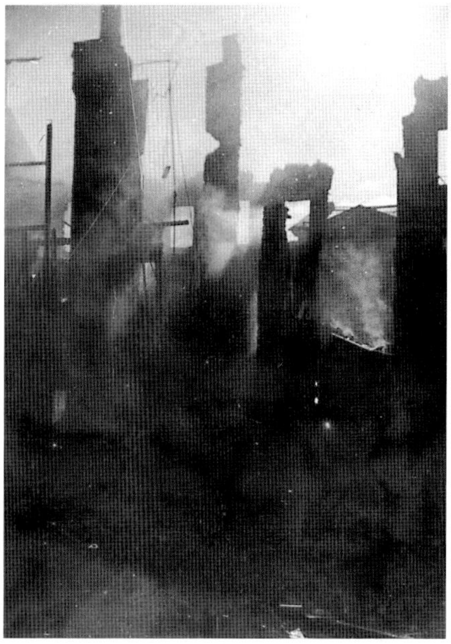

Elisenstraße 31–37

Zerstörungen nach dem Bombenangriff vom 20. Oktober 1943, Sidonienstraße (Paul-Gruner-Straße) 20–22 (oben links und rechts)

Die Technische Nothilfe birgt Verschüttete. Familie Seifert, Elisenstraße (Bernhard-Göring-Straße) 33, hat den Bombenagriff nicht überlebt

Elisenstraße 33

Holzhäuser Straße 85 (oben links)

Verlag und Druckerei der Illustrirten Zeitung Leipzig in der Reudnitzer Straße

Holzhäuser Straße 85–89 (oben rechts)

Brand im Dachgeschoß des Verlagsgebäudes

Rennbahn: Zerstörungen des Tribünengeländes durch eine Mine. Es entstand ein Bombenkrater von 15 Metern Durchmesser und 1,75 Metern Tiefe. Blindgänger wurden markiert

Holzhäuser Straße, Bergung von gerettetem Hausrat (oben)

Die durch eine Mine betroffenen Gebäude Fichtestraße 46–48 (links unten)

Tattersall des Südens Gustav Werther, Reit- und Fahrunterricht, Verleihung und Handel mit Pferden, Meusdorfer Straße 2: Junkerslamellendachkonstruktion durch den Einschlag einer Sprengbombe zerstört

Flakfeuer über dem Augustusplatz, aufgenommen aus dem Keller des Museums der bildenden Künste, Herbst 1943 (oben rechts)

Brennende Kirche in Sommerfeld

Totenfeier für die Opfer des 20. Oktober 1943

JN DIESEM
KRIEGE
SIEGT
NICHT
DAS GLÜCK
SONDERN
ENDLICH
EINMAL
DAS RECHT
ADOLF HITLER
Kurt Blau

Titelblatt einer hektographierten
Schrift von Kurt Blau, 1943

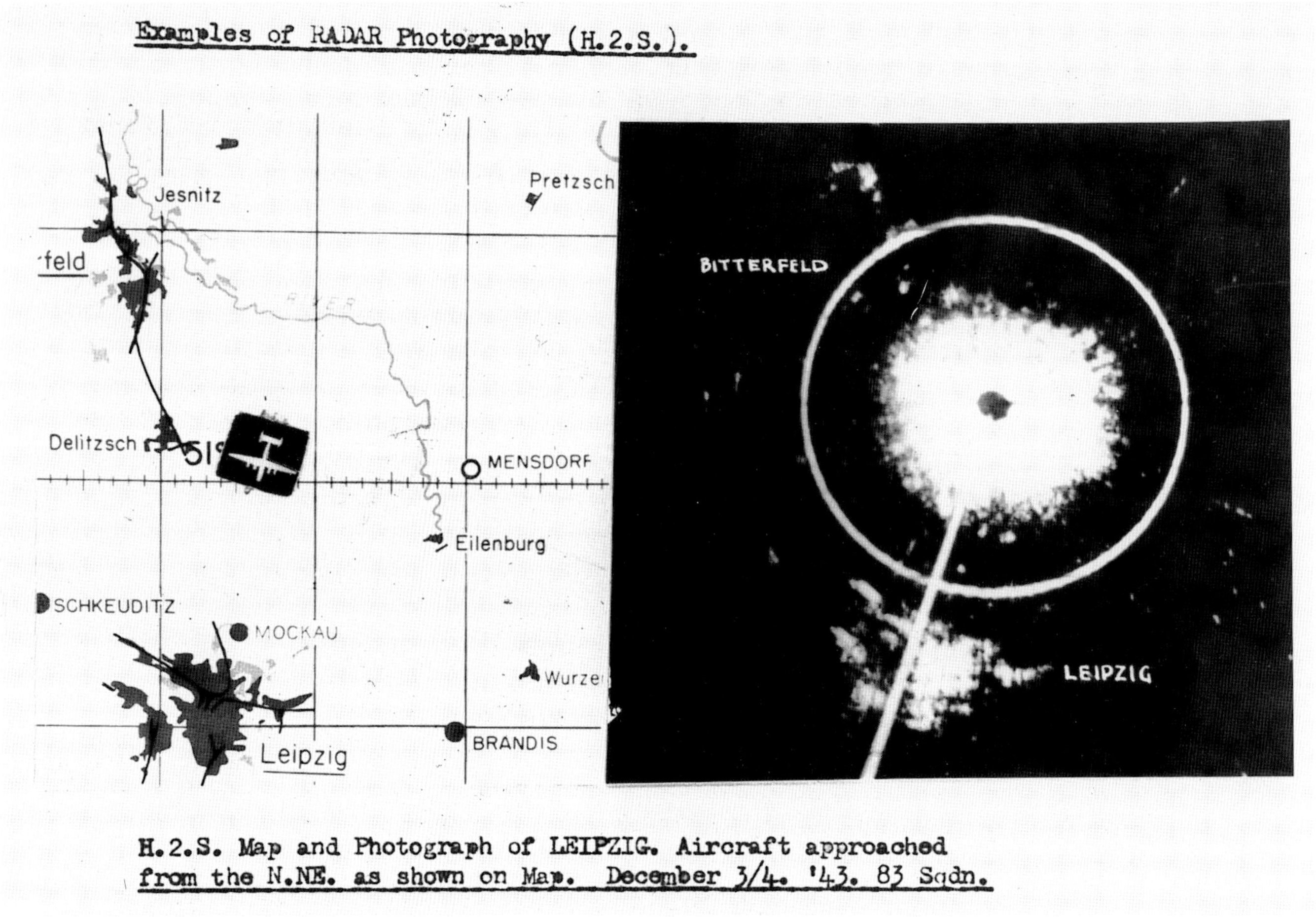

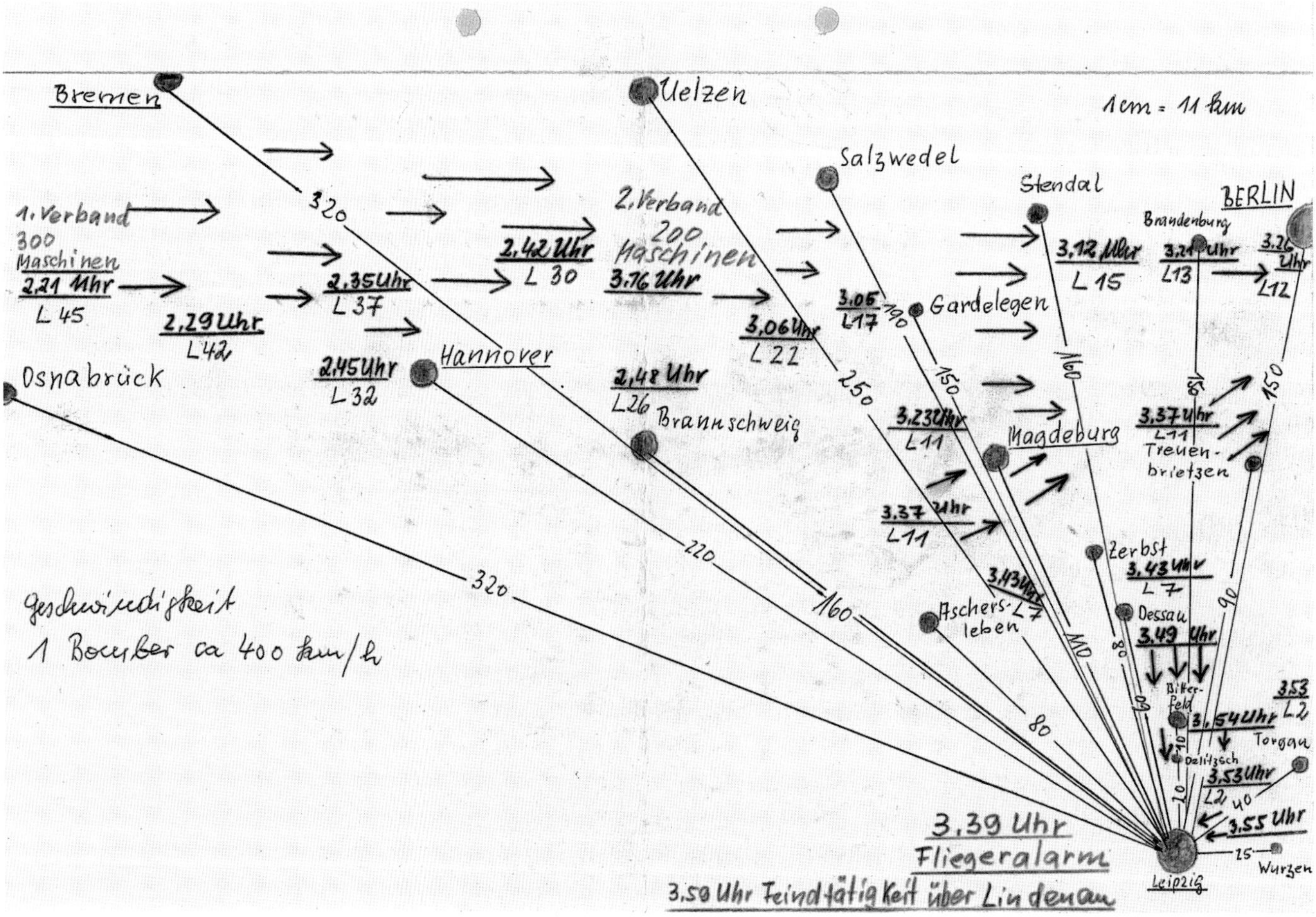

Radaraufnahme vom Luftraum Leipzig, 3./4. Dezember 1943

Grafische Darstellung zum Ablauf des Luftangriffs auf Leipzig am 4. Dezember 1943 von Wolfgang Jacobi

Amtliche Aufzeichnungen über den Luftangriff auf Leipzig am 4.12.43
(DRAHTFUNK)

2.25 Uhr: - Es werden in Kürze Luftlagemeldungen durchgegeben.
2.28 Uhr: 1. Lgm. L 45, seit 1.2o Uhr Anflug starker feindlicher Verbände, ca 3oo Flugzeuge, in breiter Front über Nordholland, Spitze um 2.21 Uhr zirka 7o km südwestlich Bremen mit Kurs Ost.
2.35 Uhr: 2. Lgm. L 42, Spitze des ersten Verbandes um 2.29 Uhr 4o km nördlich Osnabrück mit Kurs Ost.
2.4o Uhr: 3. Lgm. L 37, Einflug in breiter Front zwischen Bremen und Osnabrück, Spitze um 2.35 Uhr 4o km südlich Bremen mit Kurs Ost.
2.45 Uhr: 4. Lgm. L 32, Spitze 4o km westlich Hannover
2.47 Uhr: 5. Lgm. L 3o, Einflug des ersten Verbandes in breiter Front zwischen Uelzen und Hannover um 2.42 UHr
2.54 Uhr: 6. Lgm. L 26, Spitze um 2.48 Uhr nördlich Braunschweig, weitere Wellen folgen bei Hannover und Osnabrück.
3.o6 Uhr: 7. Lgm. L 22, Einflug befindet sich zwischen Salzwedel und Braunschweig
3.1o Uhr: Verdukklungserleichterung zurück (V. z.)
3.12 Uhr: 8. Lgm. L 17, Spitze um 3.o5 Uhr bei Gardelegen
3.13 Uhr: L 15
3.17 Uhr: 9. Lgm. L 15, Einflug des ersten Verbandes um 3.12 Uhr zwischen Stendal und Magdeburg, keine feindlichen Flieger xx südlich Magdeburg, Kurs alles Berlin.
3.21 Uhr: 1o. Lgm. L 13, Spitze 2o km westlich Brandenburg
3.26 Uhr: 11. Lgm. L 12, Spitze des Einfluges hat Berlin erreicht.
3.28 Uhr: 12. Lgm. Um 3.16 Uhr ein weiterer Verband zirka 2oo Flugzeuge zwischen Salzwedel und Braunschweig.
3.29 Uhr: 13. Lgm. L 11, Südliche Spitze um 3.23 Uhr des zweiten Einfluges bei Magdeburg mit Kurs Ost.
3.37 Uhr: 14. Lgm. L 11, Flugzeuggeräusch nördlich Treuenbrietzen sowie nördlich Aschersleben mit Kurs Nordost.

<u>3.39 Uhr:</u> <u>A l a r m</u>

3.42 Uhr: 15. Lgm. L 7, Feindliche Flieger bei Aschersleben und Zerbst 3.43 Uhr.
3.48 Uhr: 16. Lgm. Flugzeuggeräusch westlich Dessau mit Kurs auf Warngebiet Mitte, 3.49 Uhr.
3.51 Uhr: 17. Lgm. Flugzeuggeräusch bei Bitterfeld mit Kurs Süd 3.54 Uhr.
3.52 Uhr: 18. Lgm. L 2, Flugzeuggeräusch bei Delitzsch Kurs Leipzig, Flugzeuggeräusch nördlich Torgau 3.53 Uhr
3.55 Uhr: 19. Lgm. Flugzeuggeräusch östlich Leipzigs, weiterer Anflug, Flugzeuggeräusch westlich Wurzen
<u>3.58 Uhr:</u> 2o. Lgm. <u>Feindtätigkeit über Lindenau</u> 3.59 Uhr

- -

Aufzeichnungen zum Ablauf des Angriffs auf Leipzig am 4. Dezember 1943

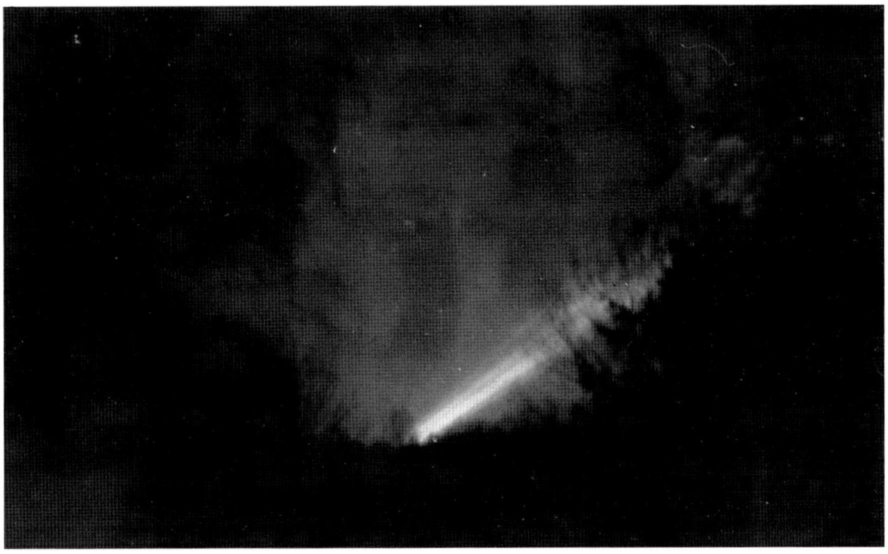

4. Dezember 1943: Der Anflug beginnt von Nordwest 3.25 Uhr

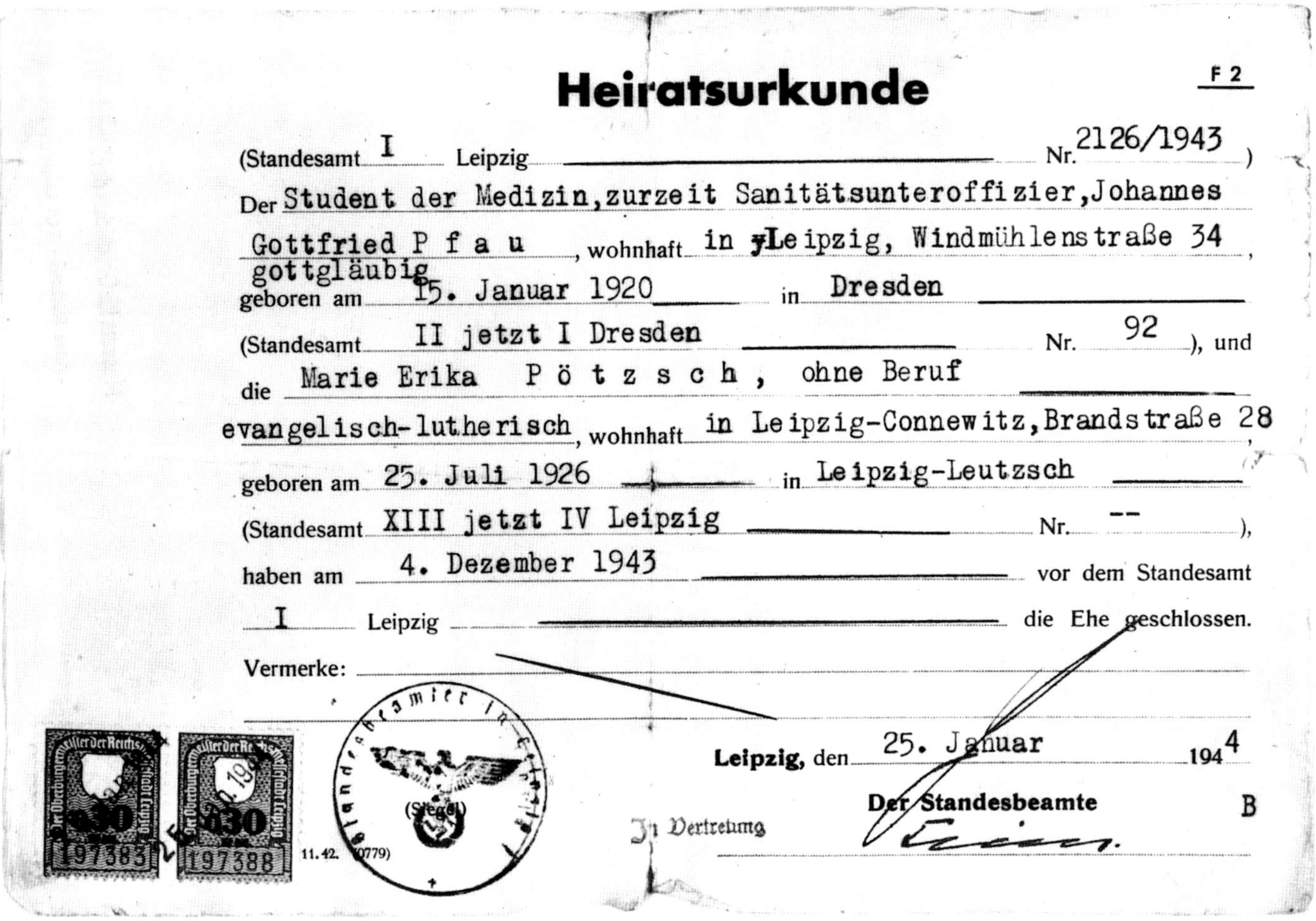

Heiratsurkunde

F 2

(Standesamt I Leipzig Nr. 2126/1943)

Der Student der Medizin, zurzeit Sanitätsunteroffizier, Johannes Gottfried P f a u, wohnhaft in Leipzig, Windmühlenstraße 34, gottgläubig

geboren am 15. Januar 1920 in Dresden

(Standesamt II jetzt I Dresden Nr. 92), und

die Marie Erika P ö t z s c h, ohne Beruf evangelisch-lutherisch, wohnhaft in Leipzig-Connewitz, Brandstraße 28

geboren am 25. Juli 1926 in Leipzig-Leutzsch

(Standesamt XIII jetzt IV Leipzig Nr. --),

haben am 4. Dezember 1943 vor dem Standesamt I Leipzig die Ehe geschlossen.

Vermerke:

Leipzig, den 25. Januar 1944

Der Standesbeamte

In Vertretung

B

11.42. (0779)

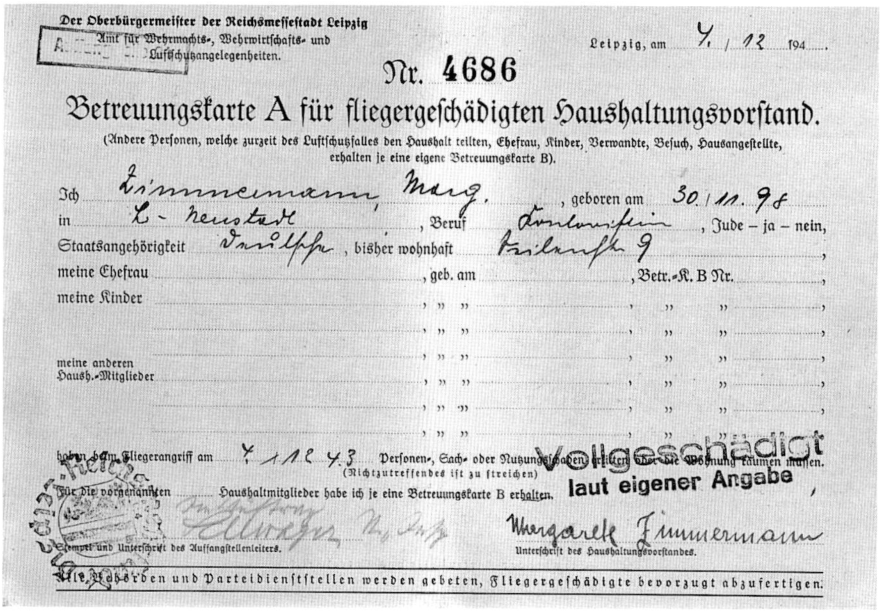

Der Oberbürgermeister der Reichsmessestadt Leipzig
Amt für Wehrmachts-, Wehrwirtschafts- und Luftschutzangelegenheiten.

Leipzig, am 4. 12. 194..

Nr. 4686

Betreuungskarte A für fliegergeschädigten Haushaltungsvorstand.

(Andere Personen, welche zurzeit des Luftschutzfalles den Haushalt teilten, Ehefrau, Kinder, Verwandte, Besuch, Hausangestellte, erhalten je eine eigene Betreuungskarte B).

Ich Zimmermann, Marg., geboren am 30. 11. 98
in L.-Neustadt, Beruf [illegible], Jude – ja – nein,
Staatsangehörigkeit Deutsche, bisher wohnhaft [illegible] 9,
meine Ehefrau ..., geb. am ..., Betr.-K. B Nr. ...,
meine Kinder ..., " " ..., " " ...,

meine anderen Haush.-Mitglieder ..., " " ..., " " ...,

haben beim Fliegerangriff am 4. 12. 43 Personen-, Sach- oder Nutzungsschaden erlitten oder die Wohnung räumen müssen.
(Nichtzutreffendes ist zu streichen)

Vollgeschädigt laut eigener Angabe

Für die vorgenannten ... Haushaltmitglieder habe ich je eine Betreuungskarte B erhalten.

Stempel und Unterschrift des Auffangstellenleiters.

Margarete Zimmermann
Unterschrift des Haushaltungsvorstandes.

Alle Behörden und Parteidienststellen werden gebeten, Fliegergeschädigte bevorzugt abzufertigen.

Heiratsurkunde vom 4. Dezember 1943

Sogenannte Bombenkarte, ausgestellt am 4. Dezember 1943

Mimi und Albrecht Leistner nach dem Angriff vom 4. Dezember 1943 bei Verwandten. Ihre Wohnung in der Fockestraße 33 brannte aus

Taschenuhr von Friedrich Louis Pabsch, stehengeblieben während des Bombenangriffs am 4. Dezember 1943, bei dem der Eigentümer zusammen mit 73 Bewohnern der Nostitzstraße (Reichpietschstraße) 19 und 21 umkam

Leipziger Neueste Nachrichten

und Handels-Zeitung
vormals „Leipziger Nachrichten"

VERLAG, SCHRIFTLEIT., DRUCKEREI: Leipzig C 1, Peterssteinweg 19. Postfach 117/118. Ruf 70611, 72611; Schriftleit. nach 21 Uhr 71564. Postscheck-Kto. 926. Drahtanschrift „Neueste Leipzig" BEZUG (sonntags mit „Welt im Bild"): durch Träger in Groß-Leipzig mtl. RM 2.70, auswärts 2.96, halbmtl. entsprechd.; durch d. Post mtl. 3.35 (einschl. 56 Rpf. Post-Überw.-Geb.) + 42 Rpf. Postzustellgeld. ANZEIGEN: Annahmeschluß 13 Uhr. Preisliste 81.

in Leipzig auswärts
15 Pf. / 20 Pf.

SONNTAG, 5. DEZEMBER 1943

„LNN" ERSCHEINEN tägl. außer an 2. Feiertagen. Für regelmäß. u. pünktl. Erscheinen wird nicht gehaftet, ebensowenig f. Rückgabe unverlangt. Schriftstücke. Nachdruck uns. Artikel u. Eigenmeld. nur bei deutl. Quellenangabe „Leipz. Neueste Nachr." gestattet. Die „LNN" enthalt. die Bekanntgaben d. Oberbürgermeisters, Landrates u. Polizeipräsidenten u. solche d. Amts- u. Landgerichts, der Amts- u. Staatsanwaltschaft u. d. ...

AUSGABE A Nr. 339

Leipzig trotzt dem Bomben-Terror!

Jetzt hilft jeder, wo er helfen kann / Der Haß gegen die anglo-amerikanischen Mordbrenner wächst unermeßlich und verleiht uns Kampf- und Arbeitskraft, die auch Garanten für unseren Sieg sein werden

Aufruf des Gauleiters an die Leipziger Bevölkerung!

Nachdem die Luftgangster vergeblich versucht haben, in Berlin die Moral des deutschen Volkes zu erschüttern, ist nun Leipzig an die Reihe gekommen. Infolge des Ausbleibens der erwarteten militärischen Erfolge greifen sie zu dem Mittel des Frauen- und Kindermordes. Es ist dies der beste Beweis, daß Roosevelt, Churchill und Stalin als die Werkzeuge des Judentums das deutsche Volk in seiner Gesamtheit vernichten wollen. Sie haben sich jedoch abermals getäuscht. Das deutsche Volk ist aus einem Guß. Leipzig wird dem heldenhaften Vorbild der Gaue im Westen, Süden und Norden sowie der Reichshauptstadt nicht nachstehen. Von den beteiligten Stellen werden sofort alle Maßnahmen eingeleitet, um das Leben, wenn auch in bescheidenem Rahmen, wieder in Gang zu bringen.

Leipziger! Jetzt werdet Ihr zeigen, daß der Führer sich felsenfest auf Euch verlassen kann. Aller Augen richten sich jetzt auf Euch. Die deutsche Heimat rückt jetzt enger zusammen. Jeder hilft, wo er helfen kann. An Eurem Willen wird die Vernichtungswut unserer Feinde brechen.

Wer Haß sät, wird Haß ernten, und der Haß gegen diese Verbrecher wächst unermeßlich und verleiht uns eine Kampf- und Arbeitskraft, die auch Garanten für unseren Sieg sein werden.

Leipzig, am 4. Dezember 1943.

Martin Mutschmann

Gauleiter.

Sonderzuteilung von Kaffee und Süßwaren im Stadtkreis Leipzig

Die Versorgungsberechtigten im Stadtkreis Leipzig erhalten sofort eine Sonderzuteilung von Süßwaren und Bohnenkaffee, und zwar:

Normalverbraucher und nicht landwirtschaftliche Selbstversorger über 18 Jahre 50 Gramm Bohnenkaffee und 125 Gramm Süßwaren.

Kinder und Jugendliche bis zu 18 Jahren sowie die nicht landwirtschaftlichen Selbstversorger in dieser Altersstufe 250 Gramm Süßwaren, jedoch keinen Bohnenkaffee.

Die Ausgabe erfolgt auf die Weihnachtssonderkarte. Die Einzelhändler durchkreuzen die betreffenden Abschnitte zum Zeichen der Belieferung, die Ausgabe der Weihnachtssonderzuteilung erfolgt dann gegen Abtrennung der durchkreuzten Abschnitte.

Die Verbraucher werden gebeten, Rücksicht darauf zu nehmen, daß die Belieferung der Einzelhändler noch nicht allenthalben hat erfolgen können.

Die Einzelhändler liefern diese Abschnitte zu dem noch bekanntzugebenden Zeitpunkt in der üblichen Weise bei den Bezugscheinstellen für den Lebensmitteleinzelhandel ein. Sie haben darauf zu achten, daß nur in Leipzig wohnhafte Personen mit dieser Sonderzuteilung beliefert werden.

Leipzig, den 4. Dezember 1943.

Der Oberbürgermeister
der Reichsmessestadt Leipzig.

„Oeffentliche Luftwarnung" jetzt auch bei Dunkelheit

In Zukunft wird auch nach Eintritt der Dunkelheit beim Einflug einer geringeren Anzahl von Störflugzeugen die bisher nur bei Tage übliche „öffentliche Luftwarnung" gegeben. Das Signal besteht aus einer dreimaligen Wiederholung eines hohen Dauertones von etwa je 15 Sekunden.

Allgemein luftschutzmäßiges Verhalten ist hierbei nicht vorgeschrieben. Jedoch werden im Gegensatz zur „öffentlichen Luftwarnung" bei Tage die elektrisch betriebenen öffentlichen Verkehrsmittel während der Dunkelheit den Betrieb einstellen.

Oeffentliche Zusammenkünfte oder Versammlungen einschließlich der Vorstellungen in Theatern und Lichtspielhäusern sind zu unterbrechen und aufzulösen.

Sollte im Anschluß an das Signal „öffentliche Luftwarnung" das Signal „Fliegeralarm" gegeben werden, so ist allgemein luftschutzmäßiges Verhalten notwendig. Die Bevölkerung hat dann die Schutzräume aufzusuchen.

Die Entwarnung bleibt in jedem Falle die gleiche wie bisher (lang anhaltender Ton).

Der Bevölkerung wird dringend empfohlen, genau auf den Unterschied zwischen den Signalen „öffentliche Luftwarnung" und „Fliegeralarm" zu achten.

28 Feindbomber abgeschossen

Weiter erfolgreiche Abwehr im Osten / Heftige Kämpfe in Süditalien

Aus dem Führerhauptquartier, 4. Dezember. (DNB.) Das Oberkommando der Wehrmacht gibt bekannt:

Im Südabschnitt der Ostfront kam es nur südwestlich Krementschug und bei Tscherkassy zu größeren Kampfhandlungen. Alle feindlichen Angriffe wurden bis auf Gewinne örtlicher Einbrüche abgewiesen. An einer Stelle sind Kämpfe mit einer durchgebrochenen feindlichen Abteilung im Gange. Zwischen Pripjet und Beresina drangen die Sowjets verschiedentlich in unsere Stellungen ein, wurden jedoch im sofortigen Gegenangriff wieder geworfen. Westlich Kritschew sind heftige Kämpfe mit stärkeren, von Panzern unterstützten feindlichen Verbänden im Gange.

Im Kampfraum westlich Smolensk unternahmen die Sowjets am vierten Tage der großen Abwehrschlacht bei dichtem Schneetreiben erneute heftige Angriffe, die sie trotz steigender Verluste bis zum Einbruch der Dunkelheit immer wiederholten. Alle Angriffe wurden blutig abgewiesen, eine nördlich der Rollbahn eingebrochene feindliche Abteilung vernichtet. Westlich Newel brachten die eigenen Angriffe örtlichen Geländegewinn. Starke feindliche Gegenangriffe scheiterten. Dabei wurden 21 Sowjetpanzer vernichtet und vier weitere bewegungsunfähig geschossen.

Im westlichen Abschnitt der süditalienischen Front sind an zahlreichen Stellen heftige Kämpfe im Gange. Deutsche Eingreifreserven bereinigten einige Einbrüche und brachten dabei Gefangene ein. Am äußersten linken Flügel unserer Front wurden die starken Angriffe der 8. englischen Armee in einem Stellungsabschnitt aufgefangen, der einige Kilometer rückwärts liegt.

Britische Bomberverbände unternahmen in den frühen Morgenstunden des heutigen Tages einen Terrorangriff auf Leipzig. Im Stadtgebiet wurden Wohnviertel, öffentliche Gebäude, Kunst- und Kulturstätten schwer getroffen. Andere feindliche Flugzeuge überflogen die Reichshauptstadt, ohne Schaden anzurichten. Bisher wurde der Abschuß von 28 feindlichen Bombern festgestellt.

Fernkampfbatterien erwiderten gestern das Feuer englischer Batterien über den Kanal und beschossen mit guter Wirkung wichtige Ziele in Dover, Deal und Folkestone.

Leipzig fordert Vergeltung

Drx. Leipzig hat eine schwere Nacht hinter sich. Der Terrorangriff der britischen Luftgangster in den frühen Morgenstunden des Sonnabend hat unserer Stadt, der Heimat von fast dreiviertel Millionen Menschen, schwere Wunden geschlagen. Die Flammen lodern noch aus den Häusern und auf den Straßen liegt der Schutt der Trümmer. Viele haben alles verloren und suchen nach der Zuflucht für die nächste Zukunft. Die gerettete Habe wartet auf den Abtransport. Aber schon regt sich die Hilfe. Sie regt sich allenthalben, spürbar und entschlossen. Der Gauleiter selbst ist nach Leipzig gekommen, um das Rettungs- und Hilfswerk persönlich zu leiten. Kreisleitung und Oberbürgermeister haben alle erforderlichen und durchführbaren Maßnahmen in die Wege geleitet, um der Bevölkerung unverzüglich über die Schwere der nächsten Tage hinwegzuhelfen.

In der Not der Gefahr zeigte sich, daß Leipzig durch den Schlag, den ihm die Mordbuben aus England zugedacht haben, keineswegs in die Knie gesunken ist. Gewiß blieb in den Stunden des Angriffs und denen, die ihm folgten, keine Zeit zu Ueberlegungen, aber gerade daß jeder das tat, was der Augenblick von ihm forderte, bewies, wie wenig die Niedertracht der Gegner die Leipziger Bevölkerung um die Klarheit ihrer Gedanken gebracht hat. Die Hilfsbereitschaft der Nachbarn war in jedem Haus und in jeder Straße, die getroffen wurde; so resolut und so vorbildlich, daß sich an ihr jede und jeder aufrichtete, die der Gedanke an den erlittenen Verlust etwa anzupacken drohte.

Nichts brauchen wir in dieser Stunde zu beschönigen oder übersehen. Wir haben viel verloren, aber den Kopf behalten wir oben. Kühl und nüchtern halten wir den einzigen Gedanken fest, den in dieser Lage eine Stadt allein haben kann, die das Erbe ihrer Vergangenheit bedroht sieht, die ihre Kunststätten und den Schmuck verloren hat, den Fleiß, Sparsamkeit und Tüchtigkeit in Generationen geschaffen haben, den einzigen Gedanken: Rache. Doppelte und dreifache Vergeltung den Banditen, die uns überfielen. Wir halten ein Versprechen in Händen, das der Führer uns gab. Er wird es einlösen. Und Millionen Deutsche werden dann in der Stunde der Vergeltung an das denken, was sie verloren haben. Und nicht eher.

Wenn dies die Tonart ist, mit der Engländer und Amerikaner uns Deutsche weich und willig, das heißt reif für ihren „Frieden" machen wollen, so täuschen sie sich. Heute sind wir der Amboß, auf den die Schläge niederfallen. Aber morgen werden wir der Hammer sein. Und dann wehe dir England!

•

Als am Sonnabend früh die Sirenen Alarm riefen, mag vielleicht mancher Leipziger den Ruf zu so ungewöhnlicher Stunde für blinden Alarm gehalten haben. Aber es war nur ein kurzer Irrtum, denn die Bomben fielen sehr bald. Dennoch blieb genügend Zeit zu luftschutzmäßiger Vorbereitung. Eine Zeit, die von jedermann und überall genützt wurde. So kam es, daß sich namentlich Frauen und Kinder, so gut es eben die Verhältnisse erlaubten, in Sicherheit bringen konnten. Aber wo immer es nötig war, standen namentlich unsere Frauen auf dem Platz, den ihnen die Organisationen des Luftschutzes zugewiesen hatte. Sie haben unter Aufopferung ihrer ganzen Kraft, in selbstloser Hingabe und überall mit Todesverachtung die Schäden abzuwenden, Hilfe zu bringen und zu bergen versucht, wo auch nur nach ihnen verlangt wurde. In ganz besonderer Weise bewährte sich die Nachbarschaftshilfe: Sie wurde uneigennützig, rasch und spontan gewährt. Mancher brachte erst ihm bisher völlig fremde Menschen mit ihrer Habe in Sicherheit, ehe er an sich dachte.

Die Löschversuche in den von den Brandbomben getroffenen Häusern wurden in unmittelbarem Anschluß an den Angriff, vielfach noch während seines Verlaufs begonnen. Und sie wurden, wenn sie keinen Erfolg hatten, bis zum letzten Tropfen Wasser durchgeführt. Aber auch dann bewährte sich die Hausgemeinschaft bei der Bergung der beweglichen Habe der Be-

Schwedens Haltung dem deutschen Volk unverständlich

Der Reichsminister des Auswärtigen von Ribbentrop hat am Sonnabend den Königlich Schwedischen Geschäftsträger, Herrn Post, zu sich und teilte ihm im Zusammenhang mit einer Unterredung des schwedischen Außenministers mit dem deutschen Gesandten in Stockholm in der Frage der wegen Sabotage verhafteten Osloer Studenten mit, daß die Reichsregierung sich nicht in der Lage sehe, mit der schwedischen Regierung derartige Fragen zu erörtern und daß sie die schwedische Regierung bitten müsse, sich in Zukunft einer Einmischung in deutsch-norwegische Fragen zu enthalten.

Der Reichsminister drückte hierauf dem schwedischen Vertreter das Befremden der Reichsregierung darüber aus, daß die schwedische Regierung eine selbstverständliche Maßnahme der Besatzungsmächte in Norwegen, nämlich die Unschädlichmachung von Saboteuren und Brandstiftern, die nicht zuletzt im Interesse Norwegens selbst erforderlich gewesen sei, zum Gegenstand eines diplomatischen Schrittes gemacht habe. Das Befremden der Reichsregierung sei um so größer, als die schwedische Regierung es bisher niemals für angebracht gehalten habe, bei England, den USA oder Sowjetrußland gegen wirkliche, und zwar schwerste Verletzungen skandinavischer Interessen durch diese Staaten Vorstellungen zu erheben.

So habe sich die schwedische Regierung u. a. nicht gerührt, als England durch seine Angriffshandlungen gegen Norwegen den Krieg überhaupt erst nach Skandinavien hineingetragen hat. Ebensowenig habe man sich in Schweden um die unvorstellbaren Greueltaten der Sowjetunion anläßlich der Bolschewisierung der baltischen Staaten bekümmert, als u. a. ca. 170000 Esten, Letten und Litauer, darunter Zehntausende von Frauen und Kindern, nach Rußland deportiert und dort der Vernichtung preisgegeben wurden. In diesen Fällen habe sich das Gefühl der brüderlichen Verbundenheit, auf das sich die schwedische Regierung jetzt gegenüber den von feindlichen Agenten aufgehetzten norwegischen Brandstiftern berufe, nicht bemerkbar gemacht. Vor allem aber stehe die Welt vor der erschütternden Tatsache, daß Schweden das finnische Brudervolk in seinem heldenhaften Existenzkampf gegen den Bolschewismus, den es ebensosehr im eigenen wie im Interesse Schwedens führt, im Stich lasse.

Die aus all diesen Tatsachen hervorgehende Haltung Schwedens, das nur durch das deutsche Eingreifen in Norwegen und den deutschen Verteidigungskampf gegen den Osten davor bewahrt worden sei, selbst Kriegsschauplatz zu werden, sei dem deutschen Volke unverständlich.

Vier neue Eichenlaubträger

Der Führer verlieh am 30. November 1943 das Eichenlaub zum Ritterkreuz des Eisernen Kreuzes an Generalleutnant Walter Hartmann, Kommandeur einer Infanterie-Division, als 340. Soldaten; Major Ernst August Fricke, Bataillonskommandeur in einem Panzer-Grenadier-Regt., als 341. Soldaten; Oberstleutnant Ernst Wellmann, Kommandeur eines Panzer-Grenadier-Regiments, als 342. Soldaten; Oberst Alfred Druffner, Kommandeur eines Grenadier-Regiments, als 343. Soldaten der deutschen Wehrmacht.

Major Fricke und Oberst Druffner sind ihrer bei den Kämpfen an der Ostfront erlittenen Verwundung erlegen.

Durch ein tragisches Schicksal wurde mir am 4. 12. 1943 mein lieber Mann, unser guter Vater, Groß- und Schwiegervater, Herr Verlagsbuchhändler

Max Altmann

entrissen.

Martha Altmann und Angehörige.
Z. Z. Magdeburg, Kleiner Werder 7.

Das grausame Schicksal entriß uns bei dem Terrorangriff am 4. 12. 1943 unsere lieben, herzensguten und unermüdlich sorgenden Eltern

Paul Heber
ᛉ 16. 7. 1882

Martha Heber geb. Schulze
ᛉ 11. 6. 1888

Sie kannten nur Arbeit und Mühe.

In stiller Trauer: Rudolf Heber u. Familie, Gerhard Heber u. Braut, z. Z. auf Urlaub.
Leipzig N 22, Cöthner Str. 38, III.

Beim Terrorangriff auf Leipzig am 4. 12. 1943 wurden jäh aus dem Leben gerissen: Meine liebe Mutter, Schwieger- u. Großmutter

Frau Hedwig vw. Seelmann
geb. 10. 11. 1877

meine über alles gel. Frau, Schwester, Schwägerin u. Schwiegertocht.

Elsa Siebenhaar
geb. Seelmann, geb. 9. 2. 1909

und mein einziger lieber Junge, unser liebes Enkelkind

Peter Siebenhaar,
geb. 18. 11. 1934

Sie werd. uns unvergessen bleiben.

In stiller Trauer: Gefr. Arno Seelmann u. Fr. Johanna geb. Dathe, Leipzig S 3, Klemmstr. 2, Gefr. Erwin Siebenhaar, z. Zeit Res.-Laz. IV St. Georg, Leipzig, Hermann Siebenhaar u. Frau Anna geb. Posern, Leipz. C 1, Schützenstraße 11, zugleich im Namen aller Angehörigen.

Ein grausames Geschick entriß uns meine liebe Frau, uns über alles geliebte, gute, unvergeßliche Mutter, liebe Tochter, Schwester, Schwägerin und Tante, Frau

Elisabeth Görtz geb. Hübner
4. 7. 1893 — 4. 12. 1943

Sie folgte ihrem am 17. 8. 1943 gefallenen Sohn in die Ewigkeit nach.

In tiefer Trauer: Familie Görtz, fünf Familien Hübner.
Früher Poststraße 20,
Leipzig, Berlin, Marienwerder.

Durch den Terrorangriff am 4. Dezbr. 1943 wurde mir mein Liebstes, meine Frau

Dorle Abert geb. Heyde

entrissen. Walter Abert.
Leipzig S 3, Dornröschenweg 33.

Ein grausames Schicksal entriß uns beim Terrorangriff auf Leipzig meine liebe Frau, meine geliebte, unvergeßliche Mutter, beste Omi, Schwiegermutter u. Schwägerin,

Frau **Gertrud Klingebeil**
geb. Schneider

geb. 8. 4. 1891 — gest. 4. 12. 1943

In tiefer Trauer Carl Klingebeil, Lpz. S 3, Probstheidaer Str. 113, z. Z. S 3, Kochstr. 38 III, lks., Otto Graul und Frau Margot geb. Klingebeil und all ihre Lieben.

Der Terrorangriff auf Leipzig am 4. 12. 43 entriß mir alles, was ich besaß, das strahlende Glück meines Lebens, meine Frau

Johanna
geb. Bochmann

und meinen einzigen Sohn

Detlef Achim

Am Geburtstag meiner Frau ist sie und unser Kind dahingegangen.

Dr. Alfred Jericke zugleich im Namen aller Hinterbliebenen.
Leipzig N 22, Hölderlinstr. 1 (z. Z. Leipzig N 22, Schachtstr. 14, II, r.).
Aue, Lößnitz, im Dezember 1943.

Ein hartes Schicksal entriß mir am 4. 12. 1943 meinen lieben Mann, den besten Vater seiner drei Jungen, unseren guten Sohn, Bruder und Schwager, den Dr.-Ing.

Pg. Heinrich Winkelbrandt

In tiefer Trauer Leni Winkelbrandt geb. Ballmann, Schulleiter Heinrich Winkelbrandt u. Frau Johanne geb. Holborn, Oberstltn. i. G. Carl Winkelbrandt u. Frau Karla gb. Leonhardt
Leipzig S 3, Probstheidaer Straße 72 (z. Z. Wolbrechtshausen)

Durch grausamen Terrorangriff auf Leipzig am 4. 12. 43 verloren auch wir unsere innigstgeliebt. Eltern, Schwiegereltern, Großeltern, Bruder, Schwager, Schwester, Schwägerin, Onkel und Tante, Frau

Luise Klepel
geb. Jäckel
geb. 6. 9. 1873

Herrn Rentner

Hermann Klepel
geb. 12. 1. 1870

In tief. Trauer Kurt Klepel u. Frau Marg. geb. Stöhr, Otto Klepel u. Frau Johanna geb. Schenkl, Richard Bautze u. Frau Gertrud geb. Klepel, Rudolf Braasch u. Frau Martha geb. Klepel, 4 Enkelkinder u. alle Angehörigen.
Leipzig O 5, Wissmannstraße 33.

Beim Terrorangriff auf Leipzig am 4. Dezember 1943 verloren wir unsere lieben, guten, nimmermüden, treusorgenden Eltern, Schwiegereltern, Oma und Opa

Georg Zimmermann
geb. 30. 10. 1880

Bertha Zimmermann
geb. Billmann
geb. 25. 11. 1885.

In stiller Trauer Obergefr. Walter Zimmermann und Frau Gretel geb. Zehmisch, Obergefr. Alfred Zimmermann, Gefr. Hans Zimmermann, Gefr. Fritz Borges und Frau Else geb. Zimmermann, 5 Enkelkinder und alle, die sie liebhatten.
Leipzig C 1 (Sophienplatz 10), Mölkau b. Leipzig (Schulstraße 3).

Ein grausames Schicksal entriß mir mein ganzes Glück, meine kleine, tapfere, innigstgeliebte Frau, Schwester, Schwägerin und Tante, Frau

Gertrud Krug
geb. Modler
geb. 26. 2. 1909, gef. 4. 12. 1943.

Mit ihr ging unser süßer, kleiner

Hans-Wolfgang Krug
geb. 10. 1. 1943, gef. 4. 12. 1943,

und unser, zu Besuch weilender, lieber Sohn und Neffe

Hans-Georg Tews
geb. 30. 9. 1938, gef. 4. 12. 1943,

in die Ewigkeit. In unsagbarem, tiefem Schmerz

Johannes Krug (Obergefr., z. Z. auf Url.), Liselotte Modler (Dresden), Fam. Karl Tews (Stettin), Uffz. Karl Krug (Freising).

Einem tragischen Geschick fiel am 4. 12. 1943 unsere herzensgute, uns unvergeßliche Muttel, die beste Oma, Schwiegermutter, Schwester, Schwägerin und Tante

Martha Marie verw. Rieger
geb. Blüthgen
geb. 12. 5. 1891 — gest. 4. 12. 1943

zum Opfer. Ihr Leben war Arbeit und treueste Pflichterfüllung. Mit ihr ging ihr guter Lebenskamerad

Otto Hübner

und dessen Sohn, Obergefreiter

Willy Hübner

In stiller Trauer Elfriede Römhild geb. Rieger, Obfeldw. Walter Römhild, Obgefr. Gerhard Rieger, Cläre Müller geb. Rieger, Enkelchen Klaus Eberhard nebst allen Angehörigen.
Leipzig W 31, Schnorrstraße 34.

Hart u. schwer traf mich der Tod meines guten, treuen u. immer nur pflichtbewußt. Gatten, Sohnes, Bruders und Onkels

Fritz Hebenstreit

geb. 15. 9. 1900 gefallen 4. 12. 43 durch den Fliegerangriff auf Leipzig als Werkschutzmann.

In tiefer, stiller Trauer seine Gattin Gertrud Hebenstreit geb. Wagler, Eltern, Geschwister und alle Angehörige.
Leipzig O 1, Braustraße 22.

Ein tragisches Geschick nahm uns beim Terrorangriff uns. geliebt. Vater, Schwieger- u. Großvater, Bruder, Schwager u. Onkel

Anton Schneider

geb. 19.10.1864, gest. 4.12.1943. Sein Leben galt treuester Pflichterfüll. bis zuletzt. Wir werd. ihn nie vergessen!

Im Namen aller: Schütze Friedrich Schneider, Minna Schneider, Gfr. Rudi Schneider, Soldat Gerhard Schneider, Christa Schneider.
Lg. W 32, Herm.-Meyer-Str. 57, III.

Ein entsetzliches Geschick entriß mir meinen über alles geliebten Mann und Schwager

Wilhelm Schmidt
ᛉ 9. 8. 1887 ᛦ 4. 12. 1943

In stiller Trauer: Margaretha Schmidt geb. Tiettje, Sophie Schiller geb. Tiettje.
Leipzig O 5, Charlottenstraße 2, II.
Gleichzeitig danken wir allen herzlichst für innige Teilnahme.

Bei dem Terrorangriff vom 4. 12. 43 verloren wir auch unseren lieben Vater, Großvater und Urgroßvater

Johann Richard Specht
geb. am 18. 12. 57

In stiller Trauer: C. Specht im Namen aller Hinterbliebenen.
Leipzig O 5, Carpzovstraße 7.

Dem Terrorangriff am 4. 12. 43 fielen meine liebe, immer schaffensfreudige Frau

Erna Kramer geb. Horsch
geb. 10. 6. 07 gef. 4. 12. 43

und meine beiden, mir immer Freude spendenden Kinder

Rolf Kramer
geb. 16. 8. 29 gef. 4. 12. 43

und

Ruth Kramer
geb. 14. 1. 32 gef. 4. 12. 43

zum Opfer.

In stiller Trauer: Sold. Hermann Kramer, z. Z. auf Urlaub, sowie Familie Hermann Horsch, Peißen über Pegau, Fam. Anton Kramer, Recklingen (Altm.), u. alle Angeh.
Leipzig C 1, Querstr. 11.

Zum zweiten Male traf uns schweres Herzeleid. Am 4. Dez. entriß uns ein grausames Schicksal meinen lieben Mann, unseren guten Vater, Schwieger-, Groß- u. Urgroßvater

Hermann Richard Neubert

In tief. Trauer: Elisabeth Neubert geb. Steinhausen, Margarete Neubert, Max Hörhold u. Frau Käthe geb. Neubert, Fam. Herbert Mögling.
Leipzig N 21, Petzscherstr. 15, jetzt C 1, Göschenstr. 11, I.

Ein harter Schicksalsschlag entriß uns beim Terrorangriff auf Leipzig plötzlich meine lieben Eltern, Schwiegereltern, Großeltern, Sohn, Tochter, Bruder u. Schwest.

Emil Friedrich
ᛉ 23. 9. 1888 ᛦ 4. 12. 1943

Babette Friedrich
geb. Baumgärtner
ᛉ 16. 5. 1892 ᛦ 4. 12. 1943

In tiefstem Schmerz: Kurt Friedrich und Frau, Enkel Moni nebst Angehörigen.
Leipzig C 1, Liebigstraße 5.
Leipzig, Berlin, Hof, Grimma.

Uns. lieben, allerbesten Eltern u. Schwiegereltern, herzliebe, unvergeßliche Oma u. Opa, Schwester, Bruder, Schwägerin, Schwager, Tante und Onkel

Paul Weise

Linda Weise geb. Becker

Leipzig C 1, Reudnitzer Straße 14, fanden bei dem Terrorangriff am 4. 12. 43 den Tod. Ihre allezeit aufopfernde Liebe wird unauslöschlich in unserem Herzen fortleben.

In tiefstem Schmerze: Herta und Herbert Böttcher, W 33, Benediktusstr. 13, Hildegard u. Helmut Keller sowie ihr Ralfchen und alle Angehörigen.
Leipzig O 5, Fuchshainer Str. 8.

Ein grausames Schicksal vernichtete das wertvolle, unersetzliche, edle, blühende Menschenleben meiner über alles geliebten, treusorgenden Frau, unserer herzensguten Tochter und Schwiegertochter, unserer lieben jüngsten Schwester, Schwägerin, Tante, Nichte, Base und Freundin, Frau

Elfriede Hauschild
geb. Schinovsky

geb. 16. 6. 15, gest. 4. 12. 43. Ihre Treue, Fleiß und unauslöschlicher Opfermut bleiben uns allen unvergeßliches ewiges Vorbild u. Andenk.

In tief. Weh: Uffz. Georg Hauschild, z. Z. Leipzig O 5, Zweinaundorfer Str. 63, bei Wolf, Wenzel u. Theresia Schinovsky, Leipz. O 5, Mölkauer Str. 39, III., sowie alle Angehörigen und Verwandten.

Beschädigte Nutzkraftfahrzeuge

Zur Ueberprüfung der Frage, in welchen vereinzelten Fällen trotz der Vielzahl zu erwartender Anträge Nutzkraftfahrzeuge (Lkw oder Zgm), die durch den Luftangriff auf Leipzig teil- oder totalbeschädigt sind, nach Anhören der Betreuungsstellen der Wirtschaft den Firmen vermittelt werden müssen, wird gebeten, Meldung mit genauen Angaben über polizeiliche Kennzeichen, zulässige Belastung, PS-Zahl, an den Fahrbereitschaftsleiter zu machen. Bei Teilschäden am Kfz. ist Näheres über die Reparaturfähigkeit und darüber anzugeben, in welcher Weise die Transporte nach dem Eintritt des Schadens am Kfz. durchgeführt werden. Aerzte melden an die Reichsärztekammer.

Die Dienststelle des Fahrbereitschaftsleiters beim Oberbürgermeister und Landrat zu Leipzig befindet sich jetzt im Rathaus.

Glassplitter beseitigen!

Vom Oberbürgermeister wird mitgeteilt: Die auf den Fußwegen und Fahrbahnen noch umherliegenden Glassplitter gefährden die Straßenpassanten und Fahrzeuge. Es ist deshalb, insbesondere auch zur Schonung des wertvollen Materials, notwendig, daß die Glassplitter von Fußwegen und Fahrbahnen beseitigt werden. Im Interesse der Allgemeinheit werden die Hauseigentümer und Hausgemeinschaften hiermit aufgerufen, die mit anderen Aufgaben überlastete städtische Straßenreinigung zu unterstützen und die Glassplitter auf Fahrbahnen und Fußwegen zusammenzukehren.

Stromverbrauch

In einer Anzahl von Häusern sind die Stromleitungen unbeschädigt geblieben. Wo dies der Fall ist, werden die Volksgenossen gebeten, beim Stromverbrauch größte Sparsamkeit zu üben, da sonst durch eine Ueberlastung auch diese Stromquellen versagen!

Weihnachtsmarkt 1943

Für die zum Weihnachtsmarkt gemeldeten ambulanten Händler besteht die Möglichkeit, ihren Verkaufsstand auf dem Roßmarkt aufzustellen. Näheres erfahren die Händler bis spätestens Donnerstag, 16. Dez., auf der Wirtschaftsgruppe „Ambulantes Gewerbe", Rathaus, Zi. 247, in der Zeit von 9 bis 16 Uhr.

Kerzen für Weihnachtsbäume. Zu der Veröffentlichung über die Ausgabe von Weihnachtskerzen am 21. Dezember wird vom Wirtschaftsamt der Reichsmessestadt Leipzig mitgeteilt: Mit Rücksicht auf den täglichen Bedarf an Kerzen in denjenigen Haushaltungen, in denen die Stromversorgung noch unterbrochen ist, ist es leider nicht möglich, Kerzen für Weihnachtsbäume in Leipzig auszugeben. Die Bevölkerung wird gebeten, dieser unvermeidlichen Maßnahme Verständnis entgegenzubringen.

Vorübergehende Beschränkung der Geschäftszeit für den Publikumsverkehr

Friedhofsbesuche. Vom Friedhofsamt wird mitgeteilt: Nach dem Terrorangriff auf Leipzig machte es sich notwendig, den Südfriedhof und den Johannisfriedhof für den öffentlichen Besuch zu schließen, da die Verkehrssicherheit auf diesen Friedhöfen bis jetzt noch nicht gewährleistet werden kann. Vorläufig kann nur Teilnehmern von Bestattungsfeiern der Zutritt ermöglicht werden. Es wird aber dringend gebeten, den Anordnungen des Aufsichtspersonals unbedingt Folge zu leisten, damit Unfälle verhütet werden können.

Auskunftsstelle des Friedhofsamts. Auskunftsstelle, Preußenstr. 15, geöffnet täglich zwischen 10 u. 15 Uhr, gibt Auskunft an die nächsten Angehörigen über eingelieferte Opfer des Terrorangriffs auf Leipzig gegen Vorlage entsprechender Personalausweise.

Angehörige der Terror-Opfer. Die nächsten Angehörigen der beim Luftangriff am 4. Dezember 1943 Gefallenen werden hierdurch gebeten, umgehend dem Friedhofsamt, Leipzig O 27, Preußenstr. 15, unter Angabe des Verwandtschaftsverhältnisses, ihre jetzige Anschrift mitzuteilen und hierbei Name und Wohnung der Gefallenen anzugeben.

Die Ausweichstelle der Allgemeinen Ortskrankenkasse Leipzig-Land befindet sich in Liebertwolkwitz, Bahnhofstr. 11, Ruf 792 83; Zahlstellen: Markranstädt, Adolf-Hitler-Str. 1, und Taucha, Poststr. 1.

Das Versorgungsamt Leipzig, Ehrensteinstr. 3, führt seinen Dienstbetrieb in der im Kellergeschoß des Dienstgebäudes gelegenen Kantine weiter. Eingaben sind dahin zu richten.

Die nächsten Angehörigen der beim Luftangriff am 4. 12. 1943 Gefallenen werden hierdurch gebeten, umgehend dem Friedhofsamt, Leipzig O 27, Preußenstr. 15, unter Angabe des Verwandtschaftsverhältnisses ihre jetzige Anschrift mitzuteilen und hierbei Name und Wohnung der Gefallenen anzugeben. Der Oberbürgermeister der Reichsmessestadt Leipzig, 19. 12. 1943.

Abfertigung in den Bezugscheinstellen ab 23. 12. 1943. Die buchstabenweise Abfertigung in den Bezugscheinstellen des Wirtschaftsamtes kommt zunächst in Wegfall. Um den angestauten internen Arbeitsanfall zu bewältigen und den Anforderungen der Personalkarten durch auswärtige Gemeinden, in denen Leipziger Fliegergeschädigte zugezogen sind, entsprechen zu können, muß die Abfertigungszeit bei den Bezugscheinstellen auf die Zeit von 8 bis 14 Uhr beschränkt bleiben. Der Oberbürgermeister der Reichsmessestadt Leipzig, 23. 12. 1943.

Wirtschaftsamt, Abt. „S". a) Kinderschuhe: Die bereits fälligen Abschnitte für Schuhe an den Kleiderkarten für Kleinkinder und Kinder im Alter von 3 bis 15 Jahren sind vom Schuheinzelhandel zu beliefern, ohne daß eine Abstempelung dieser Abschnitte durch das Wirtschaftsamt Leipzig notwendig ist. b) Nähmittel: Vom Einzelhandel sind Nähmittel auf fällige Punkte und fällige Nähmittelabschnitte aller Kleiderkarten abzugeben. Der Oberbürgermeister der Reichsmessestadt Leipzig, 21. 12. 1943.

Die Außenstelle 10a des Ernäh-

Deutsches Haus, Königsplatz (Wilhelm-Leuschner-Platz)

Collegium Juridicum der Universität Leipzig, Petersstraße 36

Luftschutzkeller in der Mozartstraße

Markthallenstraße, altes Grassimuseum

Hinweistafel aus einem Luftschutzkeller im Grassimuseum

Brüderstraße, vor der Zentralmarkthalle

Windmühlenstraße (oben)
Luftschutzkeller in der Kochstraße

Adolf-Hitler-(Karl-Liebknecht-)/Ecke Eichendorffstraße

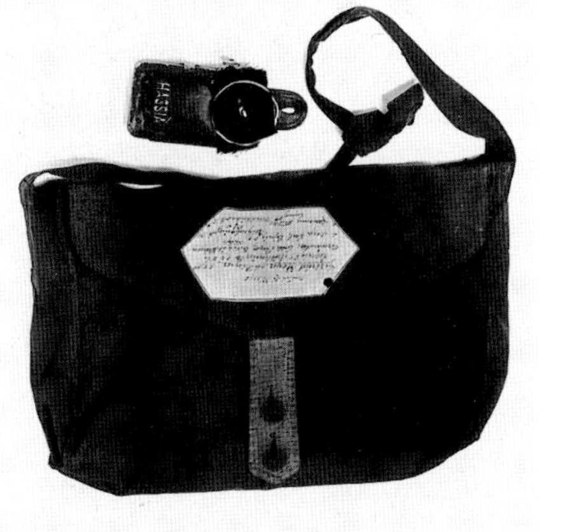

Lebensmittelkarten und Bezugsscheine

Tasche für persönliche Dokumente und zu Luftschutzzwecken abgedunkelte Taschenlampe der Familie Steyer. Der Aufnäher enthält die Haushaltnummer und die Namen der Verwandten

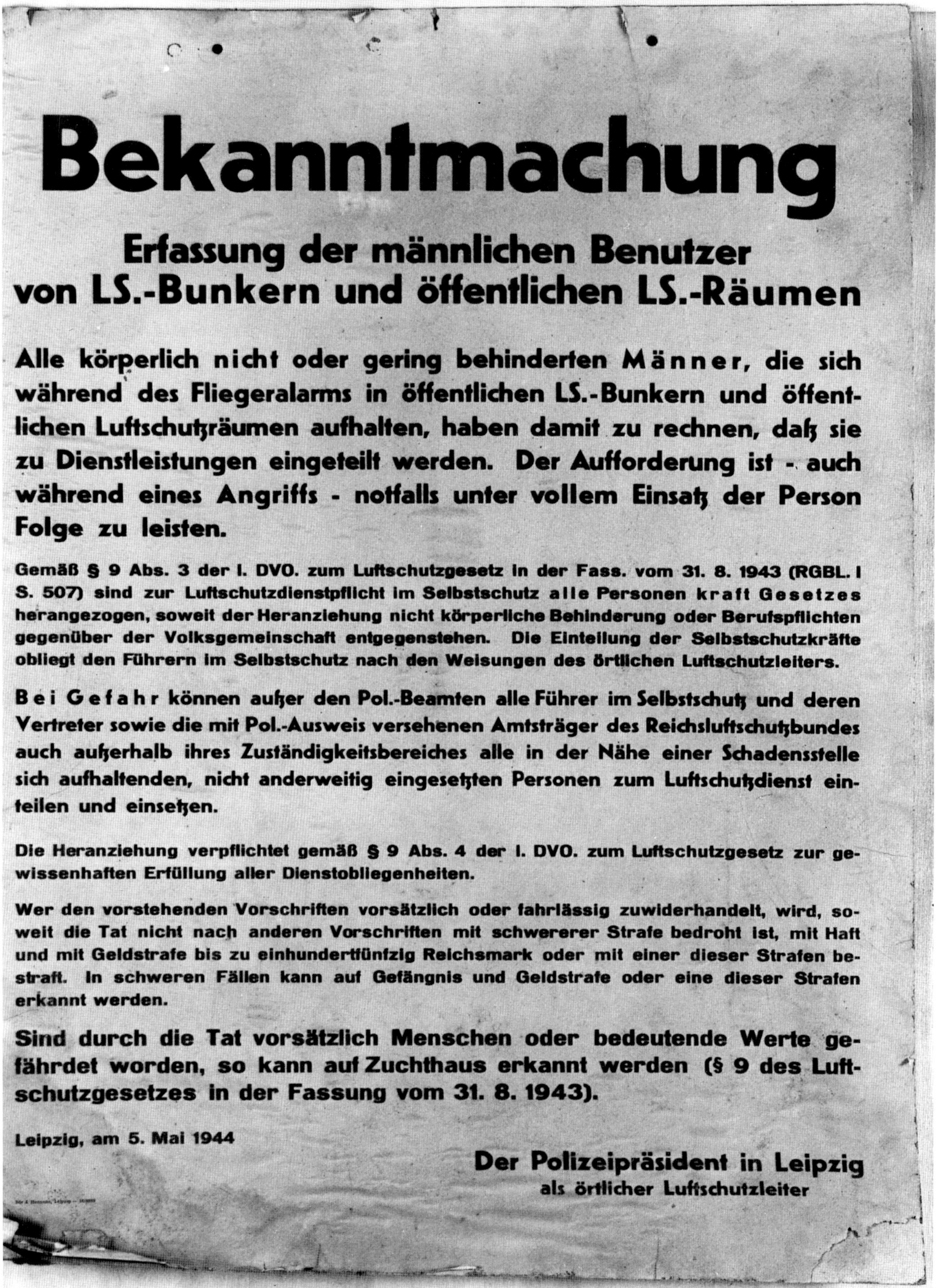

Bekanntmachung

Erfassung der männlichen Benutzer von LS.-Bunkern und öffentlichen LS.-Räumen

Alle körperlich nicht oder gering behinderten Männer, die sich während des Fliegeralarms in öffentlichen LS.-Bunkern und öffentlichen Luftschutzräumen aufhalten, haben damit zu rechnen, daß sie zu Dienstleistungen eingeteilt werden. Der Aufforderung ist - auch während eines Angriffs - notfalls unter vollem Einsatz der Person Folge zu leisten.

Gemäß § 9 Abs. 3 der I. DVO. zum Luftschutzgesetz in der Fass. vom 31. 8. 1943 (RGBL. I S. 507) sind zur Luftschutzdienstpflicht im Selbstschutz alle Personen kraft Gesetzes herangezogen, soweit der Heranziehung nicht körperliche Behinderung oder Berufspflichten gegenüber der Volksgemeinschaft entgegenstehen. Die Einteilung der Selbstschutzkräfte obliegt den Führern im Selbstschutz nach den Weisungen des örtlichen Luftschutzleiters.

Bei Gefahr können außer den Pol.-Beamten alle Führer im Selbstschutz und deren Vertreter sowie die mit Pol.-Ausweis versehenen Amtsträger des Reichsluftschutzbundes auch außerhalb ihres Zuständigkeitsbereiches alle in der Nähe einer Schadensstelle sich aufhaltenden, nicht anderweitig eingesetzten Personen zum Luftschutzdienst einteilen und einsetzen.

Die Heranziehung verpflichtet gemäß § 9 Abs. 4 der I. DVO. zum Luftschutzgesetz zur gewissenhaften Erfüllung aller Dienstobliegenheiten.

Wer den vorstehenden Vorschriften vorsätzlich oder fahrlässig zuwiderhandelt, wird, soweit die Tat nicht nach anderen Vorschriften mit schwererer Strafe bedroht ist, mit Haft und mit Geldstrafe bis zu einhundertfünfzig Reichsmark oder mit einer dieser Strafen bestraft. In schweren Fällen kann auf Gefängnis und Geldstrafe oder eine dieser Strafen erkannt werden.

Sind durch die Tat vorsätzlich Menschen oder bedeutende Werte gefährdet worden, so kann auf Zuchthaus erkannt werden (§ 9 des Luftschutzgesetzes in der Fassung vom 31. 8. 1943).

Leipzig, am 5. Mai 1944

Der Polizeipräsident in Leipzig
als örtlicher Luftschutzleiter

Hinweistafel aus einem Luftschutzkeller im Grassimuseum

Garage in der Kaiserin-Augusta-Straße (Richard-Lehmann-Straße)

Griechenhaus, Katharinenstraße 4

Kaufhaus Knoop am Brühl

Die Großmarkthalle, Zwickauer Straße (oben links und rechts)

Städtisches Kaufhaus, Ansicht Universitätsstraße

Matthäikirche, Westseite

Matthäikirchhof

Blick von der Klostergasse auf die Matthäikirche

Ausgebrannte Johanniskirche,
Blick zum Altar

Städtische Schule für Frauenberufe, Schillerstraße 9

Reichspostdirektion, Adolf-Hitler-Straße 145

Ausgebrannte Raubvogelkäfige im Zoo

Verlag von F. A. Brockhaus, Querstraße 16

Technische Messe, Halle 7

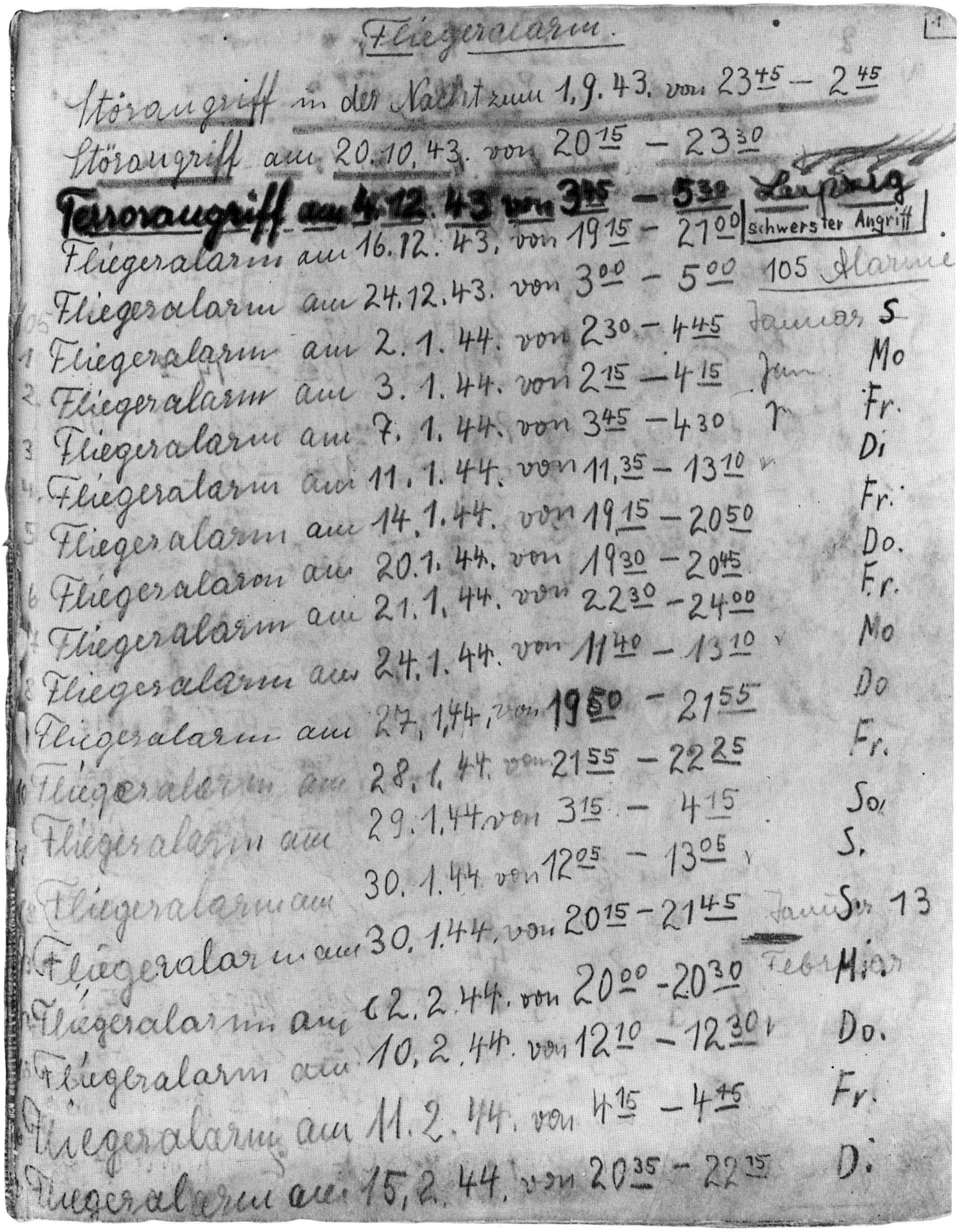

Fliegeralarm.

Störangriff in der Nacht zum 1.9.43. von 23⁴⁵ – 2⁴⁵
Störangriff am 20.10.43. von 20¹⁵ – 23³⁰
Terrorangriff am 4.12.43 von 3⁴⁵ – 5³⁰ Leipzig schwerster Angriff
Fliegeralarm am 16.12.43. von 19¹⁵ – 21⁰⁰ 105 Alarme
Fliegeralarm am 24.12.43. von 3⁰⁰ – 5⁰⁰
1 Fliegeralarm am 2.1.44. von 2³⁰ – 4⁴⁵ Januar S
2 Fliegeralarm am 3.1.44. von 2¹⁵ – 4¹⁵ Mo
3 Fliegeralarm am 7.1.44. von 3⁴⁵ – 4³⁰ Fr.
4 Fliegeralarm am 11.1.44. von 11,³⁵ – 13¹⁰ Di
5 Fliegeralarm am 14.1.44. von 19¹⁵ – 20⁵⁰ Fr.
6 Fliegeralarm am 20.1.44. von 19³⁰ – 20⁴⁵ Do.
7 Fliegeralarm am 21.1.44. von 22³⁰ – 24⁰⁰ Fr.
8 Fliegeralarm am 24.1.44. von 11⁴⁰ – 13¹⁰ Mo
9 Fliegeralarm am 27.1.44. von 19⁵⁰ – 21⁵⁵ Do
10 Fliegeralarm am 28.1.44. von 21⁵⁵ – 22²⁵ Fr.
11 Fliegeralarm am 29.1.44. von 3¹⁵ – 4¹⁵ So.
12 Fliegeralarm am 30.1.44 von 12⁰⁵ – 13⁰⁵ S.
13 Fliegeralarm am 30.1.44. von 20¹⁵ – 21⁴⁵ Januar So. 13
Fliegeralarm am 6.2.44. von 20⁰⁰ – 20³⁰ Febr Mär
Fliegeralarm am 10.2.44. von 12¹⁰ – 12³⁰ Do.
Fliegeralarm am 11.2.44. von 4¹⁵ – 4⁴⁵ Fr.
Fliegeralarm am 15.2.44. von 20³⁵ – 22¹⁵ Di

Auflistung des Schülers Theo Schley

o ö

Ton	Lohn	Sohn	Rohr	hohl	Hof
Töne	Löhne	Söhne	Röhre	Höhle	Höfe
Löwe	Öſe	öde	Öhr	Öl	hört
Möwe	böſe	löte	Möhre	ölt	löſt

Im Kino.

Einmal kam Paul mit Veit ſo gar ins Kino. Ei, da war es ſchön! Was es da zu ſehn gab! Beim Hin aus gehn rief Paul: Wäre nur Suſe mit hier!

41

8

Hierher, Nero!
Lena holt Toni heraus.
Heini ruft laut: Heil! Heil!

15

Titel eines Lesebuches für die Unterstufe, Leipzig 1939

Seite aus einem Rechenbuch für Volksschulen, Erfurt 1941

Seite aus der Fähnlein Fibel

Seite aus der Sachsenfibel, Leipzig 1941

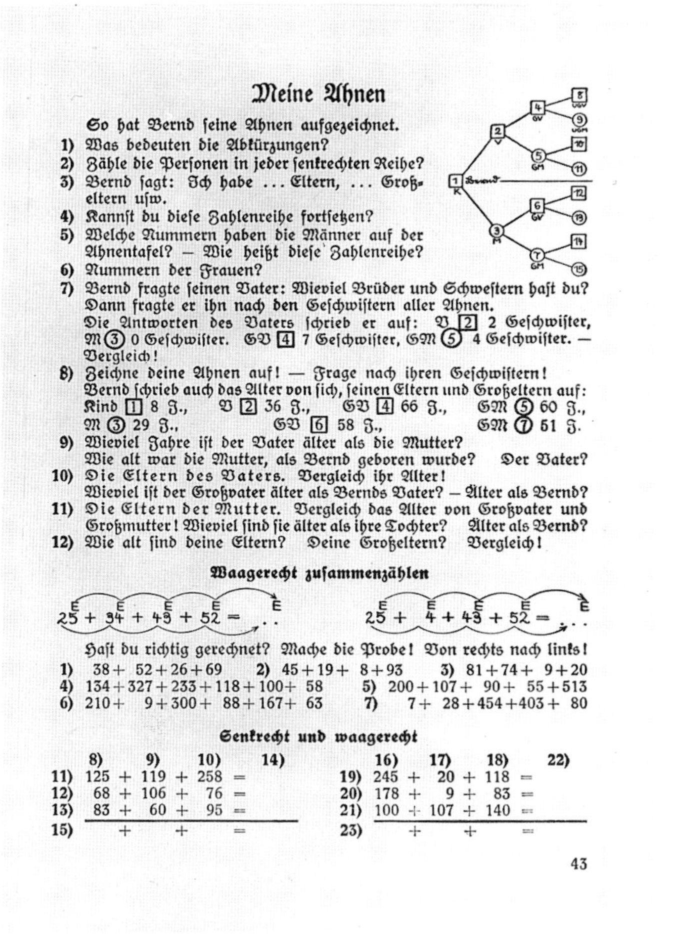

Meine Ahnen

So hat Bernd seine Ahnen aufgezeichnet.

1) Was bedeuten die Abkürzungen?
2) Zähle die Personen in jeder senkrechten Reihe?
3) Bernd sagt: Ich habe ... Eltern, ... Großeltern usw.
4) Kannst du diese Zahlenreihe fortsetzen?
5) Welche Nummern haben die Männer auf der Ahnentafel? – Wie heißt diese Zahlenreihe?
6) Nummern der Frauen?
7) Bernd fragte seinen Vater: Wieviel Brüder und Schwestern hast du? Dann fragte er ihn nach den Geschwistern aller Ahnen. Die Antworten des Vaters schrieb er auf: V [2] 2 Geschwister, M (3) 0 Geschwister. GV [4] 7 Geschwister, GM (5) 4 Geschwister. – Vergleich!
8) Zeichne deine Ahnen auf! – Frage nach ihren Geschwistern! Bernd schrieb auch das Alter von sich, seinen Eltern und Großeltern auf: Kind [1] 8 J., V [2] 36 J., GV [4] 66 J., GM (5) 60 J., M (3) 29 J., GV [6] 58 J., GM (7) 51 J.
9) Wieviel Jahre ist der Vater älter als die Mutter? Wie alt war die Mutter, als Bernd geboren wurde? Der Vater?
10) Die Eltern des Vaters. Vergleich ihr Alter! Wieviel ist der Großvater älter als Bernds Vater? – Älter als Bernd?
11) Die Eltern der Mutter. Vergleich das Alter von Großvater und Großmutter! Wieviel sind sie älter als ihre Tochter? Älter als Bernd?
12) Wie alt sind deine Eltern? Deine Großeltern? Vergleich!

Waagerecht zusammenzählen

25 + 34 + 43 + 52 = . . .　　25 + 4 + 43 + 52 = . . .

Hast du richtig gerechnet? Mache die Probe! Von rechts nach links!

1) 38 + 52 + 26 + 69　2) 45 + 19 + 8 + 93　3) 81 + 74 + 9 + 20
4) 134 + 327 + 233 + 118 + 100 + 58　5) 200 + 107 + 90 + 55 + 513
6) 210 + 9 + 300 + 88 + 167 + 63　7) 7 + 28 + 454 + 403 + 80

Senkrecht und waagerecht

	8)	9)	10)	14)		16)	17)	18)	22)
11)	125 +	119 +	258 =		19)	245 +	20 +	118 =	
12)	68 +	106 +	76 =		20)	178 +	9 +	83 =	
13)	83 +	60 +	95 =		21)	100 +	107 +	140 =	
15)	+	+	=		23)	+	+	=	

43

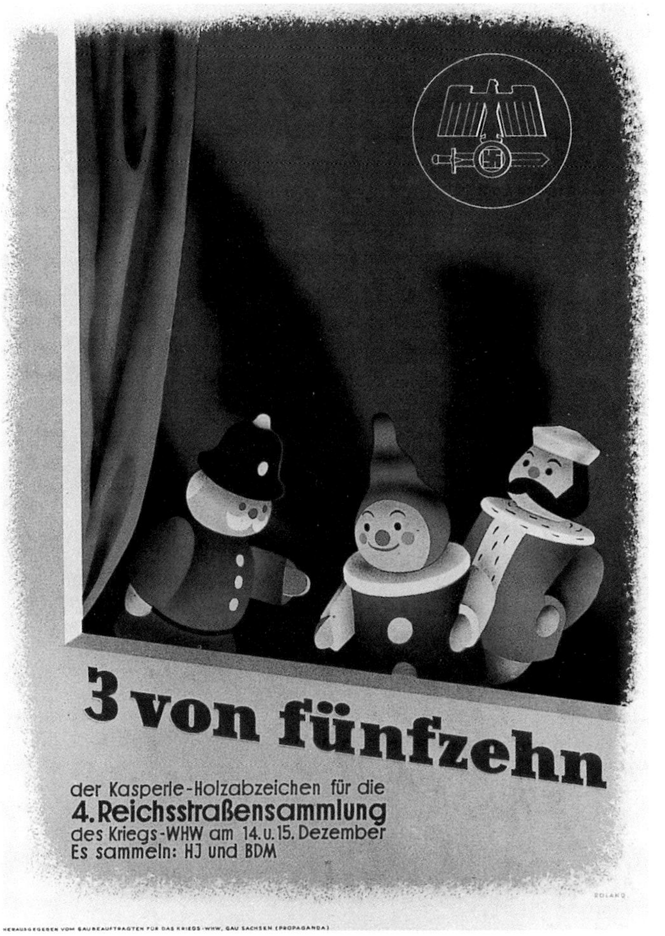
3 von fünfzehn
der Kasperle-Holzabzeichen für die
4. Reichsstraßensammlung
des Kriegs-WHW am 14. u. 15. Dezember
Es sammeln: HJ und BDM
HERAUSGEGEBEN VOM GAUBEAUFTRAGTEN FÜR DAS KRIEGS-WHW, GAU SACHSEN (PROPAGANDA)

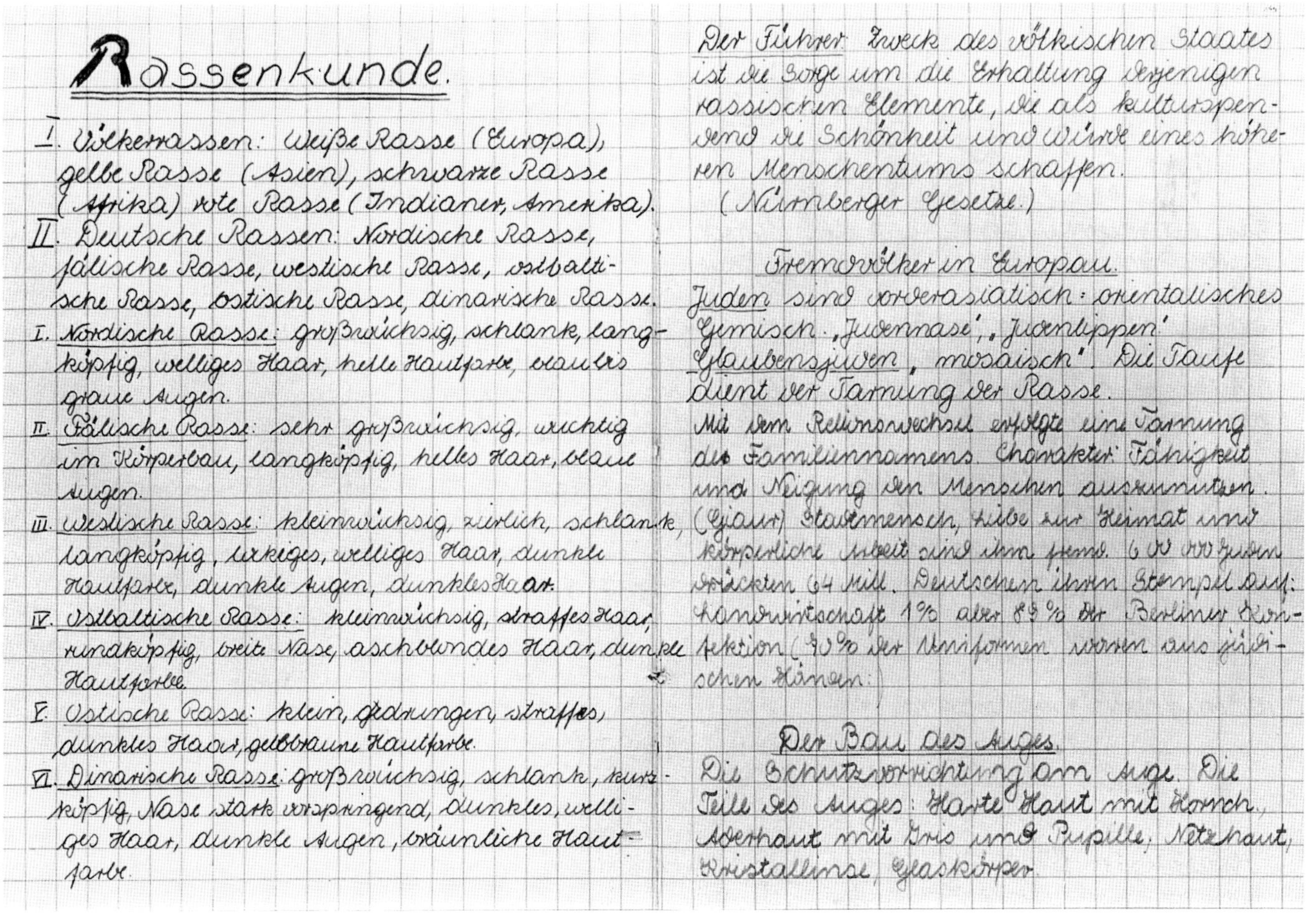

Rassenkunde.

I. Völkerrassen: Weiße Rasse (Europa), gelbe Rasse (Asien), schwarze Rasse (Afrika) rote Rasse (Indianer, Amerika).

II. Deutsche Rassen: Nordische Rasse, fälische Rasse, westische Rasse, ostbaltische Rasse, ostische Rasse, dinarische Rasse.

I. Nordische Rasse: großwüchsig, schlank, langköpfig, welliges Haar, helle Hautfarbe, blaue bis graue Augen.

II. Fälische Rasse: sehr großwüchsig, wuchtig im Körperbau, langköpfig, helles Haar, blaue Augen.

III. Westische Rasse: kleinwüchsig, zierlich, schlank, langköpfig, lockiges, welliges Haar, dunkle Hautfarbe, dunkle Augen, dunkles Haar.

IV. Ostbaltische Rasse: kleinwüchsig, straffes Haar, rundköpfig, breite Nase, aschblondes Haar, dunkle Hautfarbe.

V. Ostische Rasse: klein, gedrungen, straffes, dunkles Haar, gelbbraune Hautfarbe.

VI. Dinarische Rasse: großwüchsig, schlank, kurzköpfig, Nase stark vorspringend, dunkles, welliges Haar, dunkle Augen, bräunliche Hautfarbe.

Der Führer: Zweck des völkischen Staates ist die Sorge um die Erhaltung derjenigen rassischen Elemente, die als kulturspendend die Schönheit und Würde eines höheren Menschentums schaffen.
(Nürnberger Gesetze.)

Fremdvölker in Europa.

Juden sind vorderasiatisch-orientalisches Gemisch. „Judennase", „Judenlippen" Glaubensjuden, „mosaisch". Die Taufe dient der Tarnung der Rasse.
Mit dem Religionswechsel erfolgte eine Tarnung des Familiennamens. Charakter: Fähigkeit und Neigung den Menschen auszunutzen. (Gauner) Stadtmensch, Liebe zur Heimat und körperliche Arbeit sind ihm fremd. 600 000 Juden drückten 64 Mill. Deutschen ihren Stempel auf: Landwirtschaft 1% aber 85% der Berliner Konfektion (90% der Uniformen waren aus jüdischen Händen.)

Der Bau des Auges.

Die Schutzvorrichtung am Auge. Die Teile des Auges: Harte Haut mit Hornh., Aderhaut mit Iris und Pupille, Netzhaut, Kristallinse, Glaskörper.

Seite aus dem Rechenbuch Heimat und Volk, Leipzig 1938

Plakat des Winterhilfswerks

Seiten aus einem Schulheft zum Fach Lebenskunde, Klassen 7 und 8

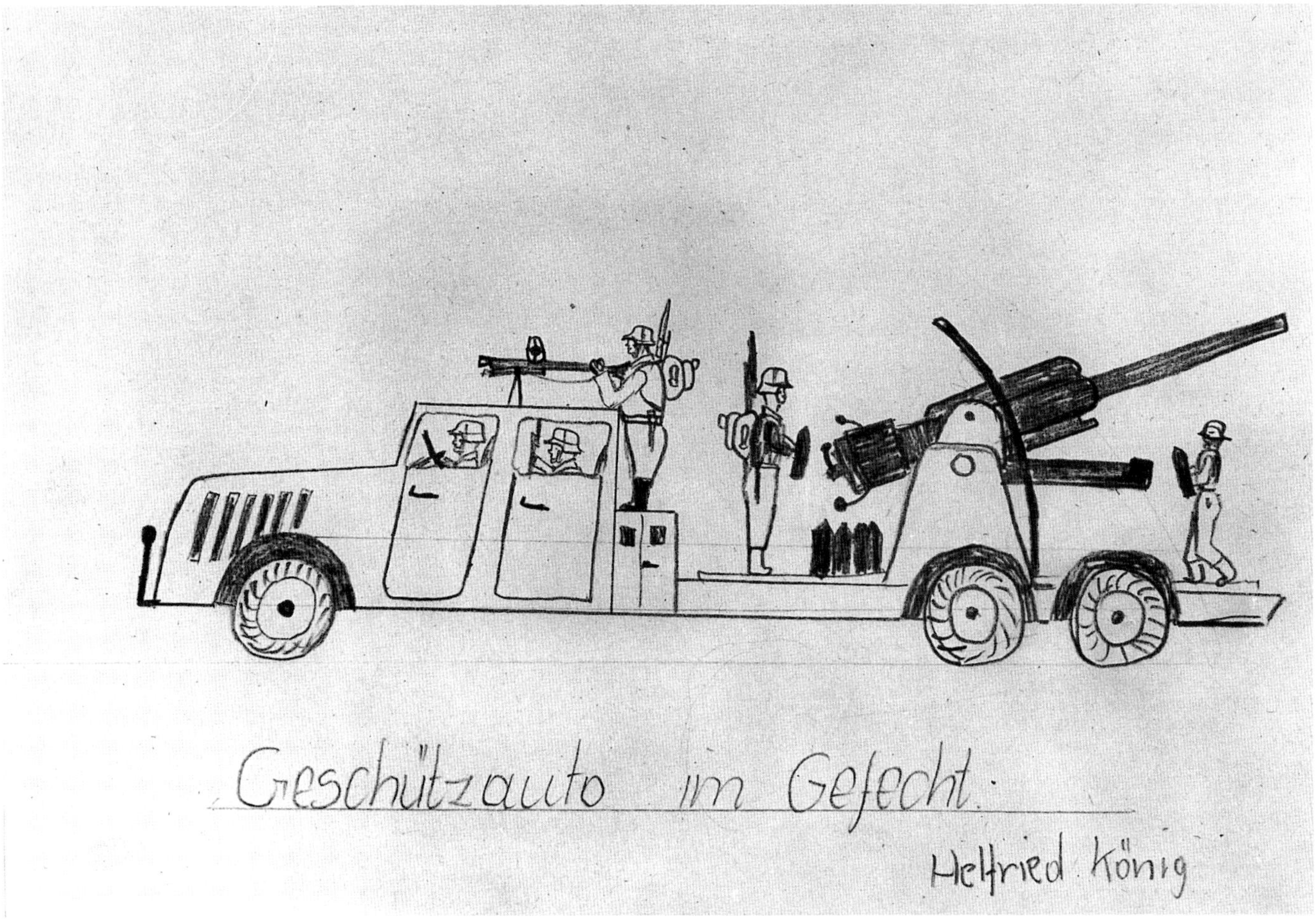

Seite aus einem Zeichenheft, Klassen 5 und 6

Plakat des Winterhilfswerks

Luftaufnahme vom 20. Dezember 1943:
Gebiet zwischen Ostvorstadt, Neuem
Johannisfriedhof, Floßplatz und
Fleischerplatz (Goerdelerring)

Plakat der Reichspropagandaleitung

Plakat der Reichspropagandaleitung

Wehrschach

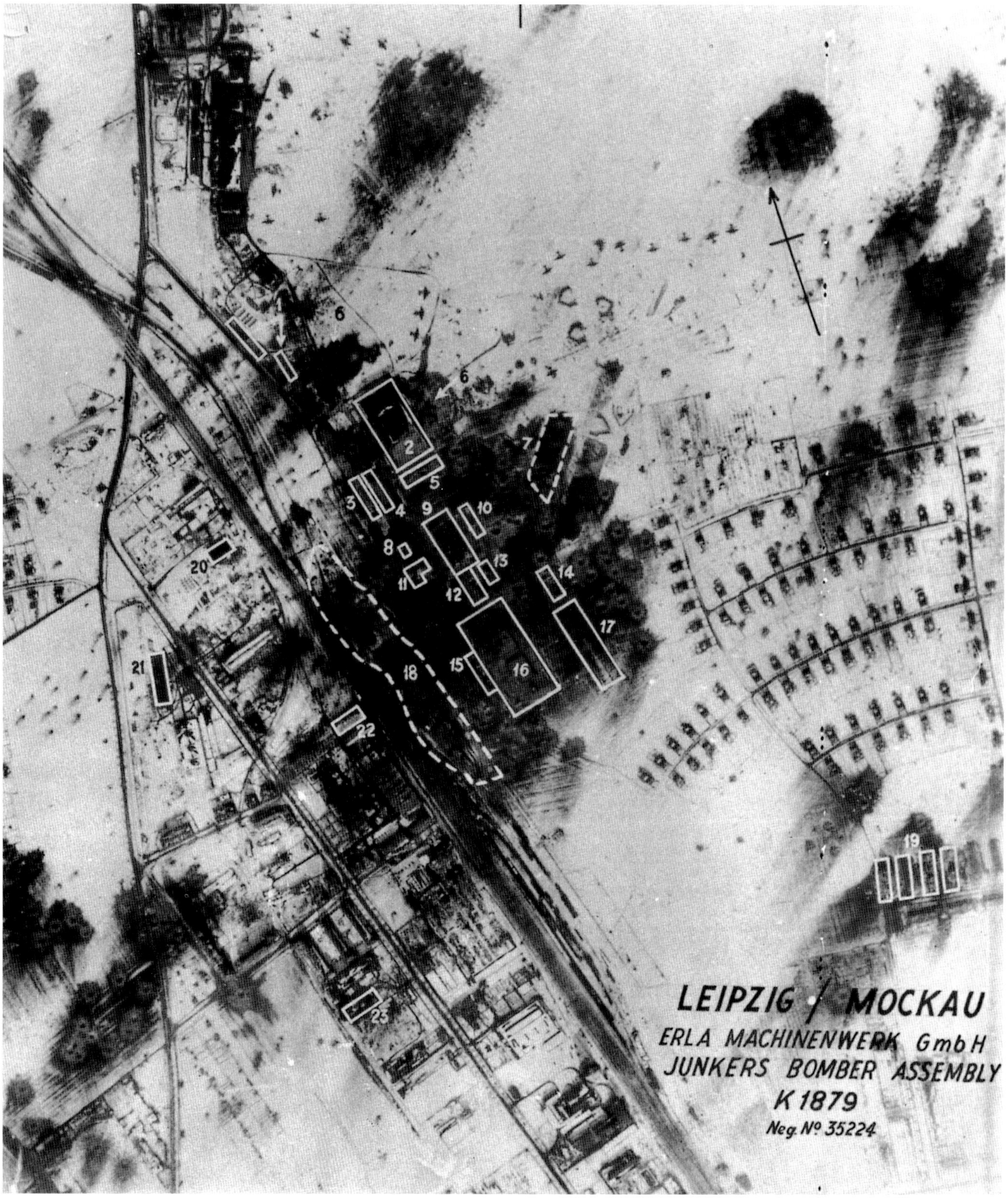

Luftbild der Royal Air Force vom
20. Februar 1944: Leipzig-Mockau

Luftbild der Royal Air Force vom
20. Februar 1944: Leipzig-Paunsdorf

Beim Luftangriff vom 7. Juli 1944 erlitt der Hauptbahnhof durch Volltreffer erheblichen Schaden

Alarm
Fliegerangriffe bedrohen vor allem größere Bahnhöfe.
Reisende, Ihr werdet rechtzeitig gewarnt! · Wahrt Ruhe und Besonnenheit! Befolgt die Anordnungen der Beamten!
Verlaßt die Bahnhöfe auf kürzestem Wege und sucht den nächsten Sammelschutzraum auf! · Züge nur auf Weisung verlassen!
Jeder Lichtschein zeigt dem Flieger sein Ziel.
Wahrt Lichtdisziplin! Keine Taschenlampen!

Flugblatt

Hotel Continental, Ansicht Tauchaer Straße (oben links)
Hotel Continental, Restauranteingang (oben rechts)

Bombenangriff vom 27. Februar 1945, Fürstenstraße (Andorfstraße), Richtung Dufourstraße

Landesgesundheitsamt, Wilhelm-Seyfferth-Straße 8

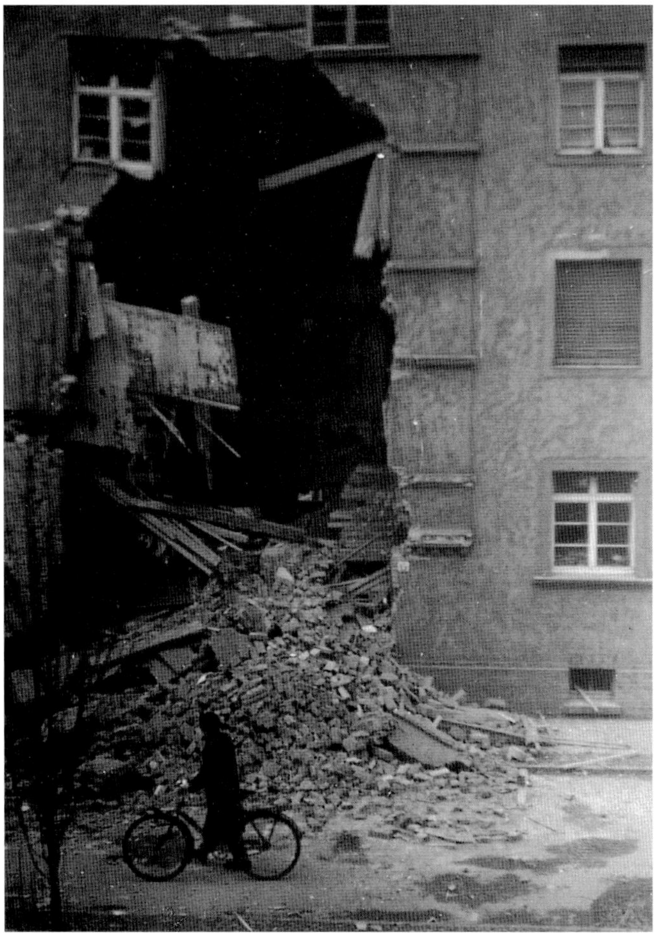

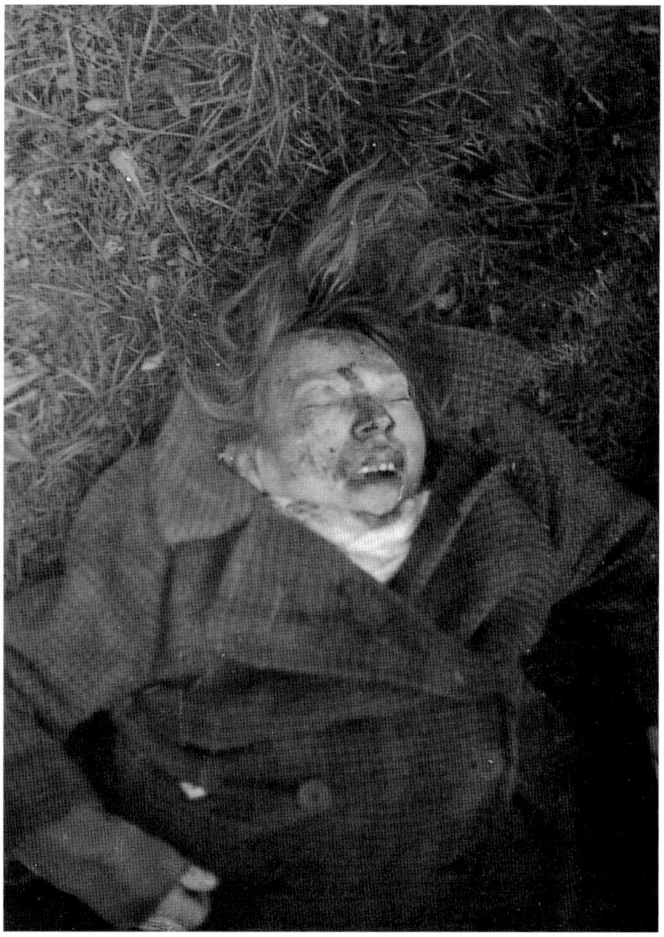

Bombentreffer am 6. April 1945 im Keller der Klarastraße 15

Braustraße

Frau B. wird tot geborgen

Löscharbeiten in der Klarastraße 20

No.163.- LEIPZIG (ENGELSDORF M/YD). Left Photograph shows target at 17.57 hours at commencement of the attack on 10th. April, 1945. Right Target two minutes later.

(6 & 8 GROUPS)

CONFIDENTIAL

AIR STAFF INT. P.I. H.Q.B.C. G.4685

Der Güterbahnhof vor und nach den Bombardierungen am 10. April 1945

Lindenthaler Straße am 20. Juli 1944

Kaiser-Maximilian-Straße (Philipp-Rosenthal-Straße) nach dem Angriff am 27. Februar 1945

Zerstörte Straßenbahn am Königsplatz

Hotel Sachsenhof am Johannisplatz 1

Alter Johannisfriedhof

Geithainer Straße 85–95 nach dem Volltreffer einer Luftmine. Alle Insassen des Luftschutzraumes wurden getötet

Geithainer Straße 85–95 vor dem letzten amerikanischen Luftangrif am 10. April 1945

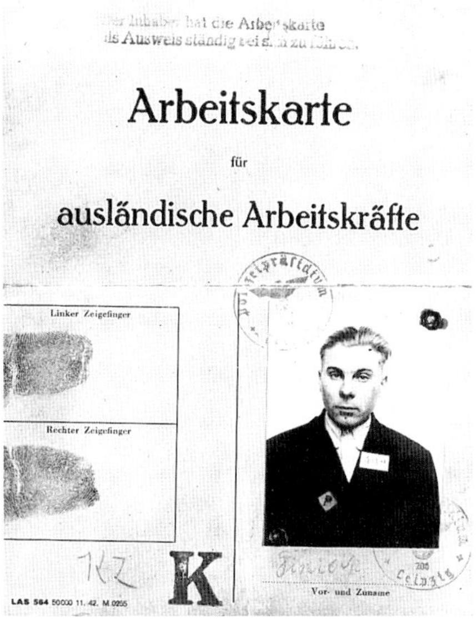

Ausweis der Zwangsarbeiterin Martha Failoni, als Arbeiterin in der Maschinenfabrik Georg Spiess, Zschochersche Straße 78, tätig

Arbeitskarte für den polnischen Zwangsarbeiter Ignaz Finiak, Holzarbeiter bei der Firma Otto Seinige, Richard-Wagner-Straße 10

Der Belegschaft der Hasag wird im Innenhof des Werkes in der Hugo-Schneider-Straße (Permoserstraße) der Frontverlauf erläutert. Nach Ausbleiben der Erfolge an der Front wurde die Karte durch ein Hitlerbild ersetzt

Dienstausweis von Jean Marijet.
Der Holländer wurde bei einer Razzia von der Straße weg nach Deutschland zur Zwangsarbeit verschleppt

Ergebnis der Krim-Konferenz

ZWISCHEN PREMIERMINISTER CHURCHILL, PRÄSIDENT ROOSEVELT UND MARSCHALL STALIN

Antwort auf Deutschlands Schicksalsfrage:

Nazi-Deutschland ist zum Untergang verurteilt. Fortsetzung des aussichtslosen Widerstandes heisst, dass das deutsche Volk die Niederlage noch schwerer zu bezahlen haben wird.

ES IST NICHT DAS ZIEL DER ALLIIERTEN, DAS DEUTSCHE VOLK ZU VERNICHTEN. Aber erst nach der Ausrottung des Nationalsozialismus und des Militarismus wird das deutsche Volk auf ein anständiges Dasein und auf einen Platz in der Gemeinschaft der Völker hoffen können.

Besetzung und Kontrolle Deutschlands:

Die drei Grossmächte werden je eine Zone Deutschlands besetzen, die von einer Zentral-Kontrollkommission, bestehend aus den Oberbefehlshabern der drei Grossmächte, mit dem Sitz in Berlin, einheitlich verwaltet und kontrolliert werden. Frankreich wird aufgefordert, die Besetzung einer eigenen Zone zu übernehmen.

Um dafür zu sorgen, dass Deutschland nie wieder den Frieden der Welt stören kann, werden folgende Massnahmen getroffen:

Entwaffnung und Auflösung der Wehrmacht;

Auflösung des deutschen Generalstabs;

Ausmerzung oder Kontrolle aller wehrwirtschaftlich wichtigen Industrien; schnelle Aburteilung aller Kriegsverbrecher;

Wiedergutmachung aller von Deutschland verursachten Schäden durch Sachleistungen;

Austilgung der NSDAP, ihrer Gesetze, Organisationen und Einrichtungen;

Ausmerzung jedes nationalsozialistischen oder militaristischen Einflusses bei Behörden und im Kultur- und Wirtschaftsleben Deutschlands; jede Massnahme, die für die Sicherung des künftigen Friedens der Welt notwendig erscheint.

Wiedergutmachung:

Auf welche Weise und in welchem Ausmass Deutschland den Schaden wieder gutzumachen hat, den es den Alliierten zugefügt hat, wird von einer Wiedergutmachungskommission entschieden werden, die ihren Sitz in Moskau hat.

Über den beträchtlichen Gebietszuwachs, den Polen im Norden und Westen erhalten muss, wird die Friedenskonferenz entscheiden.

Welt-Einigkeit im Frieden wie im Kriege

Durch Fortsetzung und Ausbau der Zusammenarbeit und des Verständnisses zwischen unseren drei Völkern kann das höchste Streben der Menschheit verwirklicht werden — ein sicherer und dauerhafter Friede, der, in den Worten der Atlantik-Charter, „eine Gewähr dafür bietet, dass alle Menschen in allen Ländern frei von Furcht und Not werden leben können."

Handzettel zur Konferenz von Jalta,
4. bis 11. Februar 1945

Einmarsch der Amerikaner in Leipzig, 18. April 1945: Amerikanischer Panzer am Felsenkeller, Karl-Heine-/ Ecke Zschochersche Straße

Festnahme von Hitlerjungen, die den Panzer mit Panzerfäusten angriffen und in Brand setzten, wobei ein Teil der Besatzung getötet wurde

Panzersperre am Straßenbahnhof Frankfurter Straße

Bekanntmachungen

der Alliierten Militärregierung von Leipzig

Die nachstehenden Proklamationen, Gesetze, Anordnungen und Bekanntmachungen sind durch Verordnung der Alliierten Militärregierung in Leipzig ausgegeben worden, wirksam 16[30] Uhr, 19. April 1945.

MILITÄRREGIERUNG – DEUTSCHLAND
KONTROLLGEBIET DES OBERSTEN BEFEHLSHABERS

PROKLAMATION Nr. I

AN DAS DEUTSCHE VOLK:

Ich, General Dwight D. Eisenhower, Oberster Befehlshaber der Alliierten Streitkräfte, gebe hiermit folgendes bekannt:

I.

Die Alliierten Streitkräfte, die unter meinem Oberbefehl stehen, haben jetzt deutschen Boden betreten. Wir kommen als ein siegreiches Heer, jedoch nicht als Unterdrücker. In dem deutschen Gebiet, das von Streitkräften unter meinem Oberbefehl besetzt ist, werden wir den Nationalsozialismus und den deutschen Militarismus vernichten, die Herrschaft der Nationalsozialistischen Deutschen Arbeiterpartei beseitigen, die NSDAP auflösen sowie die grausamen, harten und ungerechten Rechtssätze und Einrichtungen, die von der NSDAP geschaffen worden sind, aufheben. Den deutschen Militarismus, der so oft den Frieden der Welt gestört hat, werden wir endgültig beseitigen. Führer der Wehrmacht und der NSDAP, Mitglieder der Geheimen Staatspolizei und andere Personen, die verdächtig sind, Verbrechen und Grausamkeiten begangen zu haben, werden gerichtlich angeklagt und, falls für schuldig befunden, ihrer gerechten Bestrafung zugeführt.

II.

Die höchste gesetzgebende, rechtsprechende und vollziehende Machtbefugnis und Gewalt in dem besetzten Gebiet ist in meiner Person als Oberster Befehlshaber der Alliierten Streitkräfte und als Militär-Gouverneur vereinigt. Die Militärregierung ist eingesetzt, um diese Gewalten unter meinem Befehl auszuüben. Alle Personen in dem besetzten Gebiet haben unverzüglich und widerspruchslos alle Befehle und Veröffentlichungen der Militärregierung zu befolgen. Gerichte der Militärregierung werden eingesetzt, um Rechtsbrecher zu verurteilen. Widerstand gegen die Alliierten Streitkräfte wird unnachsichtlich gebrochen. Andere schwere strafbare Handlungen werden schärfstens geahndet.

III.

Alle deutschen Gerichte, Unterrichts- und Erziehungsanstalten innerhalb des besetzten Gebietes werden bis auf weiteres geschlossen. Dem Volksgerichtshof, den Sondergerichten, den SS-Polizeigerichten und anderen außerordentlichen Gerichten wird überall im besetzten Gebiet die Gerichtsbarkeit entzogen. Die Wiederaufnahme der Tätigkeit der Straf- und Zivilgerichte und die Wiedereröffnung der Unterrichts- und Erziehungsanstalten wird genehmigt, sobald die Zustände es zulassen.

IV.

Alle Beamte sind verpflichtet, bis auf weiteres auf ihren Posten zu verbleiben und alle Befehle und Anordnungen der Militärregierung oder der Alliierten Behörden, die an die deutsche Regierung oder an das deutsche Volk gerichtet sind, zu befolgen und auszuführen. Dies gilt auch für die Beamten, Arbeiter und Angestellten sämtlicher öffentlichen und gemeinwirtschaftlichen Betriebe sowie für sonstige Personen, die notwendige Tätigkeiten verrichten.

DWIGHT D. EISENHOWER
General of the Army
Oberster Befehlshaber
Alliierte Streitkräfte

CA/GI 19d.

MILITAERREGIERUNG—DEUTSCHLAND

KONTROLL-GEBIET DES OBERSTEN BEFEHLSHABERS

GESETZ NR. I
AUFHEBUNG NATIONALSOZIALISTISCHER GESETZE

Um die Grundsätze und Lehren der NSDAP aus dem deutschen Recht und der Verwaltung innerhalb des besetzten Gebietes auszurotten, um für das deutsche Volk Recht und Gerechtigkeit wiederherzustellen und den Grundsatz der Gleichheit vor dem Gesetz wiedereinzuführen, wird folgendes verordnet:

ARTIKEL I

1. Die folgenden nationalsozialistischen Grundgesetze, die seit dem 30. Januar 1933 eingeführt wurden, sowie sämtliche Ergänzungs- Durchführungs- und Ausführungsgesetze, -Vorschriften und -Bestimmungen, verlieren hiermit ihre Wirksamkeit innerhalb des besetzten Gebietes:

(a) Gesetz zum Schutze der nationalen Symbole vom 19. Mai 1933, RGBl I/285.
(b) Gesetz gegen die Neubildung von Parteien vom 14. Juli 1933, RGBl I/479.
(c) Gesetz zur Sicherung der Einheit von Partei und Staat vom 1. Dezember 1933, RGBl I/1016.
(d) Gesetz gegen heimtückische Angriffe auf Staat und Partei und zum Schutze der Parteiuniformen vom 20. Dezember 1934, RGBl I/1269.
(e) Reichsflaggengesetz vom 15. September 1935, RGBl I/1145.
(f) Hitlerjugendgesetz vom 1. Dezember 1936, RGBl I/993.
(g) Gesetz zum Schutze des deutschen Blutes und der deutschen Ehre vom 15. September 1935, RGBl I/1146.
(h) Erlass des Führers betreffend die Rechtsstellung der NSDAP vom 12. Dezember 1942, RGBl I/733.
(j) Reichsbürgergesetz vom 15. September 1935, RGBl I/1146.

2. Weitere nationalsozialistische Gesetze werden durch die Militärregierung zu dem in der Einleitung genannten Zweck ausser Kraft gesetzt werden.

ARTIKEL II

NICHT-ANWENDUNG VON RECHTSSAETZEN

3. Kein deutscher Rechtssatz, gleichgültig wie und wann erlassen oder verkündet, darf durch die Gerichte oder die Verwaltung innerhalb des besetzten Gebietes angewendet werden, falls solche Anwendung im Einzelfalle Ungerechtigkeit und Ungleichheit verursachen würde, indem entweder (a) jemand wegen seiner Beziehungen zur NSDAP, zu deren Gliederungen, angeschlossenen Verbänden oder betreuten Organisationen begünstigt wird, oder (b) jemandem wegen seiner Rasse, Staatsangehörigkeit, seines Glaubensbekenntnisses oder seiner Gegnerschaft zur NSDAP und deren Lehren Nachteile zugefügt werden.

ARTIKEL III

ALLGEMEINE AUSLEGUNGSVORSCHRIFTEN

4. Die Auslegung oder Anwendung des deutschen Rechtes nach nationalsozialistischen Grundsätzen, gleichgültig wann und wo dieselben kundgemacht wurden, ist verboten.

5. Entscheidungen der deutschen Gerichte, Amtsstellen und Beamten, die nationalsozialistische Ziele oder Lehren erklären oder anwenden, oder derartiges juristische Schriftum, dürfen in Zukunft nicht mehr als Quelle für die Auslegung oder Anwendung deutschen Rechtes zitiert oder befolgt werden.

6. Deutsches Recht, das nach dem 30. Januar 1933 in Kraft trat und in Kraft bleibt, ist so auszulegen und anzuwenden, wie es seinem einfachen Wortlaut entspricht. Der Gesetzeszweck und Auslegungen, die in Vorsprüchen oder anderen Erklärungen enthalten sind, bleiben bei der Auslegung ausser Betracht.

ARTIKEL IV

BESCHRAENKUNG VON STRAFEN

7. Anklage darf nur erhoben, Urteile dürfen nur verhängt und Strafen vollstreckt werden, falls die Tat zur Zeit ihrer Begehung ausdrücklich gesetzlich für strafbar erklärt war. Ahndung von strafbaren Handlungen unter Anwendung von Analogie oder wegen angeblich "gesunden Volksempfindens" ist verboten.

8. Keine grausame oder übermässig hohe Strafe darf verhängt werden. Die Todesstrafe ist für alle Verbrechen, die nicht bereits vor dem 30. Januar 1933 gesetzlich mit dem Tode bestraft wurden, abgeschafft, es sei denn, dass die Militärregierung die Zustimmung zu deren Verhängung gegeben hat.

9. Die Verhängung der Haft über Personen, die nicht wegen einer bestimmten strafbaren Handlung angeklagt sind, und die Bestrafung von Personen ohne gesetzlich vorgeschriebene Strafverhandlung und Verurteilung, sind verboten.

10. Alle Strafen, welche vor dem Inkrafttreten dieses Gesetzes verhängt wurden und im Widerspruche hierzu stehen und noch nicht vollstreckt sind, müssen abgeändert werden, um den Vorschriften dieses Gesetzes zu entsprechen, oder sind aufzuheben.

ARTIKEL V

STRAFEN

11. Jeder Verstoss gegen die Vorschriften dieses Gesetzes soll nach Schuldigsprechung des Täters durch ein Gericht der Militärregierung nach dessem Ermessen mit allen gesetzlich zulässigen Strafen, und im Falle des Artikels IV mit Todesstrafe, geahndet werden.

ARTIKEL VI

INKRAFTTRETEN

12. Dieses Gesetz tritt am Tage der ersten Verkündung in Kraft.

IM AUFTRAGE DER MILITAERREGIERUNG.

CA/Gl 30a

MILITAERREGIERUNG — DEUTSCHLAND
KONTROLLGEBIET DES OBERSTEN BEFEHLSHABERS

GESETZ Nr. 2
DEUTSCHE GERICHTE

Es wird hiermit verordnet:

ПРИКАЗ
ВОЕННОГО КОМЕНДАНТА ГОРОДА ЛЕЙПЦИГА

17 ИЮЛЯ 1945г. № 6 Г. ЛЕЙПЦИГ

По предложению демократических организаций города, мною с 16 Июля 1945 г. допущены к исполнению обязанностей:

1. Обербургомистра г. Лейпциг
г. ЦАЙГНЕР

2. Первого заместителя Обербургомистра г. Лейпциг
г. РОЗБЕРГ

3. Второго заместителя Обербургомистра г. Лейпциг
г. ЗАКСЕ

ВОЕННЫЙ КОМЕНДАНТ
Г. ЛЕЙПЦИГА
Генерал-Лейтенант ТРУФАНОВ

BEFEHL
DES MILITÄR-KOMMANDANTEN DER STADT LEIPZIG

17. JULI 1945 Nr. 6 LEIPZIG

Auf Vorschlag der demokratischen Parteien der Stadt Leipzig wurden von mir am 16. Juli 1945 anerkannt als

1. Oberbürgermeister der Stadt Leipzig
Dr. ZEIGNER

2. Erster Vertreter des Oberbürgermeisters
ROSSBERG

3. Zweiter Vertreter des Oberbürgermeisters
SACHSE

MILITÄR-KOMMANDANT
DER STADT LEIPZIG
Generalleutnant TRUFANOW

Sowjetische Militärkommandantur in der Döllnitzer Straße 25

Seid bereit zum Empfang der Roten Armee!

Begrüßt sie unter roten Fahnen!

Einzug sowjetischer Truppen in Leipzig, 2. Juli 1945

Probsteikirche St. Trinitatis,
Moritzstraße, 1946

Künstlerhaus, Nikischplatz, 1946

Ruine des Neuen Gewandhauses, Ansicht Grassistraße, 1946

Gewandhaus mit Notsicherung, Februar 1952

Abtransport des Siegesdenkmals

Reichsgericht, Reichsgerichtsplatz
(Dimitroffplatz), 1946

Wilhelm-Leuschner-Platz: Blick zu den Ruinen von Zentralmarkthalle und Panorama, um 1950

Blick vom Markt in die Thomasgasse. Rechts die Ruine des Bismarckhauses mit dem Café Gnant, im Hintergrund das Indanthrenhaus, links die zerstörte Stecknerpassage, um 1950

Aufräumungsarbeiten am Neumarkt, Februar 1950

Blick vom zerstörten Grassimuseum in Richtung Johannisplatz

Ruine der Johanniskirche, 1945

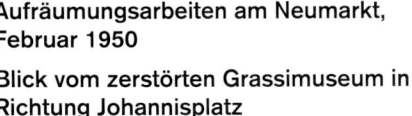

Museum für Völkerkunde,
Ostasiatische Abteilung

Zentraler Theaterkartenverkauf, Nikolaikirchhof

STÄDTISCHE THEATER LEIPZIG

SPIELPLAN VOM 23. BIS 30. SEPTEMBER 1945

	Oper in „Dreilinden“
Sonntag 23. September	**Fidelio** Schmitz; Bäumer, Schaffrian; Seider, Schwenkreis, Fleischer, Horand, Zeithammer, Saltzmann, Hellmuth *17–19.30 Uhr*
Montag 24. September	**Madame Butterfly** Schmitz; Glenewinkel a.G., Blatter, Hoffmeister; Daum, Wolff, Wege, Streckfuß, Frigge, Hentschke *17–19.30 Uhr*
Dienstag 25. September	**Tiefland** Leo; Rhein-Scheler, Schürhoff, Moskalenko, Mattfeld, Grüber; Allmeroth, Schwenkreis, Streckfuß, Wolff, Hentschke *17–19.30 Uhr*
Mittwoch 26. September	**Die verkaufte Braut** Leo; Lenz, Blatter, Moskalenko, Schaffrian; Daum, Zeithammer, Wege, Horand, Frigge, Saltzmann *17–19.30 Uhr*
Donnerstag 27. September	**Der Freischütz** Schmitz; Glenewinkel a. G., Schaffrian; Seider, Zeithammer, Frigge, Horand, Streckfuß, Saltzmann, Hellmuth *17–19.45 Uhr*
Freitag 28. September	**Fra Diavolo** Leo; Schürhoff, Moskalenko; Allmeroth, Daum, Streckfuß, Zeithammer, Saltzmann, Hellmuth *17–19.30 Uhr*
Sonnabend 29. September	**Fidelio** Schmitz; Bäumer, Schürhoff; Seider, Schwenkreis, Streckfuß, Fleischer, Wolff, Saltzmann, Hentschke *17–19.30 Uhr*
Sonntag 30. September	**Wiederholung: Konzert „Die Jahreszeiten“** *9.30–12 Uhr* **Die verkaufte Braut** Leo; Lenz, Blatter, Moskalenko, Schaffrian; Daum, Zeithammer, Wege, Horand, Frigge, Saltzmann *17–19.30 Uhr*
	Preise der Plätze RM 1.– bis RM 7.–

Schauspiel im Weißen Saal des Zoo

Demnächst

gelangen zur Aufführung:

Das Grab des unbekannten Soldaten

Von PAUL RAYNAL

Woyzeck

Von GEORG BÜCHNER

Die Heirat

Von NIKOLAJ GOGOL

Aufführungstage werden noch bekanntgegeben

VORVERKAUF:

Handelshof, Salzgäßchen, werktags 9–13, sonntags 10–12 Uhr; Meßamt, Untergrundmeßhaus am Markt, 9–14 Uhr; Kartenverkaufsbüro des Antifaschistischen Blocks, Markgrafenstraße 2, II; für Berufstätige: „Dreilinden“ jeweils eine Stunde von Beginn der Vorstellung an für die nächste Aufführung. 481

Druck: Brandstetter, Leipzig

Kinder vor der Abfahrt in Erholungsorte an der Ostsee, organisiert durch die Sozialversicherungsanstalt Sachsen

Schulspeisung durch die Volkssolidarität

Kundgebung zum 1. Mai 1946 auf dem Augustusplatz

Jugendliche beim Enttrümmern

Trümmerfrauen

Die Trümmerbahn auf dem Augustusplatz

Bekanntmachung über den Neubau des Opernhauses

Aufräumungsarbeiten auf dem Markt/
Ecke Petersstraße, Ende 1950

Trümmerfrau

Kinder helfen beim Enttrümmern

Abriß der Ruine des Neuen Theaters, 1955

Die Ruine des Museums der bildenden
Künste, vom Europahaus aus gesehen.
Im Hintergrund rechts das Augusteum

Große Feuerkugel, Neumarkt 8, Februar 1950

Ruine des Logengebäudes Minerva zu den drei Palmen, Martin-Luther-Ring, 1950

Das Europahaus am Karl-Marx-Platz zu
Stalins 70. Geburtstag, 1949

Brennholzbeschaffung, 1950

Vorbereitung zur Sprengung eines Luftschutzbunkers, 1947

Blick von der Bayrischen Straße zum Neuen Rathaus. Links ein Turm der Zentralmarkthalle

Zirkus Busch auf dem Wilhelm-Leuschner-Platz, Mai 1951

Die Ruine des Augusteums. Im Vordergrund links ein Feuerlöschteich

Karl-Marx-Platz: Die unzerstörte Universitätskirche sowie die Ruine von Café Felsche

Blick von der Kolonnadenstraße zur Otto-Schill-Straße, Januar 1950

Ein Feuerlöschteich im Duncker-Viertel wird verfüllt

Beim Ziegelputzen

Plakatanschläge, 1952

Karl-Marx-Platz 1950: Kundgebung 60 Jahre 1. Mai

Erste Nachkriegsmesse vom 8. bis 12. Mai 1946: Vor dem Ausstellungsgelände der Technischen Messe

Der Hauptbahnhof im Winter 1947

Pavillon der Nationalen Front, Markt, mit Blick auf Deutrichs Hof

17. Juni 1953: Sowjetischer Panzer auf dem Markt. Links der brennende Pavillon der Nationalen Front

Markt zur Frühjahrsmesse 1949: Ausländertreffpunkt Alte Waage

Richtfest am Alten Rathaus, dem ersten wiederaufgebauten historischen Gebäude Leipzigs, 31. Mai 1947

Freies Kaufhaus in der Petersstraße, April 1950

Suchdienst für Vermißte auf dem Markt

Verkehrspolizistin regelt den Verkehr

Die Christlich-
Demokratische Union
Deutschlands
ruft auch Dich!
Sie ist das Sammelbecken aller christlichen, demokratischen und sozialen Kräfte.
An der christlichen Kirchenfront entbrannte nach dem Zusammenbruch aller Parteien der erste große Oppositionskampf gegen Hitler. Ein Bekenntnis zum Christentum ist ein Bekenntnis zu tapferem Antifaschismus. Christentum ist keine Scheidegrenze, es ist Bindung. Die Christlich-Demokratische Union will den
demokratischen Staat aufbauen auf Treue, Opfer, Dienst am Gemeinwohl. Die Demokratie muß das Recht der Persönlichkeit, ihre Ehre, Freiheit und Menschenwürde respektieren. Demokratie heißt Rechtsstaat. Wir haben nicht gegen Terror gekämpft, damit Willkür sich mit umgekehrtem Vorzeichen durchsetzt. Der Christlich-Demokratischen Union ist die Lösung der
sozialen Probleme dringlichste Gewissenspflicht.
Das ist
Brüderliche Zusammenarbeit in Politik und Wirtschaft.
Rechtlichkeit und Wahrhaftigkeit.
Gewissens-, Forschungs- und Meinungsfreiheit.
Ein jede Begabung förderndes Schulwesen.
Schutz des Eigentums bei Bindung an das Gemeinwohl.
Bäuerliche Siedlung und Förderung des Handwerks.
Hilfe für Mütter und berufstätige Frauen.
Schutz der Jugend vor Verhetzung und Rassenhaß und ihre Erziehung zu Achtung vor Gott, Alter und Erfahrung.
Die Christlich-Demokratische Union ist der Friede!
Sie kämpft für die Freiheit und Gerechtigkeit unter den Völkern bei loyaler Erfüllung unserer Verpflichtungen aus dem verlorenen Krieg.
Die Christlich-Demokratische Union ist die Neue Zeit!
Aus dem gemeinsamen Kampf gegen Hitler, aus gemeinsamem Leid der Gefängnisse und Konzentrationslager finden wir die Einigung auf höherer Ebene.
Nicht mehr Spaltung, sondern Christlich-Demokratische Union!
Bezirksverband Leipzig, Europahaus IV
Nächste Meldestelle:
Leipzig 10)

Plakat der CDU, November 1945

Agitation der Sozialistischen Einheitspartei Deutschlands (SED) am Franz-Mehring-Haus in der Goethestraße anläßlich der Wahlen zu den Gemeindevertretungen und Stadtverordnetenversammlungen am 1. September 1946

FLÜCHTLINGE

Eure Lage ist das Ergebnis des zwölfjährigen Hitlerregimes.

Euer Los ist schwer aber nicht hoffnungslos

Nur müßt ihr geordnet reisen.
Keine Einzelreisen.
Keine wilden Transporte.

Unterstellt euch der angeordneten Kontrolle

Ihr werdet dort sozial wie gesundheitlich betreut. Es geht um euer und eurer Kinder Leben, Gesundheit und Zukunft.

Ihr wollt und sollt auch wieder eine Heimat bekommen

Nicht in die Gebiete reisen, die gesperrt sind.
Haltet Ordnung und Sauberkeit.
Unterzieht euch jeder angeordneten gesundheitlichen Kontrolle.

Sammelstelle für Umsiedler Leipzig
Schwanenteichbaracke am Hauptbahnhof
Auskunft: Transportleitstelle Hauptbahnhof Westseite

Lebensmittel- u. Seifenversorgung

im Stadtkreis und im Landkreis Leipzig

1. Auf die Lebensmittelkarten 75/76 erhalten die Versorgungsberechtigten im Stadtkreis Leipzig und im Landkreis Leipzig für die Zeit vom 28.5. bis 24.6.1945 folgende Lebensmittelmengen und Seifen- und Waschmittel zugeteilt:

	Bezugszeit	Normalverbraucher			Teilselbstversorger						Vollselbstversorger	
		E	Jgd	K	BE	BJgd	BK	SchlE	SchlJgd	SchlK	SV	SVK
Je 500 g Brot od. 375 g Mehl	21.5.—24.6. 29.5.—24.6. 14.6.—24.6.	1-3 4-6 7-9	1-3 4-7 8-11	1 u. 2*) - 3 u. 4*)	101-103 104-106 107-109	101-103 104-107 108-111	101 u. 102*) - 103 u. 104*)	201-203 204-206 207-209	201-203 204-207 208-211	201 u. 202*) - 203 u. 204*)	- - -	- - -
Je 50 g Brot (30 Kleinabschn.)	6.6.—24.6.	66-95	66-95	-	66-95	66-95	-	66-95	66-95	-	-	-
Landkreis ohne Nr.	29.5.—24.6.	-	-	66-95	-	-	66-95	-	-	66-95	-	-
Je 50 g Fleisch od. Fleischwaren	27.5.—24.6. 4.6.—24.6. 11.6.—24.6. 18.6.—24.6.	13 u. 14 15 u. 16 17 u. 18 19 u. 20	13 u. 14 15 u. 16 19 u. 20 21 u. 22	7 - 8 9	113 u. 114 115 u. 116 117 u. 118 119 u. 120	113 u. 114 115 u. 116 119 u. 120 121 u. 122	107 - 108 109	-	-	-	-	-
Je 5 g Fett (30 Kleinabschnitte) Landkreis ohne Nr.	4.6.—24.6.	66-95	66-95	-	-	-	-	-	-	-	-	-
Je 50 g Fett	4.6.—24.6.	-	-	13-15	-	-	-	-	-	-	-	-
Je 125 g Nährmittel	28.5.—24.6.	25 u. 26	25 u. 26	29 u. 30	125 u. 126	125 u. 126	129 u. 130	225 u. 226	225 u. 226	229 u. 230	-	301 u. 302
Je 25 g Nährmittel	28.5.—24.6.	27 u. 28	27 u. 28	27 u. 28	127 u. 128	127 u. 128	127 u. 128	227 u. 228	227 u. 228	227 u. 228	-	303 u. 304
Je 125 g Kinderstärkemehle	21.5.—24.6.	-	-	25 u. 26	-	-	125 u. 126	-	-	225 u. 226	-	-
62,5 g Käse oder 125 g Quark	21.5.—24.6.	31	31	31	-	-	-	231	231	231	-	-
125 g Kaffee-Ersatz	28.5.—24.6.	37	37	37	137	137	137	237	237	237	307	307
500 g Marmelade od. 250 g Zucker	28.5.—24.6.	38	38	38	138	138	138	238	238	238	308	308
Je 1 Stück Einheitsseife	28.5.—24.6.	49 u. 50	49 u. 50	49 u. 50	149 u. 150	149 u. 150	149 u. 150	249 u. 250	249 u. 250	249 u. 250	319 u. 320	319 u. 320
1 Normalpaket Seifenpulver	28.5.—24.6.	51	51	45	151	151	145	251	251	245	314	314
1 Normalpaket Seifenpulver	11.6.—24.6.	-	-	46	-	-	146	-	-	246	-	316
1 Normal-Einh. Zus.-Waschm.	28.5.—24.6.	-	-	44	-	-	144	-	-	244	-	315
1 Stück Feinseife	28.5.—24.6.	-	-	49/50	-	-	149/150	-	-	249/250	-	319/320
1 Stück Feinseife (auf Doppelabschnitt (s. Ziffer 5 der Bekanntmachung))	11.6.—24.6.	-	-	47/48	-	-	147/148	-	-	247/248	-	317/318
Zuteilung nur an Verbraucher im Landkreis Leipzig: 750 g Zucker auf rosa Abschn. (im Stadtkreis Leipzig ist diese Zuteilung bereits auf die Lebensmittelkarten der 74. Zuteilungs-Periode erfolgt.)	28.5.—24.6.	58	63	55	157	162	152	258	263	255	324	325

*) Auf die Abschnitte 1, 3, 4, 101, 103, 104, 201, 203 und 204 K der Lebensmittelkarten und Teilselbstversorgerkarten werden für Kinder bis zu 1 Jahren an Stelle von 500 g Brot oder 375 g Mehl 375 g Kindergetreide- oder Kinderreisnährmittel abgegeben.

Folgende Abschnitte der Lebensmittelkarten sind im Stadtkreis Leipzig ungültig:
Normalverbraucher: E 56—60, Jgd 61—65, K 51—55
Teilselbstversorger: B E 156—160, B Jgd 161—165, B K 151—155, Schl E 256—260, Schl Jgd 261—265, Schl K 251—255
Vollselbstversorger: SV 321—325, SV K 321—325

2. Ein Anspruch auf Abgabe bestimmter Fleisch- oder Wurstsorten sowie bestimmter Fettarten (Butter, Margarine usw.) besteht nicht.
3. Butterschmalz, Schweineschmalz, Speiseöl und Talg werden im Verhältnis 100 : 80 abgegeben.
4. Die Waren dürfen von den Verbrauchern nur in der angegebenen Bezugszeit bezogen u. beliefert werden. Vorbelieferung ist verboten.
5. Werdende und stillende Mütter. Auf die Einzelabschnitte M 1 - M 4 der Berechtigungskarte 75/76 werden in der Zeit vom 28.5.-24.6.45 je 125 g Nährmittel zugeteilt.
6. Gemüseversorgung. Die Verlagerung der Bevölkerung macht es notwendig, daß sich die Verbraucher in der Zeit vom 28. 5. — 1. 6. 45 zum Gemüse- und Obstbezug bei dem Einzelhandel neu anmelden. Die Verbraucher legen dem Einzelhändler die Lebensmittelkarte 75/76 und außerdem die Verteilerkontrollkarte für Obst und Gemüse, 3. Ausgabe, vor. Die Einzelhändler schneiden von den Karten der Normalverbraucher und Teilselbstversorger die Abschnitte 43, 143, 243 und von den Vollselbstversorgern die Abschnitte 313 ab. Auf der Rückseite der Verteilerkontrollkarte vermerkt der Einzelhändler in dem vorgesehenen Feld die neue Kundennummer, drückt seinen Firmenstempel auf und trägt ein, unter welcher Mitglieds-Nummer er bei seiner Berufsorganisation geführt wird. Der Einzelhändler macht den Eintrag über die bisherige Kundenmeldung ungültig. Beim Wechsel des Händlers muß der Verbraucher von dem bisherigen Händler solange beliefert werden, bis die Zuteilung von Gemüse und Obst auf die neuen Kundenmeldungen erfolgt. Die Abschnitte sind in der üblichen Weise aufgeklebt, und zwar getrennt nach
   a) Kindern und Jugendlichen
   b) Erwachsenen
   bis zum 6. 6. an die zuständige Bezugscheinstelle einzureichen.
7. Seifenversorgung. *Kleinkinder bis zu 3 Jahren erhalten auf die Doppelabschnitte 47/48 und 49/50, 147/148 und 149/150, 247/248 und 249/250, 317/318 und 319/320 je 1 Stück Feinseife. Die Bezugsberechtigten legen die Lebensmittelkarten dieser Kinder in der zuständigen Kartenstelle mit dem Geburtsnachweis (Familienbuch, Geburtsschein) zur Abstempelung vor. Nur mit dem Dienstsiegel abgestempelte Doppelabschnitte werden mit Feinseife beliefert.*
   Für die Zuteilung von Rasierseife werden bei der Aufstellung der neuen Grundstückslisten Bezugskarten ausgegeben.
8. *Die Lebensmittelmarken der gelben Lebensmittelkarte 74/75 verlieren am 27. 5. 45 ihre Gültigkeit. Die Einzelhändler, Bäcker, Fleischer, Gaststätten usw. dürfen auf diese Marken vom 28. 5. an keine Waren mehr abgeben. Versorgungsberechtigte, die noch Anspruch auf Belieferung solcher Marken haben, erhalten die in Betracht kommenden Abschnitte der gelben Lebensmittelkarten in der zuständigen Kartenstelle mit dem Dienstsiegel abgestempelt. Es werden nur die Abschnitte abgestempelt, bei denen feststeht, daß sie tatsächlich bezugsberechtigt sind. Diese abgestempelten Abschnitte dürfen bis auf weiteres in der Woche vom 28. 5. bis 3. 6. beliefert werden, und zwar vorzugsweise vor den ziegelroten Abschnitten der Lebensmittelkarten 75/76. Auf die Fettmarken kann die gleiche Menge Fleisch bezogen werden. Die den Einzelhändlern usw. für die Zeit bis zum 27. 5. 45 ausgestellten Bezugscheine A verlieren ebenfalls am 27. 5. ihre Gültigkeit.*
9. *Schlachthofzwang. Für die Schlachtungen im Stadtkreis Leipzig gilt ab sofort wieder der Schlachthofzwang wie vor der Besetzung.*
10. *Hausschlachtungen sind nach wie vor genehmigungspflichtig.*
11. *Die Einzelhändler erhalten in der zuständigen Bezugscheinstelle ab 28. 5. Zuckerbezugscheine in der Höhe eines Monatsbedarfs.*
12. Die fleischbearbeitenden und fleischverarbeitenden Betriebe erhalten Zuteilungen am Dienstag, 29. 5. 45, in der üblichen Weise.
13. Die auf die Lebensmittelkarte 75/76 aufgerufenen Lebensmittelabschnitte können von den Einzelhändlern sogleich nach Belieferung in der zuständigen Bezugscheinstelle gegen Bezugscheine umgetauscht werden.
14. Gaststätten-, Werkküchen- und Kantineninhaber liefern die eingenommenen Abschnitte der Lebensmittelkarten und sonstigen Lebensmittelmarken bis zum 31. 5. im Stadtkreis Leipzig an die Markenrücklaufstelle für Großverbraucher und im Landkreis Leipzig an das Ernährungsamt, Abt. B, in Markkleeberg gegen Empfangsbestätigung ab. Soweit die Gaststätteninhaber usw. bereits Bezugscheine erhalten haben, sind sie verpflichtet, die darauf zugeteilten Lebensmittelmengen durch Marken abzudecken.
15. Die Lebensmittel-Großhändler, Lebensmittel-Einzelhändler, Milchhändler, Bäcker und Fleischer im Stadtkreis Leipzig werden erneut darauf hingewiesen, daß sie auf Anordnung der Alliierten Militär-Regierung zu Leipzig nach der Bekanntmachung vom 15. Mai 1945 regelmäßig am Dienstag jeder Woche eine Warenbestandsaufnahme durchzuführen und den Warenbestand unter Benutzung des vorgesehenen Vordrucks am Mittwoch jeder Woche bis 12 Uhr bei der zuständigen Dienststelle des Ernährungsamts einzureichen haben.

24. Mai 1945 — Der Bürgermeister der Stadtverwaltung Leipzig und der Landrat des Kreises Leipzig

Erich Zeigner, Oberbürgermeister von 1945 bis 1949, bei der Festrede zur Enthüllung des Mendelssohn-Denkmals in den Grünanlagen an der Karl-Tauchnitz-Brücke, 4. November 1947

Heimkehrer, 1945

Umsiedler auf dem Hauptbahnhof

Grabelandaktion: Obst- und Gemüseanbau zur Verbesserung der Lebenshaltung, 1950

Hauptbahnhof, Osthalle, Februar 1950

Kampfgruppen aus dem Bezirk Leipzig vor dem Ernst-Thälmann-Haus in der Karl-Liebknecht-Straße, 18. März 1956

Ausstellungsplakat

XIX. PARTEITAG
der KPdSU (B)
Von den Sowjetmenschen lernen,
heißt siegen lernen!

VORSICHT!
MARSHALLPLAN
DENKT AN
LUDWIGSHAFEN
ANILIN
WERKE
KÄMPFT MIT UNS
FÜR DEN
FRIEDENSAUFBAU
DURCH DEN
ZWEIJAHRESPLAN

Bau des Zentralstadions, Juni 1955
Plakat, 1952 (Mitte links)
Plakat, 1948

Neubebauung Straße der III. Weltfestspiele (Jahnallee), 1950

Luftbild des Stadtzentrums von Nord nach Süd, 1957. Zustand nach der Wiederinstandsetzung der wichtigsten Messehäuser, vor der Errichtung der Neubauten am Markt. Die noch erhaltenen Baureste an der Ostseite der Katharinenstraße wurden erst in den sechziger Jahren zur Anlage des Sachsenplatzes beseitigt

Anhang

Register

Bildnachweis

Fischer, Karl 130, 131, 132 o
Fotothek Karl Detlef Mai (Fotos Karl Heinz Mai) 158 o, 162 u, 168 ol, 173 o, 177 or, 177 u
Froherz, Albin 143
Hammer, Lothar 173 u
Hennig, Albert 13 ur, 97 ul
Hofmann van Staveren, Jeannette 144 r
Institut für Länderkunde Leipzig 153, 168 Ml, 169 u
Jacobi, Wolfgang 116 u, 117 o
Kleist, Jens 28, 30, 46
Köhler, Manfred 142 o, 146 o, 146 M
Kühnen, Hildegard 74
Landesamt für Kartographie Dresden 181
Löhr, Renate 67
Museum der bildenden Künste Leipzig 92 u
Museum für Völkerkunde Leipzig 156 ul, 157
Public Record Office, London 22, 41, 42, 44, 136, 137
Royal Air Force Museum, London 116 o, 141 o
Sächsisches Staatsarchiv Leipzig 16 o, 17, 19, 56, 65, 88/89, 93 o, 93 ul, 96, 97 r, 99 o
Sammlung Topfstedt 76, 77, 79, 80, 81, 82
Schick, Hans-Christian (PUNCTUM) 83, 84
Stadtarchiv Leipzig 16 u, 34, 103 o, 105, 113 o, 122 o, 146 u
Stadtgeschichtliches Museum Leipzig Frontispiz, 11, 12, 13 o, 13 ul, 14, 15, 32, 36, 38, 48, 53, 54, 56, 57, 58, 59, 60, 62, 68, 71, 90, 91, 92 o, 93 r, 93 ru, 94, 95, 97 o, 98, 99 u, 100, 101, 102, 103 u, 104, 106, 107, 108, 109, 110, 111, 112, 113 u, 114, 115, 117 u, 118, 119, 120, 121, 122 u, 123, 124, 125, 126, 127, 128, 129, 131 or, 132 u, 134, 135, 138, 139, 140, 141 u, 142 u, 144 l, 145, 147, 148, 149, 150, 151, 153, 154, 155, 156 o, 156 ur, 158 u, 159, 160, 161, 162 o, 163, 164, 165, 166, 167, 168 r, 169 o, 170, 171, 172, 174, 175, 176, 177 ol, 178, 179, 180
Tell, Hans-Dieter und Walter Titel, 152
Universität Keele, Air Photo Library 24, 133
Universität Leipzig, Kustodie 10

Für Fotos und Reproduktionen danken wir Frank-Heinrich Müller, Christoph Sandig und Helga Schulze-Brinkop. Unser besonderer Dank gilt Manfred Köhler (Trion Film) für die Bereitstellung und Bearbeitung des gesamten Filmmaterials.

Stadtgeschichtliches Museum Leipzig im Alten Rathaus, Markt 1, 04109 Leipzig, Tel./Fax (0341) 70921, Direktor: Dr. Klaus Sohl
Leipziger Geschichtsverein e. V., Geschäftsstelle im Alten Rathaus, Vorsitzender: Dr. Hans-Albrecht Grohmann